AMV

Duke Ellington

Eine Biographie
von
Mercer Ellington
in Zusammenarbeit
mit Stanley Dance

Mit 40 Abbildungen

Albert Müller Verlag
Rüschlikon-Zürich · Stuttgart · Wien

Aus dem Amerikanischen übersetzt von Dr. Rudolf Fischer. - Titel des amerikanischen Originals: «Duke Ellington in Person», erschienen bei Houghton Mifflin Company, Boston.
ISBN 3 275 00. - 1/7-80. - Printed in Switzerland.

Inhalt

Vorwort

In diesem Buch habe ich versucht, meinen Vater so zu porträtieren, wie ich, sein Sohn, ihn kannte.
Hier und da könnte ein Leser meinen, daß ich Duke Ellington zeitweilig haßte. Und das ist auch eine Seite der Wahrheit. Doch beziehe ich mich auf ein Wort unseres gemeinsamen Freundes Bob Udkoff: «Haß ist ein so luxuriöses Gefühl, daß es nur an jemanden verschwendet werden darf, den wir tief lieben.» Ich wollte hinter dem Bild des Stars das Bild des Menschen mit den Stärken und Schwächen seines vielschichtigen Wesens zeigen. Dieses Bild soll dazu dienen, seine Musik denen, die sie lieben, noch eindringlicher verständlich zu machen.

Mercer Ellington

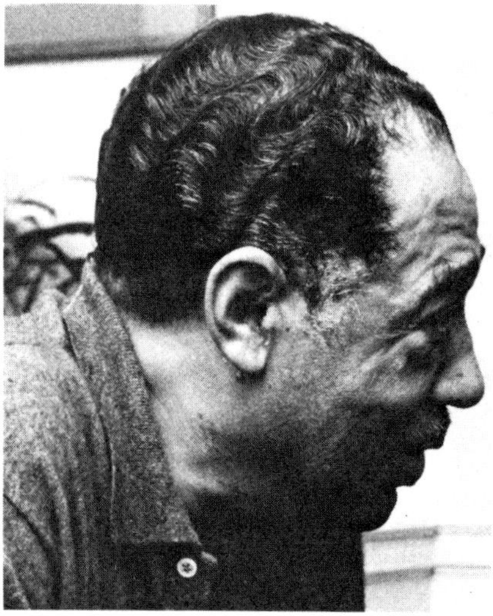

I
Solitude

Im Harkness-Pavillon des Columbia Presbyterian Medical Center wurde es ruhiger, als die Nacht ihn einhüllte. Die meisten Patienten waren zum Schlafen gebettet worden. Die Besucher waren gegangen, im Zimmer meines Vaters verblieben waren die Zeichen ihrer Wertschätzung: Früchte und alle möglichen Geschenke, dazu fromme und humorvolle Karten mit Genesungswünschen. Ich räumte auf, so gut ich konnte, und setzte mich neben das Bett.

«Mercer.»

«Ja, Pop.»

Er kehrte sich zur Seite, ohne das an seinem Arm angebrachte Infusionsbesteck zu beachten. Obwohl zu dieser Zeit seine Sehkraft nachließ, blickte er genau in meine Richtung.

«Was Du tun mußt. . .», begann er, und dann setzte er mir auseinander, wie ich die Tonbänder seines «Third Sacred Concert», die im letzten Oktober bei der Erstaufführung in der Westminster Abbey aufgenommen worden waren, herausbringen sollte. Erst so kurze Zeit lag das zurück, und bereits so weit in der Vergangenheit . . .

Es war ein Schock für mich. Wohl hatten wir über das Thema schon mehrmals zuvor gesprochen, doch stets in der Annahme, daß er selbst die Herausgabe besorgen werde. Er hatte die feste Absicht gehabt, einige Abschnitte noch einmal aufzunehmen. Jetzt gab er mir Anweisungen, wie ich vorzugehen hatte. Da begriff ich zum ersten Mal, daß er wußte, er werde die Klinik nicht verlassen. Als er fertiggesprochen hatte, legte er sich zurück, regelmäßig atmend, sein künstlerisches Gewissen erleichtert.

Ich hatte seit Monaten gewußt, daß es keine Hoffnung gab. Aber nun betete ich um ein Wunder, betete um noch eine Spanne Zeit, daß die Menschen noch mehr Einblick in die Schatzkammer seines Geistes erhalten könnten, betete, daß der Wille und die eiserne Kraft, die ihn so weit getragen hatten, dieses größte aller Hindernisse irgendwie überwinden möchten. Ein Wunder . . .

II
Crescendo in Blue

Mein Vater, Duke Ellington, kam in Washington am 29. April 1899 als Sohn von James Ellington und dessen Frau Daisy, geborenen Kennedy, zur Welt. Der volle Name seines Vaters war James Edward Ellington. (Er wurde stets mit seinen Initialen «J. E.» angesprochen; die Worte «Vater» oder «Sohn» wurden in unserer Familie sehr selten gebraucht.) So wählte man für den strammen Jungen den zweiten Vornamen seines Vaters und den Mädchennamen seiner Mutter, dieser sehr einflußreichen Dame. Daisy Ellington übte auf alle Männer ihrer Umgebung einen so starken Einfluß aus, daß es die Ellingtons für richtig hielten, auch ihren Familiennamen zu bewahren. Duke Ellingtons vollständiger Name war somit Edward Kennedy Ellington, und sein Sohn ist Ihr sehr ergebener Mercer Kennedy Ellington. Mein Sohn ist Edward Kennedy Ellington II.

Schon als Pop noch ungeboren war, wurde die Grundlage für die vorsichtige Haltung gelegt, die er während des größten Teils seines Lebens einnahm. Viele Jahre lang wollte er nicht fliegen. Zuvor hatte er sich sogar gefürchtet, nach Europa zu gehen, weil er nicht einmal ein Schiff besteigen wollte. Das ging auf die Zeit zurück, als seine Mutter mit ihm schwanger war. Sie machte eine Fahrt mit einer Fähre, und die Fähre sank. Es war ein schreckliches Erlebnis. Wenn er sich wohl auch kaum daran erinnern konnte, wurde ihm doch öfter von dieser Gefahr erzählt, und zeit seines Lebens traf er vorsorgliche Maßnahmen gegen alle möglichen eingebildeten oder tatsächlichen Gefahren.

So mußten zum Beispiel alle Fenster geschlossen werden, wenn es gewitterhaft war, aus Furcht, der Luftzug werde den Blitz durch das Haus leiten. Luftzug war gewissermaßen ein böser Geist. Er brachte Erkältungen und Krankheit, ob es kalt war oder warm. Nahestehenden durfte man keine Schuhe oder Strümpfe schenken, weil dies bedeutete, daß sie einen verlassen würden.

Vorstellung und Wirklichkeit wurden im Laufe seines Lebens praktisch ein und dasselbe – für ihn war beides real. Und er hatte

eine sehr starke Vorstellungskraft. Er erzählte davon, wie er und Rex Stewart auf seiner ersten Europareise die Nacht damit verbrachten, die Kommandobrücke zu überwachen, während der Kapitän schlief: damit dem Schiff nichts zustieße!
Über seine Kindheit erfuhr ich viel von meiner Mutter. In der Grundschule war Duke Ellington keineswegs hervorragend. Er war nicht gerade eine Niete, leicht hätte sein Leben demjenigen Einsteins parallel verlaufen können, dessen Schulnoten, soviel ich weiß, jedenfalls auch miserabel waren. Aber mit Bestimmtheit kann von Duke Ellington gesagt werden, daß er als Künstler geboren wurde und von Anfang an die typische Lebensweise des Künstlers hatte. Was ihn nicht bewegte oder inspirierte, existierte grundsätzlich nicht, gleichgültig, mit welchen philosophischen Begriffen es erklärt werden mochte. Er verstand die Logik des Geldes: daß es nötig war, um die Miete zu bezahlen sowie Lebensmittel und Kleider zu beschaffen. Er wußte davon, maß ihm aber keine Bedeutung bei, und diese Haltung widerspiegelt sich in seinem ganzen Leben.
Meine Mutter erklärte mir auch seinen Spitznamen: Duke, d. h. der Herzog. Er war dazu gekommen, weil er so eigen war. Er war auf gute Kleidung bedacht und zeigte immer ein gepflegtes Aussehen, die Hosen gebügelt, Hemd und Krawatte genau richtig. Es war nicht Eitelkeit, sondern der Wunsch, ein «Scheich» zu sein, um ein Wort aus jener Zeit zu verwenden. Damals galt es, schick und elegant zu sein, und selbst wenn seine Hose geflickt war, so erzählte meine Mutter, war sie doch immer gebügelt. Und sie war geflickt, weil Pop dieselben stürmischen Zeiten erlebte wie die meisten Heranwachsenden.
Sein Vater arbeitete in der Regierungsdruckerei. Um zusätzliches Geld zu verdienen, betätigte er sich als Butler bei manchen gesellschaftlichen Veranstaltungen der reichen Familien Washingtons. Er und meine Großmutter halfen auch bei der Zubereitung der Speisen für die Parties, und gemeinsam mit anderen Verwandten arbeiteten sie als Bedienungspersonal bei verschiedenen Party-Service-Unternehmen. Es gab großartige Köche in der Familie, und die Mahlzeiten zu Hause pflegten recht grandios zu sein. Der Tisch war genauso gedeckt, wie eine jener Tafeln, zu denen mein Großvater die Speisen aufgetragen hatte. Hier, so könnte man sagen, nahm das Herzogtum seinen Anfang – mit seinen Erlebnissen aus der Zeit, als sein Vater für glänzende Leute arbeitete.

Meine Großmutter arbeitete außerdem als eine Art Empfangs- und Haushaltshilfe für Dr. Cuthbert, den Hausarzt bedeutender Familien wie die Morgenthaus und Du Ponts. Wenn sie Dr. Cuthbert sagte, daß in der Familie jemand krank war, untersuchte er den Patienten, so daß wir praktisch dieselbe Pflege genossen wie viele Leute im Weißen Haus.
Einige der großen Familien hielten so viel von den Diensten der Ellingtons, daß sie ihnen, neben den übriggebliebenen Leckerbissen von ihren Parties, alle möglichen Dinge überließen. Wenn beispielsweise Teile eines zwölfteiligen Tafelgeschirrs zerbrachen und der Rest etwa nur noch für acht Personen reichte, schenkte man es uns. Auch Silberbesteck gab es so. Vielleicht besaßen wir nie eine vollständige echte Garnitur, doch alles Silber war erstklassig. Wenn Duke Ellington später davon sprach, erstklassig gelebt zu haben, dann war dies der Anfang dazu. Er kannte alle Qualitätsmarken von Porzellan, Glas und Silber.
Als ich 1919 geboren wurde, lebte die ganze Familie noch in Washington, Pop und meine Mutter in einer Wohnung an der Sherman Avenue. Sie hatten sich kennengelernt, als er noch Armstrong besuchte. Die Rassentrennung in den Schulen war in Washington total, und Armstrong war absolut schwarz; es stand nur «im Buch geschrieben», daß die Schwarzen frei seien. Zu jener Zeit waren sie «Farbige». Die heute gebräuchliche Bezeichnung «Schwarzer» wäre damals eine Beleidigung gewesen.
In der farbigen Gesellschaft gab es sehr mannigfache und deutliche Unterschiede. Tatsächlich kam meine Mutter aus einem Stand, der mehr galt als der, dem mein Vater angehörte. Die damalige Situation entsprach nicht ganz dem Kastensystem, auf das er sich später in «Black, Brown and Beige» bezog. Es war ein System, das der Intelligenz und den verschiedenartigen Ausdrucksformen geistiger Leistungsfähigkeit Rechnung trug. Familien, die Ärzte, Anwälte oder Lehrer aufwiesen, wurden höher eingestuft als solche, deren Angehörige überwiegend als Hausangestellte und Dienstpersonal arbeiteten; und sie waren es, die darauf bedacht waren, für die Ausbildung ihrer Kinder aufkommen zu können. Wollte ein Junge Arzt werden, ging er aufs Meharry Medical College; wenn er Lehrer werden wollte oder Interesse für Musik zeigte, besuchte er vermutlich Fisk. Es gab eine Menge schwarzer Universitäten. Die Integration, die weiße Universitäten schwarzen Studenten öffnete und weißen Studenten Zutritt

zu schwarzen Universitäten verschaffte, folgte erst viel später. In jener Zeit mußte natürlich jede gute Familie ein Klavier haben, es war ein Zeichen der Kultiviertheit, daß es jemand spielte oder ein Familienmitglied darauf übte und einmal wöchentlich Unterricht genoß. Als es noch kein Radio gab, brauchte man ein Klavier, um die Gäste sonntags unterhalten zu können. Paul Gonsalves erzählte, wie es - sogar noch viel später - in seiner Familie war: Er und seine Brüder mußten Gitarre spielen und Lieder aus der alten Heimat singen, wenn sie Sonntagsbesuch hatten. So war es auch in Washington, und Pops Eltern schickten ihn zu Miss Clinkscales in den Klavierunterricht.

Was seinen künstlerischen Hintergrund betrifft, muß die Kennedy-Linie hervorgehoben werden, doch war Kunst beiden Seiten der Familie nicht fremd. Sein Vater spielte Klavier und fand Gefallen daran, ein Gesangsensemble zu bilden und die Stimmen zu arrangieren und zu summen. Sie sangen Songs wie «Sweet Adeline», einfache Melodien vielleicht, aber doch für die verschiedenen Stimmen arrangiert. Daisy Ellington spielte ebenfalls Klavier, und unter den Mitgliedern ihrer großen Familie gab es mehrere ausgesprochen künstlerische Talente, Maler und Musiker.

Da ist Henry Letcher zu nennen, Sohn von Marie Letcher, einer Daisy Ellington sehr nahestehenden Schwester. Er erhielt für seine malerische Ausbildung ein Stipendium nach Ohio. Sein Werk fand Aufmerksamkeit und wurde an der Weltausstellung 1932 in Chicago gezeigt. Er kam dann als Lehrer für Malerei nach Washington zurück, erhielt seine eigene Schule, hatte sehr viel Erfolg und ist als Millionär gestorben. Er war aber nicht nur Maler, sondern auch Schlagzeuger, und zwar ein sehr guter. Er hatte in Washington seine eigenen Gruppen und spielte einige Male mit Duke Ellington, wenn sie auf Tournee waren und Sonny Greer vielleicht zu großzügig bewirtet worden war. So war es während seiner Studentenzeit gewesen, etwa zwischen 1929 und 1933. Doch dann begann Henry mehr Sinn für die Notwendigkeiten des Lebens zu entwickeln, und als er sich für eine künstlerische Karriere entschied, geschah dies nicht, um weiterhin ein altruistisches Künstlerleben zu führen.

Von allen in irgendeiner Form künstlerisch tätigen Vettern war Duke Ellington der älteste und hatte von daher einen gewissen Einfluß. Am stärksten war das bei Jackie Byrd der Fall, einem anderen Genie in dieser Frühgeschichte. Jackie besuchte die Phi-

ladelphia Central High School, die schon damals die anspruchsvollste Schule von Philadelphia war. Beim Abschluß erhielt er Auszeichnungen in Lateinisch und Griechisch und hätte geradewegs ein Medizinstudium aufnehmen können. Er hatte aber auch Talent für Kunsthandwerk und Bildhauerei, spielte außerdem Violine, Klarinette und Saxophon. Seine Erwartungen wurden jedoch in mancher Hinsicht enttäuscht - nie bekam er Gelegenheit, mit Duke Ellington zu spielen. Er war jünger als Henry Letcher, und obwohl er sich mehrmals anerbot mitzuspielen, wurde er stets übergangen. Dann versuchte er, seine eigene Gruppe zu bilden, doch wollte ihm nie etwas glücken. Es waren schwierige und harte Zeiten, und da versuchte jemand, ausgerechnet in Philadelphia, das damals kein Musikzentrum war, ein Ensemble zusammenzustellen. Es konnte nicht gelingen, es gab auch gar kein geeignetes Lokal, wo er hätte Aufmerksamkeit finden können. Der einzige gangbare Weg für ihn wäre die Zusammenarbeit mit seinem Vetter gewesen, der ihn in den Schatten stellte. Zwischen den beiden bestand ein entscheidender Unterschied: Pop erwischte immer den richtigen Zeitpunkt und den richtigen Platz.
Ich glaube, daß jeder Musiker, der je in das Orchester Duke Ellingtons gelangte - besonders in den Anfängen -, nur Aufnahme fand, weil Pop in ihm ein individuelles Talent zu erkennen meinte, das sich irgendwie für das Orchester eignete. Wenn er sich dagegen von seinem Nebenmann nicht unterschied, wollte ihn Duke Ellington nicht!
Es mag eine Art Stumpfheit des Gefühls gewesen sein - aber was Duke nicht begriff, war, wie sehr und wie tief er verehrt wurde. In der Tat glaube ich nicht, daß er jemals erkannte, wie stark ihn die unterschiedlichsten Menschen verehrten, und er mißverstand ihre Anteilnahme. Vielleicht war dies im Grunde genommen klug, denn jene, die dich vergöttern und danach entdecken, daß du einen Fehler oder einen Pferdefuß hast - nun, sie werden dann von dir weniger begeistert sein als irgend sonst jemand.
Jackie war ein formal ausgebildeter Musiker, gewandt, konnte vom Blatt spielen und alles, was die meisten Musiker damals nicht bewältigten. Aber ihm fehlte, was die Zeit damals verlangte, und er schaffte es nicht und beging Selbstmord. Er war älter als ich, und ich erinnere mich, wie er mich in Philadelphia herumfuhr und mir die Stadt zeigte. Ich besuchte seine Proben, wenn er eine Band hatte, und ich erlebte es mit, wie er eine letzte

starke Anstrengung machte, als «Stardust» groß in Mode war. Er hatte es auf dem Pult und sagte es an. Meistens spielte er nach gedruckten Partituren, doch hatte er auch ein Arrangement über eine von ihm geschriebene Komposition. Die Probe fand in Onkel Jims Haus an der Catherine Street statt, wo wir stets wohnten, wenn wir Philadelphia besuchten.

Unter den Kusinen in Washington war Elizabeth eine wirklich ausgezeichnete Pianistin. Die meisten dieser Kennedys konnten auf Grund ihrer Ausbildung besser Noten lesen als Duke Ellington, und das künstlerische Talent war bestimmt auf der Kennedy-Seite stärker. Allerdings, Pops Schwester, Tante Ruth, spielte sehr gut Klavier. Sie war im Klavierunterricht bis zur anspruchsvolleren Literatur vorgestoßen und konnte vom Blatt spielen. Außer den Geschwistern zeigte auf der Ellington-Seite sonst nur noch Großvater Eignung als Musiker. Bei den sonntäglichen Whistpartien brachte er immer ein paar der Besucher zum «Harmonisieren», wie sie es nannten. Wie ich schon früher erwähnte, spielte er Klavier. Er änderte die Tonart für den einen und spielte einem anderen vor, was er singen sollte. Wenn sie einen Song beisammen hatten, machten sie sich daran, für den nächsten die richtigen Noten zu finden, und nach einigen Sonntagen saß dann ein solches Arrangement ganz gut.

Meine Mutter besuchte die Dunbar High School, was die Art ihrer sozialen Verschiedenheit kennzeichnet. Sie genoß Allgemeinbildung, während Pop in Armstrong für den industriellen oder kommerziellen Bildungsweg eingeschrieben war, was bedeutete, daß man kaum für befähigt galt, außerhalb des Spezialgebiets eine zusätzliche Lernbelastung tragen zu können. Doch er begann, künstlerische Neigungen zu entwickeln und mit seiner Malerei Aufmerksamkeit zu erregen, die immer wieder etwas Ungewöhnliches und Interessantes bot. Als das Ende der Schulzeit für ihn nahte, wurde ihm ein Stipendium für das Pratt Institute of Art verliehen. Eines seiner Mittel, sich nach der High School durchzubringen, war das Malen von Kulissen und Bühnendekorationen für das Howard Theater. Daneben bekam er in verschiedenen Lokalen kleine Jobs als Pianist.

Musik stand noch nicht im Vordergrund, doch ereigneten sich zu diesem Zeitpunkt verschiedene Dinge. Ich wurde erwartet, unehelich, weshalb Vater und Mutter zusammengebracht werden mußten. Die Heiratszeremonie wurde vollzogen, und dies ver-

schaffte Pop die Rolle des Familienversorgers. Er hatte sich auch gerade mit Sonny Greer, dem Schlagzeuger, und Jerry Rhea zusammengetan, Kumpanen, die in den Anfängen seiner Karriere eng mit ihm verbunden waren. Jerry sang im allgemeinen und war auch eine Art Vertrauter. Als der Ära der Megaphonsänger die Luft ausging, wurde Jerry zurückhaltender, doch traf er Ellington von Zeit zu Zeit, um als Berater zu wirken oder zu helfen, wie immer er konnte. Ein anderer Freund hieß Black Bowie. «Black» war nicht sein richtiger Vorname, sondern ein Adjektiv, das seine Position auf der Farbpalette anzeigte. Die meisten Männer, mit denen mein Vater umging, hatten eine hellbraune Haut. Bowie war braunhäutig, jedoch mit der dunkelsten Schattierung von Hellbraun in der ganzen Bande, weshalb er mit «Black» betitelt wurde. Je nach Betrachtungsweise konnte man ihn einen Ränkeschmied, einen ideenreichen Mann, einen Träumer oder einen kleinen Gauner nennen. In seinen verschiedenartigen Rollen fand er heraus, wie man einen Lebensunterhalt zusammenbrachte, ohne den normalen Bildungsweg zu durchlaufen. Er stammte aus guter Familie, doch beschloß er einfach, daß er sich mit seinem Köpfchen durchs Leben schlagen könne.
So war es normalerweise Bowie, der die Pläne ausheckte, nach denen Pop den Wagen seines Vaters aus der Garage holte, um nach Baltimore zu kommen, wo ihm Bowie ein Engagement für ein paar Stunden bei fester Gage gefunden hatte. Wenn der Job vorbei war, und gleichgültig, wer in der Gruppe mitwirkte, hatten die beiden den Löwenanteil der Einnahmen in der Tasche und teilten ihn sich.
Wie man sich gut vorstellen kann, begann Duke Ellington von diesem Moment an die Bedeutung des Zusammenspiels zwischen Management und Künstler und seine Notwendigkeit zu verstehen. Obwohl einige seiner Geschäfte diese Erkenntnis kaum widerspiegeln, glaube ich, daß er im allgemeinen dieser Beziehung Respekt entgegenbrachte. Es gab eine Art Linie, die er das Management nie überschreiten ließ, aber es mußte immer jemand da sein, der seine Fahne vorantrug. Als er zum ersten Mal nach New York ging und nicht recht vorankam, verschaffte ihm Sonny Greer Jobs. Dann kam er mit George Woods und Mexico (mit bürgerlichem Namen: George James) in Kontakt, die über die ganze Stadt Kabaretts und Bars besaßen. Er hatte immer jemanden, der bei den Nachtlokalen wie Mexico's an der 133. Straße und Lenox

Avenue herumging und erzählte, wie bedeutend Duke Ellington war, welch außergewöhnlicher Künstler er sei und welchen Genuß es brachte, ihm zuzuhören. Hier wurde ihm abermals die Bedeutung bewußt, ein erstklassiges Etikett zu tragen.
Diese Mentalität herrschte auch im Mexico's immer - wie man aus einem durchschnittlichen Nachtclub etwas Besonderes machen konnte. Einer der dabei entwickelten Tricks war der sogenannte Sawdust Trail. Sie hatten vier Appartements in demselben Häuserblock, und das Sägemehl führte dorthin, wo die heiße Party stattfand. Der Ort wechselte von Nacht zu Nacht, doch tauchte Duke Ellington an jedem auf, um während eines Teils der Nacht zu spielen. Die Getränke waren stets ein und dasselbe, aber was man bestellte - Nummer 1 oder Nummer 2 - hing davon ab, wie wichtig man an diesem Abend auftreten wollte. Wenn man Nummer 1 bestellte, wurde das durch das ganze Etablissement gerufen. Damit wurde der Auftraggeber mehr oder weniger auf das Niveau des Gastes gehoben, der in einem todschicken, erstklassigen Lokal Champagner auftischen ließ. Wenn man Nummer 2 bestellte, erhielt man genau denselben Whisky, nur war er billiger, und es gab keine Bekanntmachung. George Woods und Mexico täuschten den Gästen nie vor, daß ein Unterschied bestand, aber wenn man seine Begleiterin mit der Tatsache beeindrucken wollte, daß man «vom Besten» trank, dann bestellte man Nummer 1 und bezahlte dafür.
Man kann sicher sein, daß Duke Ellington den Wert der Propaganda zu schätzen begann, als sich diese Dinge um ihn herum abspielten. Es rundete die Spielsalonbildung und -philosophie ab, die er sich in Washington angeeignet hatte. Er hatte in Hinterzimmern und dunklen Gassen die Kunst des Geschäftemachens zu lernen begonnen, wie sie auf höchster Ebene in Lokalen betrieben wurde, die für den «Sport» eingerichtet waren. So entwikkelte sich seine Meisterschaft darin, bis er nicht mehr ein Geschäftemacher, sondern ein Geschäftsmann war. Dieselben Grundsätze sind im durchaus als seriös betrachteten Handel anzutreffen. Whisky zum Beispiel. Zwei Marken werden in der Zeitung angepriesen; die eine ist viel bekannter und auch teurer als die andere. Man zahlt den höheren Preis, weil sie als Nummer 1 angekündigt wird, genau wie in der erwähnten Flüsterkneipe. In beiden Fällen zahlt man für die Reklame. Aus all dem lernte er die Prinzipien der Ankündigung und der Präsentation, mit dem

Resultat, daß ein Musiker seines Orchesters zu einem höheren Ansehen aufstieg, als er es normalerweise anderswo erreicht hätte.

Als meine Eltern 1923 erstmals nach New York gingen, wurde ich meinen Großeltern in Washington überlassen. So waren meine Beziehungen zu Mutter und Vater recht entfernt, mit Ausnahme der Sommer, wenn ich zwei oder drei Monate bei ihnen in New York verbrachte. Dieser Zustand dauerte an, bis ich neun Jahre alt war und sie sich endgültig trennten. Eine Erinnerung, die mir aus jenen Jahren in Washington geblieben ist, betrifft einen Plattenspieler. Wir hatten auch ein Radio, ein Batteriegerät, da das Haus noch keinen Stromanschluß besaß. Ich glaube, wir beschafften uns den Plattenspieler, als die Aufnahmen von Duke Ellington zu erscheinen begannen. So wurde mir Pop als Musiker bewußt, und meine Mutter gab sich Mühe, mir verständlich zu machen, daß die Musik, die ich da hörte, von ihm geschrieben und gespielt war. Zum Beispiel: Eine der Belohnungen für Folgsamkeit war in jenen Tagen eine Schachtel kleine Biskuits, die wie die Tiere im Zoo geformt waren - und 1926 hatte er eine Platte mit «Animal Crackers» bespielt. Auf der Rückseite befand sich dazu noch «Li'l Farina». Farina war der schwarze Kinderstar - etwa meines Alters - in einer Lustspiel-Serie, die damals sehr populär war. Wir sahen uns die Aufführungen stets an; und als ich begriff, daß er eine Nummer mit diesem Titel geschrieben hatte, machte mir dies ordentlich Eindruck.

Es war für meine Eltern gar nicht leicht, als sie damals nach New York zogen. Alles was sie hatten, war ein Zimmer im Haus von Leonard Harper, Ballettmeister und Show-Produzent im Connie's Inn. Kam ich auf Besuch, lebten wir drei in diesem einzigen Zimmer. Es gab für mich eine Couch und für die beiden ein Bett. Zu den anderen Räumen des Hauses hatte ich keinen Zutritt. Wenn ich vor ihnen aufwachte und aus dem Zimmer wollte, ging ich auf die Straße. Wir hatten keinen Wohnraum, kein Spielzimmer oder irgend etwas ähnliches. Es muß 1924 gewesen sein, als ich zum ersten Mal dort war, aber ich kann mich gut an diese Behausung an der Seventh Avenue 2067 erinnern. Ich kann mich erinnern, wie ich um die Ecke bog und die Straße hinauf zu Weisbecker ging; dort erstand ich mir zum Frühstück heiße Würstchen und Sardinenbrötchen oder was auch immer, soweit das Geld reichte, das man mir gegeben hatte. Pop und meine Mutter führten ein Nachtleben, während ich an das Leben bei Tageslicht gewöhnt war, weshalb ich fast immer als erster aufwachte, mich im allgemeinen um mich selber kümmerte und die erste Mahlzeit des Tages selbständig einnahm. Ich galt als verhältnismäßig reich mit meinem Vierteldollar für das Frühstück. Andere Jungen rechneten sich aus, um welche Zeit ich mich auf den Weg zu diesem Lokal an der 125. Straße machte, und lauerten mir auf. Dann galt es, um den Vierteldollar zu kämpfen oder auf das Frühstück zu verzichten.

Da es eine runde Zahl auf dem Kalender war, wird mir das Jahr 1930 immer im Gedächtnis bleiben. Niemand erzählte mir, was vorgefallen war, aber ich befand mich plötzlich in einem neuen Appartement auf Sugar Hill mit einer fremden Dame, jedoch ohne meine Mutter. Ich konnte von dort das hochstrebende Gebäude des Theresa-Hotels sehen und wußte, daß die Wohnung, in der ich mit meiner Mutter gelebt hatte, nicht mehr als ein Häuserblock davon entfernt war. So marschierte ich an jenem Tag von Sugar Hill bis zu diesem weißen Gebäude und stellte fest, daß mir die Umgebung bekannt war. Ich fand das vertraute Haus, stieg die Treppe hinauf, läutete, und meine Mutter war noch immer dort.

Meine Eltern hatten sich schon einige Zeit zuvor gestritten. Pop hatte eine Liebesaffäre gehabt, die ihm über den Kopf wuchs. Vermutlich war er während zwei oder drei Tagen nicht nach Hause gekommen. Er und meine Mutter gerieten in einen fürchterlichen Streit, in dessen Verlauf sie ein Messer erwischte, mit dem sie ihn heftig im Gesicht traf. Die Narbe machte die Leute für den Rest seines Lebens neugierig.

Im nächsten Jahr bezog er mit seiner Familie - seinen Eltern, seiner Schwester Ruth und mir - das große Appartement an der Edgecombe Avenue 381 in New York. Es hatte drei Schlafzimmer, einen Wohnraum und eine Küche. Niemand in dieser Familie wollte altern, weshalb ich meinen Großvater weiter «Uncle Ed» und meine Großmutter «Aunt Daisy» nannte, um zu vermeiden, sie in das Reich der alten Leute zu versetzen. Ruth nannte ihren Vater bei seinen Initialen und fand immer irgend einen Kosenamen für ihre Mutter. Duke Ellington dachte ebenso und strebte nie besonders nach einer Vaterrolle, schon gar nicht nach der Rolle des Vaters eines Knaben! Er hatte stets viel für Mädchen übrig, und wenn er schon Nachwuchs haben mußte, dann hätte er lieber ein Mädchen als einen Jungen gehabt. Das ist ein weiteres Beispiel dafür, wie er gegen den Strom schwamm. Der Durchschnittsmann wünscht sich ein männliches Kind, mit dem sein Name weiterlebt. Nicht Pop. Er wollte eine Tochter! Um ihm meine Anwesenheit erträglich zu machen, ließ mich meine Mutter das Haar noch in langen Flechten tragen, als die meisten Jungen meines Alters ihr Haar schon hatten schneiden lassen. Das war seine Art, und so war er nun einmal.

Ihre Trennung muß nach 1927 stattgefunden haben, denn in diesem Sommer reiste ich noch mit ihnen nach Salem, Massachusetts. Ich erinnere mich, daß ich dort zum ersten Mal nun wirklich den Kern der Band sah, die während fast fünfzig Jahren existieren sollte. Die Musiker waren Bubber Miley, Tricky Sam (Joe Nanton), Otto Hardwick, Barney Bigard, Wellman Braud, Sonny Greer und ein eben aus Boston zugereister junger Mann, Harry Carney. Sie traten in verschiedenen Ballsälen der Umgebung auf, für die Duke Ellingtons Freund Charlie Shribman die Engagements beschafft hatte. Ich sehe diese altmodischen Ballsäle, die Vorläufer unseres Dancings, noch vor mir, und die großen, lahmen Klaviere, die, fünfzehnfach übermalt, auf der Bühne standen. Über Salem gab es Geschichten mit Hexen und Häusern, in denen es spukte, und die Gelegenheit nutzten die Burschen, einander Streiche zu spielen, besonders den Neulingen der Gruppe. Sie beschwatzten einen, nachts ein Haus aufzusuchen, wo er ein einladendes Mädchen finden würde, statt dessen jedoch auf einen Burschen stieß, der darauf lauerte, ihn zu erschrecken und mit einem Revolver die Straße hinunter zu hetzen.

Damals begann ich, die Bedeutung und den Einfluß ihres persönlichen Alltagslebens auf Musiker zu begreifen. Bis dahin schien mir, daß jedermann einfach zu leben und Musik zu lieben hatte: Am Morgen aufstehen, auf seinem Instrument üben, zum Job gehen und dann wieder nach Hause kommen. Jetzt ging mir ein Licht auf, daß Musiker wie andere Leute ihre Familieninteressen hatten und ihre eigene Gedankenwelt. Bei Ellington war es nicht nur die Musik – es war das Leben, das ihn anzog.

Ich glaube, was ihn in erster Linie und mehr als alles andere zum Showbusiness brachte, war die Feststellung, daß dies ein guter Weg war, ein Mädchen zu bewegen, sich neben ihn zu setzen und sein Klavierspiel zu bewundern. Es war auch eine gute Möglich-

keit, die Aufmerksamkeit der Leute zu erregen, besonders wenn man den Mut hatte, einen der Großen wie James P. Johnson herauszufordern. Und genau das hatte er in Washington getan. Als er nach Harlem kam, hielt er sich in der Nähe von Pianisten wie James P. Johnson, Willie «The Lion» Smith und Fats Waller. The Lion machte sowohl durch seine Persönlichkeit wie durch sein Klavierspiel großen Eindruck auf ihn. Während er noch in seinem Schatten stand, eignete er sich einen Stil und Kunstgriffe an, die ihm wertvoll sein sollten, wenn er - bildlich gesprochen - darauf aus war, den Revolver zu ziehen und jemanden abzuknallen.
Seine Grundausbildung in Washington war wirklich oberflächlich und bruchstückhaft gewesen. Den größeren Teil seiner Kenntnisse hatte er sich selbst nach dem Gehör und später nach und nach durch Lesen und Üben angeeignet. Noten lesen zu lernen, war er nie ausgesprochen begierig, obwohl er sich bloß etwas Mühe zu geben brauchte: Er konnte sich hinsetzen und alles tun, was er nur wollte. Natürlich gab es dazumal viele Leute, die Schulen besuchten, um sich eine richtige Ausbildung zu verschaffen, so daß ihnen die Fähigkeit bescheinigt wurde, «etwas zu beherrschen» - Noten lesen zu können. Sie hätten es als Mogelei empfunden, eine Platte zu hören und die Musik nachzuspielen - einfach nach dem Gehör. Ellington tat gerade dies immer wieder. Nach und nach fand er heraus, was andere gemacht hatten, hörte auf ihren Beat und analysierte die ganze Sache. Wie er es je lernte, einer Note ihren Wert und Standort zu geben, um sie zu Papier bringen zu können, weiß ich nicht, aber es gelang ihm ohne Lehrer und formale Ausbildung. Schließlich konnte er Noten schreiben, obwohl er nur sehr wenig davon verstanden hatte, als er zum ersten Mal nach New York gegangen war.
Über das Klavierspiel meines Vaters erfuhr ich eine Menge von einem Mann namens Gump. Ich kannte nie irgend einen anderen Namen. Er war Küchenchef bei der Pennsylvania Railroad, und Musik war sein Zeitvertreib. Er konnte nicht Noten lesen und hatte keinen theoretischen Kenntnisse, war jedoch wie Duke Ellington von James P. Johnson angesteckt und beeinflußt worden. Gump war einer jener Burschen, die immer herum sind, bereit, ein Gespräch zu führen oder für einen Drink Klavier zu spielen, wenn es ihnen schlecht geht.
«Weißt du, dein Vater ist sehr clever», sagte er mir. «Er ist ein äußerst smarter Mann. Er kann denken.» Er erzählte mir auch,

wie sie in den alten Tagen den Wagen aus der Garage holten, nachdem Großvater zu Bett gegangen war, einen Stock in den Tank steckten und den Benzinstand maßen. Auf dem Rückweg füllten sie ihn entsprechend nach, nicht zu viel und nicht zu wenig. Pop bestand stets darauf, daß sie rechtzeitig zurückkehrten, damit der Motor kühl war, wenn Großvater zur Arbeit ging. Meistens merkte er nicht, daß der Wagen benutzt worden war, und Duke Ellington trat als wohlhabender junger Mann auf, der einen großartigen Wagen besaß. Gump sagte, er habe schon damals aus seinem Verhalten schließen können, daß er beabsichtigte, ein Erfolg zu sein. Er hielt ihn für einen sehr guten Geschäftsmann, der bei Abschlüssen große Festigkeit zeigte. Nun war dies in der Familie kein Einzelfall. Neben künstlerischen Fähigkeiten gab es auch beträchtliche finanzielle Klugheit, drei Vettern waren praktisch Millionäre. (Henry Letcher und John Lindsay waren die beiden anderen.) Damit meine ich nicht, daß sich einige von Pops Projekten nicht als Fehlschläge erwiesen oder daß er sich nicht auf einige dumme Machenschaften einließ; aber wenn er sich strenge Geschäftsprinzipien angelegen sein ließ, konnte er bemerkenswert erfolgreich sein. Gump war der erste, der voraussagte, daß es zwischen Pop und mir über Bands und Geltungsansprüche zu einem Konflikt kommen werde und daß Duke Ellington seine Spitzenposition sicherstellen werde, gleichgültig, wen er niederschlug, mich inbegriffen. In der Tat kannte man seinen Ausspruch, wonach es zu allen Zeiten nur einen Ellington am Broadway geben werde. Er hatte da immer vor Augen, wie es Cab Calloway ergangen war. Als Cab berühmt wurde, hatte seine ältere Schwester, Blanche Calloway, mit einer Band ziemlich Erfolg. Es gab noch andere Calloway Bands, und Ellington wußte, daß dies für Cab nicht gut war. Er sah auch, was bei den Brüdern Dorsey geschah - wie Jimmy geschäftliche Probleme hatte, die schließlich Tommy als Vertreter der Familie an die Spitze brachten.

Seine Entschlossenheit, sich zu behaupten und dabei manchmal Informationen für sich zu behalten, um seine Stellung zu bewahren, könnte als unbarmherzig oder egoistisch betrachtet werden. Aber wenn ich seine Karriere überblicke, möchte ich sagen, daß es im Interesse des Ganzen geschah, dessen, was er als seine Familie betrachtete. Sich selbst um jeden Preis an der Spitze zu behaupten, verschaffte ihm die Stellung, anderen helfen zu können.

Er glaubte, Abstand halten zu müssen, nicht auf einem Piedestal, aber in einer absoluten Machtposition, damit er, wenn er sich etwas vornahm, auch die Stärke hatte, es auszuführen. Er ertrug es, herausgefordert zu werden, aber er wollte in Wirklichkeit niemanden, der ihm ebenbürtig war. Ich vermute, daß Jackie Byrd für ihn eine Herausforderung war, einer aus der Familie, der ihn in gewissem Sinne hätte überschatten oder konkurrenzieren können. Deshalb unterstützte und förderte er ihn nicht, doch unternahm er auch nie etwas, um seine Entwicklung zu behindern. Er ließ ihn einfach in Ruhe, und die Enttäuschung besorgte das übrige.

Als die Washingtonians, wie die Band anfänglich genannt wurde, das Glück hatten, dank der Vermittlung von Ada Smith, der berühmten «Bricktop», ein Engagement im Barron's in Harlem zu bekommen, erregten sie bald Aufmerksamkeit. Doch war dies nicht mit dem zu vergleichen, was sich ereignete, als sie ins Stadtzentrum, in den Hollywood Club an der Ecke 49. Straße und Broadway zogen. Dort waren sie den Stars und den großen Tieren des Showbusiness ausgesetzt. Nach einigen gnädig abgelaufenen Feuersbrünsten beschloß man, den Namen in Kentucky Club zu ändern. Einer der Washingtonians fragte den Eigentümer, ob es nicht an der Zeit wäre, auch der Band eine Aufbesserung zu gewähren. So wie mir Mexico die Geschichte erzählte, erhielt der Musiker die Antwort, die Band habe seit Beginn des Engagements bereits fünf Aufbesserungen bekommen. So wurde Sonny Greer Leader, doch gab er die Band Duke Ellington. Elmer Snowden, der Banjospieler, der bis dahin die Geschäfte betreut hatte, genoß kein Vertrauen mehr und verließ die Band.

Die formale Ausbildung in der frühen Band Duke Ellingtons entsprach bei weitem nicht derjenigen in der Band Fletcher Hendersons. Wenn sich ein Musiker bei Fletcher einer Hörprobe unterzog und es nicht ganz schaffte, wurde ihm empfohlen, es bei Duke zu versuchen, weil dieser im Notenlesen keine so hohen Ansprüche stellte! Dies war nicht so bedeutungsvoll, als sie noch auf den Bällen der Washingtoner Gesellschaft spielten und Artie Whetsol an der Trompete hatten. Weil er ein so liebenswürdiger Kerl war, blickten die andern nie geringschätzig auf ihn herab. Was immer er tat, es wurde stets als Kapriole gewertet, die in einigen Tagen vorbei sein würde, nur eine jener Patschen, in die wunderbare Leute eben manchmal gerieten. An Whetsol, dem

Musiker, beeindruckte nicht so sehr seine Kreativität wie seine Beständigkeit. Die Tatsache, daß er auf seinem Instrument die Töne so lange mit einem reinen Klang halten konnte, der in der von ihm beherrschten Tonlage fast einer Violine glich - das war wertvoll. Nehmen wir zum Beispiel den Trompetenpart, den er in «Mood Indigo» spielte: Wie er dieses hohe D spielte, darauf blieb und es dort oben hielt, verfolgte Trompeter während vielen Jahren und in einem Maße, daß sie den Leadpart nie spielen wollten. Das brachte Wallace Jones dazu, Bestattungsunternehmer zu werden! Er sagte, der Grund, weshalb er nicht länger im Showbusiness blieb, sei sehr einfach - «Mood Indigo». Er hatte Alpträume und Angstschweiß deswegen. Es war sicher eine der Nummern, die Whetsol am besten spielte. «Mood Indigo» war ein so großer Hit, daß Ellington es weiter spielen mußte, auch nachdem Whetsol die Band verlassen hatte, obwohl viele andere Nummern, die ihn groß herausgestellt hatten, zu diesem Zeitpunkt aufgegeben wurden. Das ist wieder etwas, was Pop beiläufig lernte: Wenn jemand etwas Hervorragendes leistete, etwas fast Unmögliches, dann war es besser, diese Nummer nicht mehr zu spielen, wenn er aus der Band ausschied, nicht bloß um gehässige Vergleiche zu vermeiden, sondern weil Pop selbst keine schwächere Version hören wollte.
Toby Hardwick war ein großer Saxophonist, was Ton und Technik betrifft, und er war auch durch Urteil und Ideen wertvoll. Ich glaube, in der Zeit, die man als seine Washington-Phase bezeichnen könnte, wurde Pop von Leuten dieser Art beeinflußt, die eine formalere Ausbildung genossen hatten: Da die Band bei den großen Bällen spielte, mußte sie melodischer sein. Erst als er nach New York kam, gelangte er zu einem herzhafteren Stil, und das war es, was ich immer hören wollte: den «Growl»-Klang der Trompeten und Posaunen mit Plungerdämpfern. Es gefiel mir auch sehr, als die Blattinstrumente (d. h. bei Jazzbands hauptsächlich Saxophone und Klarinetten) als Satz zu spielen begannen.
Das Fundament des «Growling» war Bubber Miley, und ich kann mich seiner auf dem Podium und des Klangs seines Instruments erinnern. Als Person blieb er mir nicht so deutlich im Gedächtnis, weil ich damals so jung war, doch war er ein freundlicher, angenehmer Mann mit einer großzügigen Einstellung. Wenn seine Persönlichkeit mit einer anderen verglichen werden kann, wäre dies - so glaube ich - Paul Gonsalves. Er war vielleicht

teilweise leichtsinnig, aber sehr umgänglich und rücksichtsvoll gegenüber anderen. In meinem Alter konnte ich Menschen gewiß nicht analysieren - alles war eine Art Märchenwelt. Ich hörte nie von irgend jemandem, der ihn besonders beeinflußt hätte. - Cootie Williams, sein Nachfolger, war, bevor er zu Pops Orchester kam, ein großer Bewunderer Louis Armstrongs gewesen, und ich glaube, das blieb er immer. Louis war eine Art King Oliver-Sproß, der mit Dämpfern seine Wirkung erzielte. Doch erst im Ellington-Orchester begann Cootie ernsthaft mit dem Plunger zu arbeiten und die Tradition fortzusetzen, die Bubber Miley begründet und die Cootie anfänglich bloß als komisch empfunden hatte.

Gerade dadurch hatte Bubber eine so starke und nachhaltige Wirkung nicht nur auf Cootie und Tricky Sam - dessen Posaunenspiel bis zu seinem Tod ein wunderbarer Teil des Ellington-Gebildes war -, sondern auf die Gesamtfarbe des Orchesters. Bubber war auch als Mitkomponist einer Menge der frühen Songs einflußreich; ebenso war er für viele kleine melodische Figuren und die Entwicklung der Arrangements verantwortlich. Manches, was heute als Arrangement gälte, wurde damals mündlich ausgeheckt und war eine Art konservierte Jam Session, denn damals wurde nicht viel aufgeschrieben.

So wie mir Pops Erzählung in Erinnerung blieb, galt Bubber, bis er Anfang 1929 seinen Abschied nahm, als der fruchtbarste Musiker der Band. Er war nicht eitel mit seinem eigenen Genie beschäftigt - er war ein lebenslustiger Mann, der Musiker war, weil Musik machen das war, was ihm Spaß machte. Um ihn herum war die Band motiviert, und alles hing davon ab, daß er dabei war, nicht nur wegen seiner Solorolle, sondern wegen seines Phrasierungskönnens und wegen des Beitrags, den er mit seinen Kenntnissen bei der Untermalung lieferte. Da bis zu jenem Zeitpunkt so wenig aufgeschrieben wurde, schied mit dem Musiker auch sein Part aus, und es gab keine Möglichkeit für einen anderen, einzutreten und ihn zu übernehmen. Unglücklicherweise hatte sich Bubber aufs Trinken verlegt und wurde sehr unzuverlässig. Ellington verlor einen kolossalen Job, weil Bubber nicht zur Hörprobe erschien. Dies hätte Ellingtons Wunsch, ihn in der Band zu behalten, nicht beeinträchtigt, doch wurde Bubber schließlich krank und unfähig zu spielen, selbst wenn er zugegen war. So wurde ein Wechsel unausweichlich.

Die Hauptexponenten des «Growling» in der Band nach Bubber Miley waren im Laufe der Jahre der Reihe nach: Cootie Williams und Ray Nance an der Trompete sowie Tricky Sam (Joe Nanton) und Tyree Glenn an der Posaune. Obwohl der Klang Tyrees weniger dynamisch war als derjenige Trickys, hielt Pop immer sehr viel davon. Es gibt drei grundlegende Elemente des «Growl»: den Klang des Instruments, ein gutturales Gurgeln in der Kehle und die effektive Note, die gesummt wird. Der Mund muß so geformt werden, daß die verschiedenen Vokallaute hervorgebracht werden, und über dem kehligen Singen fügt das Manipulieren des Plungers die «Wa-Wa»-Akzente hinzu, die das Instrument sprechen lassen. Ich sollte hinzufügen, daß in der Ellington-Tradition ein in das Instrument eingeführter Dämpfer neben dem äußeren Plunger benutzt wird. Das ergibt mehr Druck. Einige Bläser brauchen nur den Plunger, wodurch ein rauherer, weniger durchdringender und artikulierter Klang erzeugt wird. Tricky Sam machte eine derartige Wissenschaft aus der Klangverfremdung, daß er manchmal eine Sodaflasche verwendete, wenn er in der Garderobe übte, wodurch er die Grundpositionen des Posaunenzugs abwandelte.
Musiker wie Lawrence Brown und Quentin Jackson waren ebenfalls sehr gut, wenn sie auf der Posaune «Growl» spielten, doch verschoben sie dabei ihren Stimmzug, was Tricky nie tat.
Der hauchfeine Klang, den er mit seinem Instrument hervorzubringen verstand - darin war Tricky einzigartig.
Natürlich erfaßte Ellington die Bedeutung der Plungers für plastische Färbungen. Auch war er sich des Werts des New Orleans-Klarinettenstils bewußt, vermutlich seit er in Washington zum ersten Mal Sidney Bechet gehört hatte. Barney Bigard war aus New Orleans, beherrschte diesen Stil und spielte ihn mit großer Individualität, doch waren die anderen Saxophonisten der Band auf der Klarinette nicht allzu bewandert. Aber Pop brauchte nur zu wissen, was oder wieviel sie konnten, nicht was von dem Instrument zu erwarten war - auf diesem Wissen baute er dann unmittelbar auf. Das Klarinettentrio in «Creole Love Call» zum Beispiel war eine sehr einfache Aufgabe. Ich kann mir vorstellen, daß Musikschüler nach acht, bestenfalls zwölf Monaten Klarinettenstudium die Nebenstimmen mit Leichtigkeit zu spielen vermöchten. Pop liebte diese Farbe der Klarinetten. Sie war anders, erdig, und kombiniert mit den von den Plunger-Dämpfern gelie-

ferten klanglichen Variationen entdeckte er einen weiteren Farbton, mit dem er arbeiten konnte. Die Klarinette in ihrem «reinen» oder echten Konzept war in Mode, er wußte davon, doch fesselte es ihn nicht so stark wie die New Orleans-Spielweise mit ihrer Betonung des hölzernen Klangs. Er kümmerte sich nie groß darum, wirklich geschliffene Musiker einzusetzen, weil er Zeit seines Lebens Verachtung für formale Schulung empfand. Selbst als er Ehrendoktorate von rechts und links erhielt, hatte er noch immer das Gefühl, der gelehrsame Ausbildungsweg wäre irgendwie falsch.
Aus dem Salem-Sommer 1927 erinnere ich mich auch an Wellman Braud. Die Art, wie er den Hut trug, ist mir im Gedächtnis geblieben, dann aber natürlich, wie er seinen Baß spielte, indem er die einzelnen Saiten auf dem einen Beat zupfte und auf dem nächsten gegen das Brett schlug. Das gab ihm Swing. Wenn Aufnahmen gemacht wurden, vergewisserte er sich stets, daß er nahe beim Mikrophon stand, und es ist erstaunlich, wie sich sein Klang auf jenen alten Platten noch immer durchsetzt. Er und Pops Foster aus Luis Russells Band übten auf die Bassisten jener Zeit großen Einfluß aus.
Selbstverständlich vergesse ich Sonny Greer nicht, doch ihn betrachtete ich wirklich als Familienmitglied. Dasselbe galt später für Freddy Guy, als er den Platz von Elmer Snowden übernahm. Freddy schien immer im selben Häuserblock zu leben wie Pop. Es bestand eine persönliche Bindung zwischen den beiden. Als Pop in der Edgecombe Avenue 381 wohnte, hatte Freddy dort im fünften Stock sein Quartier. Er war eines der reiferen, besonneneren Bandmitglieder. Von ernstem Charakter, glänzte er doch als Erzähler von Anekdoten und Erinnerungen an fröhliche Ereignisse. Er hatte einen sehr trockenen Humor, der aber nie auf Kosten eines anderen ging. Seine Frau Minnie nahm mich ins Theater und ins Kino mit, und wenn wir zu dritt im Geschäftszentrum einkaufen gingen, erstanden sie mir gewiß irgendein Spielzeug. Sie waren ein konservatives Paar, fast wie Taufpaten, und wir kamen uns sehr nahe. Im Laufe der Jahre waren es später Cootie Williams und Harry Carney mit ihren Frauen, die auf mich aufpaßten.
Eine Zeitlang lebte ich ein halbes Jahr mit meiner Mutter, die andere Hälfte mit meinem Vater. Bei meiner Mutter lernte ich Fats Waller gut kennen. Er pflegte gerne zu kommen und war viel mit

meiner Mutter zusammen. Es gab immer großen Spaß, wenn er mit einer verrückten Sammlung von Leuten aufkreuzte, die einfach einen Ort suchten, wo sie Lärm machen und sich vergnügen konnten. Fats brachte sie herein, lachte, trank und spielte vielleicht ein paar Stunden Klavier.
Er erprobte neue Einfälle oder eine neue Nummer, die er geschrieben hatte, und für mich war das stets eine gute Gelegenheit zuzuhören und zu lernen.
Duke Ellington und seine musikalische Karriere waren so stark in meinem Bewußtsein, daß ich die Fähigkeiten meiner Mutter in gewisser Weise für dazugehörig nahm. Tatsächlich, es war mir nie wirklich in den Sinn gekommen, sie als ein eigenes Wesen zu sehen, bis wir nach New York kamen und ich neun Jahre alt war. Und auch dann entdeckte ich das erst, als sie und Pop sich getrennt hatten und ich während eines Teils des Jahres mit ihr zu leben begann. Da brachte sie mir dies und jenes auf dem Klavier bei, und sie spielte auch selbst. Sie konnte irgendwelche Noten auf das Klavier stellen und einfach vom Blatt spielen, ohne je auf die Tasten zu blicken. «Ich werde dir ‹In My Solitude› beibringen», sagte sie eines Tages. Ich glaubte nicht, daß ich dies nach den wenigen Klavierstunden, die ich gehabt hatte, spielen konnte. Aber sie war sehr geduldig, und in ein paar Tagen prägte sich mir ein Teil des Songs nach dem anderen ein, bis ich das ganze Stück beherrschte. Nach und nach wuchs meine Fähigkeit, ein Notenblatt zu lesen. Sie war also tatsächlich meine erste Lehrerin. Wenn mir meine erste Lektion im Arrangieren von Duke Ellington erteilt worden ist, begannen die Vorbereitungen dazu bei meiner Mutter.
Zu dieser Zeit, wenn ich dann bei Pop an der Edgecombe Avenue wohnte, wurde mir auch bewußter, wie er arbeitete. Es war nachts ruhig und friedlich im Haus. Aber manchmal, spät in der Nacht, hörte ich im Halbschlaf Klavierklänge. Er war da draußen und schrieb, leise Klavier spielend, um niemanden zu wekken, aber ich konnte die Noten und Akkorde hören, die er anschlug. Dies bringt uns zurück zu seinem Suchen nach Farbe, nach einer mehr oder weniger mit der Malerei verwandten Technik. Ich weiß nicht, wie stark diese «Farbigkeit» mit der Differenzierung der Tonstärke zusammenhing, obwohl mir Juan Tizol, der im Orchester Ventilposaune spielte, stets sagte: «Dein Papa hört die Posaunen gerne laut spielen.» Die Posaunen waren

immer Pops Lieblingssatz in der Band. Es gab eine Zeit, da er sich mehr für die Blechinstrumente interessierte als für alles andere. Dann, ganz plötzlich, schien er viel stärker von den Möglichkeiten des Blattbläsersatzes, der Klarinetten und Saxophone gefesselt zu werden. In späteren Jahren, als ich der Band angehörte, wurde die meiste Zeit bei einer Plattenaufnahme oder Probe darauf verwandt, die Saxophonstimmen auszufeilen. Ich ärgerte mich oft, weil wir im Blechsatz glaubten, auch manches besser spielen zu können, wenn man es vor einer Aufnahme zwei- oder dreimal durchgehen würde.
Aber es gab bei der Session für das Blech nur eine kurze Probe, während auf die Saxophone die größte Aufmerksamkeit verschwendet wurde. Doch suchte er während all der Jahre nach Farbtönen, wie man in Schöpfungen wie «Mood Indigo» und «Azure» hören kann.
In den Anfängen hatte ich Fletcher Henderson nie besondere Aufmerksamkeit gewidmet oder Interesse für das gehabt, was er tat. Später, nachdem ich einiges gelernt hatte, machte ich mich daran, es mir noch einmal eingehend anzuhören, und ich wurde Fletchers Werk im Vergleich zu demjenigen Duke Ellingtons besser gewahr. Ich glaube, Jimmy Luncefords Orchester war das erste fremde Ensemble, das mich interessierte. Dann, einige Jahre später, kam Count Basie. Man mußte ein As auf seinem Instrument sein, um die frühen Arrangements von Don Redman und Fletcher Henderson spielen zu können, doch der Umstand, daß sie schwierig waren, bewirkte Steifheit, Unbewegtheit im Ausdruck. Die frühen Earl Hines Bands waren ebenfalls ihre «Schulaufgaben» ausführende Bands, damit beschäftigt, ihre Intelligenz zu beweisen und zur Schau zu stellen. Ich entsinne mich, daß sie raschen Tempi verfallen waren, die in Chicago damals als «heiß» galten. Erst später, als er ausgiebig im Lande herumkam und Billy Eckstine zu ihm stieß, wurden Earls Bands seelenvoller und entwickelten langsamere und gefühlvollere Nummern. In diesem Bereich war Ellington führend und unterschied sich von den anderen, und zwar fast von Anfang an. Er suchte in der Art und Weise, in der seine Musik ausgedrückt wurde, Sinnlichkeit – es war immer ein Gefühl mit dem Klang verknüpft. Oder anders gesagt: er hielt es immer für notwendig, den Zuhörer mit dem Klang Erlebnisse fühlen zu lassen, fast als ob er in der Musik Erscheinungen ins Leben rufen würde.

Infolge der New England-Tournee unter Charlie Shribmans Management und der vier Jahre im Kentucky Club hatten Pop und seine Band beträchtliche Popularität erworben. Im Kentucky Club hörte sie Irving Mills und war von ihrem ungewöhnlichen Konzept gefesselt. Mit Irving Mills zogen sie in den Cotton Club und gelangten am 4. Dezember 1927 zu nationalem Ruhm.

III
Merry-Go-Round

Irving Mills war energisch, gerissen, unternehmend, einfallsreich, mit dem Musikgeschäft bereits vertraut und einer der größten Showmen seiner Zeit. Pop selber war erfahren genug, um die Bedeutung des Managers würdigen zu können, und Irving war damals fraglos der richtige Mann für ihn. Vorher hatte er Black Bowie gehabt, der in den Club oder Ballsaal vorausging, um seinen Auftritt anzukündigen: «Duke Ellington wird heute Abend hier sein.»

Wenn er eintraf, war Jerry Rhea bei ihm, um die Türe aufzureißen und den Leuten zu sagen: «Geht aus dem Weg, hier kommt Duke!»

Das alles sollte sich in einem größeren, grandioseren Maßstab abwickeln - bis manchmal Blasorchester mit Fahnen zur Begrüßung bereit standen, wenn er in irgend einer neuen Stadt den Zug verließ. Irving war sich auch sehr rasch über die Bedeutung von Schallplatten und Eigenkompositionen im klaren, nicht nur für seine Verlagsgesellschaft, sondern auch als Mittel, der Band und ihrer Musik größere Anerkennung zu verschaffen. In kurzer Zeit brachte er es fertig, Duke Ellington and His Orchestra nicht nur für alle möglichen Marken, sondern auch unter den verschiedensten Namen aufnehmen zu lassen: Washingtonians, Whoopee Makers, Sonny Greer and His Memphis Men, Harlem Footwarmers, Six Jolly Jesters, Mills' Ten Blackberries, Harlem Hot Chocolates, Jungle Band und Memphis Hot Shots - Duke Ellington and His Cotton Club Orchestra und Duke Ellington and His Famous Orchestra gar nicht zu erwähnen! In jenen relativ unbekümmerten Tagen schien es keine Bedeutung zu haben, wenn dieselbe Band dieselbe Melodie für sechs verschiedene Gesellschaften aufnahm. In der einen oder anderen Form erschien sie auf Victor, Columbia, Brunswick, Okeh und Vocalion ebenso wie auf weniger bekannten Marken wie Cameo, Perfect, Romeo, Banner, Oriole, Velvetone und Harmony. Diese Tätigkeit brachte den mitwirkenden Musikern zusätzliche Einnahmen, doch hat-

te Irving offensichtlich ehrgeizigere Ziele im Auge. Eines davon wurde 1930 mit einem ansehnlichen Erfolg erreicht.
Pop behauptete, er habe «Mood Indigo» geschrieben, während seine Mutter das Essen zubereitete. Ursprünglich betitelte er es «Dreamy Blues», was den musikalischen Charakter beschrieb; aber der andere Titel hatte für das Publikum dieser Epoche einen anspruchsvolleren Klang. Irving begriff die Wichtigkeit, dem Produkt Prestige zu verleihen, es sozusagen auf goldenem Teller darzubieten. Ellington ebenfalls. Als Irving ein Jahr später in Chicago in seiner Eigenschaft als Manager zu ihm kam und den Wunsch äußerte, Pop solle zur Aufführung am nächsten Tag eine «Rhapsodie» schreiben, blieb er die ganze Nacht auf und schrieb «Creole Rhapsody». Sie wurde von The Jungle Band für Brunswick und von Duke Ellington and His Orchestra für Victor aufgenommen. Besonders bedeutsam war damals der Umstand, daß sie beide Seiten einer Platte von 25 cm und 78 Touren bei der ersten Marke und beide Seiten einer 30-cm-Platte bei der anderen beanspruchte. Abgesehen von derjenigen Paul Whitemans genossen wenige Bands dieses Privileg. Für eine schwarze Band war es daher ein bedeutender Schritt vorwärts und für Pop das erste Beispiel seiner Befähigung, «ausgedehnte» Kompositionen zu schreiben. Bisher hatte sich diese Befähigung dem Diktat des Schallplattengeschäfts und der Länge der normalen 25-cm-Platte zu unterwerfen, was zufällig mehr oder weniger mit dem übereinstimmte, was man als geeignete Dauer einer Tanzmusik betrachtete. Das heißt etwa drei Minuten.
Es gab sogar schon früher Beispiele dafür, wie sich Irving Mills' Kontakte, Ideen, Beharrlichkeit und Überzeugungskraft bezahlt machten. Die Band spielte auf der Bühne in Florenz Ziegfelds «Show Girl» und mit Maurice Chevalier im Fulton Theater in New York. Und in dem Maße, wie der Cotton Club gesellschaftlich chic wurde, verbreitete sich selbstverständlich der Name Duke Ellington unter den Stars des Showbusiness und den Leuten der New Yorker Oberschicht. Aber noch wichtiger waren die Radioübertragungen aus dem Club, die seiner Band und ihrer Musik landesweite Aufmerksamkeit verschafften. Infolgedessen war Irving in der Lage, eine erste Reise nach Hollywood in die Wege zu leiten, mit dem Auftritt im Film «Check and Double Check», der Amos 'n' Andy, die damals dominierenden Radiokomiker, in den Hauptrollen brachte.

Eine weitere wichtige Figur in dieser Phase der Karriere Ellingtons war Ned Williams. 1930 war Ned in die Werbeabteilung von Balaban & Katz in Chicago eingetreten und hatte die Theater Oriental, United Artists und Tivoli zu betreuen. Im Oriental schloß er eine lebenslange Freundschaft mit dem Manager, Leo Salkin, und traf seinen früheren engen Mitarbeiter Joe Glaser, der ebenfalls einer seiner treuen Freunde bleiben sollte.
Bald darauf wurde das Duke Ellington Orchestra ins Oriental engagiert, wobei die Premiere auf einen Freitag, den dreizehnten, fiel. Das Engagement war ein großer Erfolg, und Pop bestand darauf, daß sein nächster Termin, etliche Wochen später, wieder auf einen Freitag, den dreizehnten, falle. Seine persönliche Philosophie über Personen, Orte und Daten, die Glück oder Unglück brachten, wurde bei dieser Gelegenheit erhärtet.
Ned Williams war bei beiden Engagements für die lokale Werbung verantwortlich gewesen, und er traf dabei zum ersten Mal mit Irving Mills zusammen. Er erinnert sich auch noch an die atemraubende Wirkung von «Mood Indigo» auf das Publikum des «Oriental». Als Spätfolge des Börsenkrachs von 1929 wurde Ned im Rahmen eines Personalabbaus im Mai 1931 bei Balaban & Katz entlassen. Er begab sich als Pressebetreuer irgendeiner Band auf eine ermüdende Zehnwochentournee durch die Nordstaaten, von Nebraska über Minnesota bis Pennsylvania. Als er nach Chicago zurückkehrte, war die Ellington Band wieder im Oriental und auch Irving Mills da. Vermutlich auf den Rat von Joe Glaser hatte Leo Salkin Irving überzeugt, daß er einen Public Relations-Mann und Assistenten brauchte, und ihn wissen lassen, daß Ned dafür qualifiziert und verfügbar war.
Es gab mehrere Konferenzen in Irvings Hotel-Appartement, bei denen sein Ehrgeiz als Band-Impresario erkennbar wurde. Die Ellington-Band hatte bereits Erfolg. Cab Calloway entwickelte sich zur Alternativband im Cotton Club, und es gab Pläne für eine dritte Einheit unter dem Namen Mills Blue Rhythm Band. Ned wurde für 150 Dollar die Woche engagiert, ein Gehalt, das er in sieben Jahren der Zusammenarbeit nie zu Gesicht bekam, weil er sich mit einem Anfangsgehalt von 100 Dollar einverstanden erklärte, um am 1. September 1931 die Arbeit aufnehmen zu können. Viel später erfuhr er, daß die eine Hälfte von der Duke Ellington Inc., die andere von der Cab Calloway Inc. stammte, während die Mills Artists nichts beisteuerten!

Neds erstes Projekt war eine Werbe-Broschüre für Duke Ellington, zweifellos die erste, die je für ein Tanzorchester, wie man das damals nannte, geschrieben wurde. Aber er gibt zu, daß es ihm nicht gelang, einen Slogan zur Kennzeichnung von Dukes Eigenart auf die Dauer durchzusetzen. Er hatte es mit «Der Aristokrat von Harlem» versucht, kam jedoch schließlich zur Einsicht, daß der Ellington-Stil so originell und einzigartig war – er bedurfte keines Verkaufsslogans!
Ned fand bald heraus, daß Irving für ihn noch andere Pflichten vorsah als Werbung und Pressebeziehungen, zum Beispiel Ausbügler von allerlei Problemen, Büro- und Personalchef, Agent und Reisemanager! Als Irving versehentlich Verträge unterschrieben hatte, die die Calloway Band gleichzeitig für das RKO Palace und ein Loew Brooklyn-Haus engagierten, mußte sich Ned mit Marvin Schenck, dem Agenten von Loew treffen, um die Angelegenheit zu bereinigen.
Seine nächste Aufgabe war, einen Empfang in Washington für den ersten Bühnen-Auftritt der Ellington-Band in Pops Heimatstadt zu arrangieren. Als Kontaktmann war ihm von Pop und den mit Washington vertrauten Band-Mitgliedern die Nummer eins des Lotterie-Geschäftes genannt worden. Zusammen brachten sie ein Komitee von Geschäftsleuten, Bankiers, Rechtsanwälten und Ärzten auf die Beine, das sich während zweier Tage zum Mittag- und Abendessen traf. Ned war das einzige Bleichgesicht in einer beträchtlichen Ansammlung bedeutender Persönlichkeiten. Als die Beratungen Themen wie Rassismus und weiße Vorurteile berührten, forderte der Vorsitzende mit seinem Hammer Ruhe und sagte: «Mr. Williams, ich bitte, den Verlauf der Konversation zu entschuldigen, doch müssen Sie wissen, daß wir Sie wirklich als einen von uns betrachten.»
Ned war auch im Cotton Club eine wertvolle Verbindung, wo er gut mit Manager Herman Stark auskam, den er als schlauen, etwas ungebildeten, aber diplomatischen und loyalen Partner schilderte. Stark wußte eine Ergänzung zu der Anekdote, wie Pop das erste Engagement im Club bekam, weil er zu spät zur Hörprobe eingetroffen war, aber gerade zusammen mit dem Club-Gewaltigen Harry Block, der die anderen Bands also gar nicht gehört hatte: Im Hinblick auf dieses Engagement vergrößert, klang die Band bei der Probe ziemlich holprig. «Ich komme morgen mit einem Baseballschläger wieder», sagte Mike Best, eines der gro-

ßen Tiere des Clubs. Er meinte damit, daß besser «richtige» Musik gespielt werden sollte!
Wilder Hobson war ein redaktioneller Mitarbeiter bei «Fortune», als Ned ihm über den Weg lief und ihn zum Cotton Club brachte. «Fortune» war eine luxuriös aufgemachte Monatsschrift für Führungskräfte der Industrie, und der aus Neds geschickter Regie resultierende Artikel brachte den Namen Ellington auf einen ganz neuen «Markt». Er erschien in der Ausgabe vom August 1933, war mit «Introducing Duke Ellington» überschrieben und hatte den Untertitel «der jährlich 250000 Dollar mit ‹Mood Indigo› und dem ‹Cotton Club Stomp› verdient». Vermutlich hatte der Bruttogewinn für die Industrie-Manager seine Bedeutung. Hobson begann mit der Erklärung verschiedener Slangbegriffe, die, wie er glaubte, von Jazzmusikern benützt wurden. Dann ging er im einzelnen auf die fortgeschrittenere Wertschätzung Europas für den Jazz ein, was ihm den Hinweis erlaubte, daß die Band soeben von ihrer ersten und höchst erfolgreichen Reise nach England und Frankreich zurückgekehrt war. Der umfassende, sieben Seiten zählende Artikel brachte eine Anzahl interessanter Informationen, die offensichtlich von Ned Williams oder Irving Mills beschafft worden waren. Der Preis der Band für ein einwöchiges Engagement betrug damals «nicht weniger als 5500 Dollar», und das Spitzengehalt in der Gruppe belief sich auf 125 Dollar, «ungefähr gleich hoch wie die besten Symphoniker-Löhne». Ellington «schrieb eine Partitur für ein Negermusical, das in der nächsten Saison von John Henry Hammond, Jr., Sohn des New Yorker Anwalts John Henry Hammond produziert werden soll», und arbeitete zudem an «einer Suite in fünf Teilen, die als Arbeitstitel ‹Africa›, ‹The Slave Ship›, ‹The Plantation› und ‹Harlem› tragen und deren letzter eine sich steigernde Wiederholung dieser Themen ist.» Dies brachte Hobson dazu, einen ahnungsvollen Blick in die Zukunft zu werfen. «Mit dieser Suite in seinem Repertoire», schrieb er, «könnte Ellington eines Tages sein Debüt in der Carnegie Hall machen.» Man denke, dies war 1933.
«Manager» Mills und «Pianist-Komponist» Percy Grainger wurden in einer Fotografie mit Pop am Klavier gezeigt, als er an der New York University zu den Musikvorlesungen Graingers spielte. Mr. Grainger «zog einige beiläufige Parallelen zur Musik von Bach und Delius.» Diese Bemerkungen und ähnliche Äußerun-

gen, die in diesem Jahr während der Tournee in Europa zu hören gewesen waren, ermutigten Irving in seinen Anstrengungen, den Status des Orchesters zu heben und für die Musik einen zunehmend raffinierteren Anstrich zu fordern.
Hobson verriet auch, daß Irving ursprünglich versucht hatte, eine Band-Agentur unter dem Namen Royal Orchestra zu bilden, in der Benny «King» Carter als hauptsächliche Zugnummer vorgesehen war, doch verwarf er die Idee, nachdem er einen «Duke» erworben hatte, und gründete die Duke Ellington Inc.
Dies mochte alles einen höheren Grad von Kenntnissen der Szene vermuten lassen. Doch war es damit zu jener Zeit nicht weit her. Zum Beispiel stand unter einem Bild von Harry Carney in «Fortune»: «Johnny Hodges aus Boston, ein Meister des Bariton-Saxophons, der nie eine Stunde nahm», während es zu einem anderen, das den Sopran-Saxophon spielenden Johnny zeigte, hieß: «Harry Carney aus Boston, der von vielen als der schnellste Alt-Saxophonist im Business betrachtet wird.» Noch besser war die Beschreibung von Louis Armstrong als «erstaunlich langatmiger Trompeter», der in einer «unmöglichen Spelunke in Chicagos South Side» gespielt hatte und « ‹Muggles› (so benannt nach den mit Marihuana vermischten mexikanischen Zigaretten, die vollkommen unglaubliche Soli inspiriert haben)» aufgenommen hatte.
Wilder Hobsons Artikel war dennoch ein neuartiger Durchbruch für den Jazz und für Duke Ellington insbesondere. Er spornte Ned zu weiteren Anstrengungen an. Er nahm Pop zu Winthrop Rockefeller mit, um diesen für die Finanzierung einer Theaterproduktion zu interessieren. Sie wurden gastfreundlich empfangen, doch ergab sich nichts daraus. Ebenso lud er Oscar Hammerstein und seine Leute in den Cotton Club ein und ging dann in Hammersteins Appartement, wo der Butler unbegrenzt Brandy servierte, während Pop spielte. Ned hoffte, daß sich aus diesem Kontakt eine Zusammenarbeit ergeben könnte, doch blieb die erforderliche chemische Reaktion offenbar aus.
Um diese Zeit herum räumte die Brunswick Record Company den dritten Stock an der Seventh Avenue 799, und Irving Mills übernahm die gesamten Räumlichkeiten mit sieben oder acht Büros und einem großen, zentralen Lagerraum, wo er die Waren aufbewahrte – meist Kleider und Schmuck – die er bei Gelegenheitskäufen als Weihnachtsgeschenke erworben hatte! Das Eck-

zimmer machte er zu seinem Privatbüro, ließ es mit solidem Holz verkleiden und stattete es üppig aus. Das nächste Büro wurde von Sara Abrams, seiner treuen Sekretärin, und Bill Mittler, dem Chefbuchhalter, belegt. Irving bat Bill einmal um ein paar hundert Dollar, um an einer Gemäldeauktion bieten zu können, und erhielt zur Antwort, es seien keine Mittel vorhanden. Ned Williams erhielt am selben Nachmittag vier- oder fünfhundert Dollar, um eine junge Band auszuzahlen. Als Irving davon hörte, war er leicht verärgert.

«Wieso kann er Geld bei dir abheben und ich nicht?» fragte er Bill.

«Er hatte eine einwandfreie Unkostenanforderung, die mit der Pflege deiner Interessen in Zusammenhang steht», war die Antwort.

Ned erinnert sich auch, Briefe an die ASCAP (American Society of Composers, Authors and Publishers) geschrieben zu haben, um sie davon zu überzeugen, daß Irving wirklich an allen Songs mitgearbeitet hatte, die von Ellington, Will Hudson und anderen stammten und bei denen sein Name erschien, und daß er deshalb bei der Gesellschaft höher eingestuft werden sollte. Obwohl er damit keinen Erfolg hatte, dehnte sich das Büro mittlerweile weiter aus, wobei neue Zugnummern wie Ina Ray Hutton, Lucky Millinder, das Hudson-DeLange Orchestra, Mills Cavalcade of Music und viele andere dazukamen. So unschätzbar er war, Ned wurde von Irving 1935 entlassen. Doch bewog ihn Mittler dazu, 1936 in den Schoß der Familie zurückzukehren und seine Aufmerksamkeit auf die Bands von Ellington und Calloway zu konzentrieren. Er machte mit ihnen mehrere Busreisen als Reisemanager und erinnert sich gut an ein eintägiges Gastspiel in Providence, Rhode Island. Der Bus verließ New York rechtzeitig, wurde jedoch von der Polizei in Connecticut festgenagelt und traf mit einstündiger Verspätung ein. Pop war mit dem Zug gefahren und hielt die Festung, bis die Band erschien. Trotz der guten Besucherzahl und überdurchschnittlichen Einnahmen wollte der Veranstalter einen Teil der Gagen wegen Unpünktlichkeit abziehen. Ned verwies ihn auf die «Höhere Macht»-Klausel im Vertrag und kassierte den vollen Betrag.

Wenn es Anzeichen gab, daß Ellington im Begriff war, mit einer der Tänzerinnen des Cotton Club eine Beziehung aufzunehmen, bat Herman Stark Ned, Pop die Sorgen der Clubbesitzer in bezug auf sein Image als Star zu Gemüte zu führen. So verbrachte Ned einmal eine ganze Nacht mit «dem Star» in Harlem, die ihm in denkwürdiger Erinnerung blieb: Nach einem gewaltigen Festschmaus in einem kleinen, aber ausgezeichneten Restaurant bestellte Pop frühmorgens noch zwei weitere Portionen. Ned protestierte, seine Grenzen seien erreicht; er erhielt zur Antwort, er solle sich keine Sorgen machen. Staunend schaute er zu, wie sein Gast beide Portionen erledigte. In den Anstrengungen, die Liebesaffäre zum Stehen zu bringen, wurden in dieser Nacht keine Fortschritte erzielt.

Ein Anwalt namens Charles Weintraub stieß als eine Art Rationalisierungsfachmann zu Mills. Am 6. Januar 1937 versammelte er das gesamte Büropersonal und entließ jedermann. Ned wurde drei Wochen später von Irving wieder eingestellt, und er fuhr fort, Ellington und Calloway zu betreuen, bis er am 1. November 1938 zurücktrat, um mit K. K. Hansen eine Public Relations-Firma zu gründen. Er übernahm dabei die Vertretung der William Morris Agency, die im Begriff war, ihre Tätigkeit auch auf Bands auszudehnen. Als Ellington 1939 schließlich mit Irving brach, führte ihn Ned zu Jack Robbins, einem Konkurrenz-Musikverlag. Das erzielte Abkommen über künftige Kompositionen sah eine wöchentliche Vorauszahlung von 100 Dollar vor. Viele Wochen später bekam Ned einen Anruf von Robbins.

«Würden Sie bitte Duke veranlassen, seine Schecks zu kassieren, wenn er sie erhält?» fragte er. «Er scheint sie zu horten und macht meinen Buchhalter verrückt.»

Als nächstes brachte Ned Ellington zur William Morris Agency. Als das Band-Ressort der Agentur aufgelöst wurde, ging Pop zur Agentur Joe Glasers.

Ned Williams spielte als höchst fähiger Redaktor von «Down Beat» auch weiterhin eine beträchtliche Rolle bei der Förderung der Interessen Ellingtons! Ihre Beziehung war ebensosehr eine freundschaftliche wie eine geschäftliche Angelegenheit. Ned war selbst eine Persönlichkeit. Immer gut gekleidet, gewöhnlich mit einer Nelke im Knopfloch, war er freundlich, witzig und unbeschwert. Er mochte die Leute, und die Leute mochten ihn.

Damals waren mir natürlich all die Manöver und Listen nicht sehr bewußt, die Pop an die Spitze zu bringen halfen. Zu Beginn der dreißiger Jahre konnte man die aufregendste Musik der Welt spielen, ohne groß Anerkennung zu finden. Einige ausgezeichne-

te Bands gingen über Bord, weil sie nicht die Chancen erhielten, die sie verdienten. Bis zu einem gewissen Grad war es eine Glückssache, und - wie er selbst stets sagte - an jedem Scheideweg von Pops Leben schien jemand zu stehen, der ihm sagte, welche Richtung einzuschlagen war.
Der Cotton Club war für ihn in einem bestimmten Abschnitt seiner Karriere sehr nützlich, doch wurde er später zu einem Hindernis. Das Syndikat, das den Club betrieb, gab ihm einen Vertrag, mit dem es sich Optionsrechte vorbehielt. Als Ellingtons Popularität zunahm, konnte er deshalb aus einträglichen Angeboten außerhalb des Clubs nicht immer Nutzen ziehen. Wenn er ihnen folgte, konnte er es gewöhnlich nur für kurze Zeit, und in den Anfängen mußte er Cab Calloway verpflichten, ihn im Club zu ersetzen! An dieser Stelle wurde die Buchhaltung offensichtlich kompliziert, denn Irving Mills besaß 50% der Duke Ellington Inc., und Duke Ellington besaß 50% der Cab Calloway Inc.
Die Art Shownummern, die sie auch im Cotton Club machten, hatte ich einmal gesehen, weil Leonard Harper im Connie's Inn Regisseur war, als Pop in seinem Haus wohnte. Ich durfte zur Probe einer erstklassigen «Dschungel»-Schau mitgehen, in der die Revuetänzerinnen ihren großen Auftritt hatten. Sie trugen Federn um die Hüften und Federn um die Knöchel und sollten wie Zulu-Mädchen aussehen. Für «Dschungel»-Szenen wie diese wurde «The Mooche» geschrieben. Natürlich lernte ich derartige Nummern durch die Platten kennen. Auch «Black Beauty» gefiel mir immer. Als Pop es 1928 schrieb und Florence Mills widmete, entstand damit das erste vieler Porträts, die er schuf, um berühmte schwarze Künstler zu charakterisieren. Jahre später machte Alvin Ailey es in sehr effektvoller Weise zu einem Teil eines Balletts, das er «The Mooche» nannte.
Rückblickend müssen die Jahre 1927, 1928 und 1929 als drei sehr bedeutungsvolle Epochen bezeichnet werden: Harry Carney stieß 1927, Johnny Hodges 1928 und Cootie Williams 1929 zur Band. Der Beitrag dieser drei Männer war höchst bedeutsam, und jeder bereicherte das Tongebilde der Band auf seine eigene Weise. Obwohl sich Ellington als Komponist bereits durchgesetzt hatte, schrieb er in diesen Entwicklungsjahren nicht sehr viel, weil die Männer in der Band nicht gut Noten lesen konnten. Die Arrangements wurden meistens mündlich gestaltet, und ich weiß, daß sich Mills beklagte, wenn er nichts auf dem Papier hatte, um die

Urheberrechte zu schützen. Pop spielte die Melodie auf dem Klavier, und Artie Whetsol mußte sie danach lernen. Dann spielte er die zweite Stimme oder ließ die zweite Trompete ihre Stimme gemäß dem ausknobeln, was sie gehört hatte. Den Hintergrund spielte er so, wie es ihm richtig zu klingen schien, und dann teilte er die Töne vom Klavier her verschiedenen Burschen zu. Schließlich nahm er Bücher nach Hause, studierte sie und brachte sich so selbst eine Menge über Notenschrift bei. Er hatte eigentlich nie Hilfe. Will Vodery und Will Marion Cook mögen einige technische Probleme für ihn gelöst haben, und Willie «The Lion» Smith erläuterte ihm Einfälle und Phrasen, die ihn fesselten. In den frühen Arrangements fand sich eine Fülle seines selbständigen Denkens, denn er war darauf aus, jede Gruppe für sich gut zum Klingen zu bringen, selbst wenn sie eine andere zu unterstützen hatte. Präzisiert wurde nichts, die Noten spielten keine Rolle, solange sie nicht in das verstrickt wurden, was die andere Gruppe spielte. Wenn es richtig klang, war es auch richtig! Der Mangel an formalen Kenntnissen brachte ihn zu einer schöpferischen Denkweise, die andere damals nicht erreicht hatten. Dann lernte er, daß es möglich war, etwas niederzuschreiben, ohne daß es seinen Sinn verlor. Jetzt schrieb er jedoch in derart mysteriöser Manier, daß es der Außenstehende nicht verstehen konnte. Er schrieb Notenschlüssel, die gar nicht in das betreffende Notenliniensystem gehörten, und systematisch änderte er die Vorzeichen so lange nicht, wie sie eine bestimmte Instrumentalstimme nicht betrafen. Wenn da zum Beispiel ein Akkord mit einem Ges darin war und ein Akkord mit einem einfachen G ohne Vorzeichen folgte, nahm man das selbstverständlich wieder als Ges. Das traf jedoch nicht zu. Da der Mann, der die dritte Altstimme spielte, vorher nie ein G gespielt hatte, bestand keine Notwendigkeit, ein Auflösungszeichen davor zu setzen. Daraus ergab sich, daß Fremde, die eine Gelegenheit hatten, sich die Noten anzusehen und vielleicht zu spielen, darin keinen Sinn fanden. Und natürlich klang es schrecklich.

Er tat das, weil in jenen Tagen enorm gestohlen wurde. Komponisten kamen mit Bleistift und Papier zu den Cotton Club Shows und schrieben ganz offen die Einfälle und Kunstgriffe auf, die sie hörten. Er ließ sie nie Einblick in die Partituren nehmen, wenn er es vermeiden konnte. Er kannte die Leute, und manchmal spielte er um so weniger originelle Musik, je bedeutender seine Zuhörer waren. Das war Notwehr, bis er die Musik wenigstens auf einer Schallplatte herausbringen konnte.

Es war stets vorteilhaft, neue Nummern dafür zu gewinnen, sich an etwas anzupassen, das die Band bereit hatte, selbst wenn es ein nicht niedergeschriebenes Arrangement war. Der Band blieben so Verlegenheiten und viel Zeit erspart, die auf das Lesen neuer Noten verwandt werden mußte. Whetsol konnte die aufgeschriebene Melodie für zwei oder drei Burschen spielen, bis sie sie nach dem Gehör gelernt hatten, sie lasen sie eigentlich nie vom Blatt, sie lernten einfach, indem sie nachspielten. Auf diese Weise mußte die neue Musik in den Anfangsjahren eingeführt werden.

Obwohl ich knapp ein Teenager war, erinnere ich mich der Cotton Club Shows sehr wohl. Was die Band betraf, gefiel es mir, wie sie einmal die Revue begleitete und dann ihren Solo-Auftritt hatte, bei dem sie ihre eigenen Darbietungen bringen und sich entfalten konnte.

Die Shows, die mir besonders in Erinnerung geblieben sind, waren jene, die «Stormy Weather» und «Ill Wind» als große Nummern hatten.

Im Cotton Club war die Band ganz hinten in einer muschelförmigen Nische untergebracht, mit einer Tanzfläche davor. Die Tänzerinnen betraten diese erhöhte Tanzfläche durch Eingänge auf jeder Seite der Muschel. Der Bühnenaufbau sollte das «Land of Cotton», das Baumwoll-Land, zeigen, mit Pflanzerhütten, Reihen von Baumwollbüschen und Bäumen, die in die Höhe schossen, wenn die Show begann. Das Publikum erreichte die Tanzfläche durch rebenüberwachsene Tore mit schwingenden Gartentüren. Das Konzept des Cotton Club war nicht der Süden der Aristokraten, sondern der Süden der Neger. Die Leute, die hierher kamen, suchten das, was sie für die wilde Seele des Südens hielten, so wie sie von den Negern dargestellt wurde. Eine weiße Nummer konnte dort nicht auftreten.

Als die Band 1930 im Fulton Theater auftrat, wo Maurice Chevalier ein Gastspiel gab, sah ich sie zum ersten Mal in einem Theater. Es war ganz merkwürdig, die Band dort oben sitzen zu sehen, wie sie von einer Nummer zur anderen überging und, wie mir schien, einfach für sich spielte. Ich war daran gewöhnt, sie eine Nummer begleiten oder zum Tanz spielen zu hören. Der Saal war zum Bersten voll, die Eintrittskarten waren seit langem ausverkauft gewesen. Als die Band ihren Auftritt hinter sich hatte und wir ins Freie traten, wartete auch noch eine riesige Menschenmenge beim Bühneneingang. Pop konnte verhältnismäßig unerkannt passieren.

«Los», witzelte er, «wir müssen hier raus, bevor Chevalier kommt! Sonst habe ich keine Gelegenheit, mir wichtig vorzukommen, wenn ich durch alle diese Leute hindurchgehe.» So wurde mir die Berühmtheit Chevaliers bewußt.

Im vorangegangenen Jahr, 1929, hatte die Ellington Band in Ziegfelds «Show Girl» gespielt. Dabei wurde sie nicht in Orchester-Formation, sondern zwangloser präsentiert. Die Burschen saßen in roten Uniformen auf Treppenstufen und spielten fast wie in einer Jam Session. Ihre große Nummer war «Liza», die sie auch im Cotton Club zu spielen pflegten. Für ihren Auftritt in dieser Show zahlte man ihnen 1500 Dollar die Woche. Aber es war ein enormes Prestige mit der Teilnahme an einer Ziegfeld-Show verbunden, und nach diesem Engagement erhielten sie fast 1500 Dollar pro Nacht, eine damals fabelhafte Menge Geld.

Das Jahr 1929 war, wie schon erwähnt, auch durch den Beitritt von Cootie Williams zur Band besonders wichtig. Er war ein erfahrener Musiker und kam mit der Band von Alonzo Ross nach New York, wo sie im Rosemount Ballroom in Brooklyn ein Engagement hatten. Als ihr zweiwöchiges Engagement zu Ende war, ging die Band nach Florida zurück, doch Cootie blieb. Während eines beträchtlichen Zeitraums blieb er in Brooklyn, da ihm nicht recht klar war, daß es die besten Jobs in Manhatten gab. Dann hörte er von der Bandbox in der Nähe des Lafayette Theater, wo laufend musikalische Wettkämpfe abgehalten wurden. Er fand heraus, an welchem Abend sich die Trompeter produzierten, und zu denen, die dadurch von seinem Spiel erfuhren, zählte auch Chick Webb. Sie wurden enge Freunde, und Cootie spielte in Chicks Band im Savoy, bevor er für kurze Zeit den Platz von Pop Smith in Fletcher Hendersons Band einnahm. Sein gewaltiger Ton wurde von Coleman Hawkins sehr bewundert, der Smith immer kritisch begegnet war. Cootie besaß damals genügend Erfahrung und Ausbildung, um mit Fletchers Arrangements fertig zu werden, die in schwierigen Tonarten lagen und in jenen Tagen als sehr anspruchsvoll galten. Es war allgemeine Meinung, daß Fletcher die Spitzenmusiker hatte, die Elite. Fletchers Band war so auch das Vorbild, als Pop seine eigene für den Cotton Club erweiterte – und doch schlug er mehr oder weniger instinktiv eine andere Richtung ein. Als Cootie zu Chick Webb zurückgekehrt war, hatte Chick nicht viel regelmäßige Arbeit, und da Pop einen Ersatz für Bubber Miley brauchte, überredete er Cootie, den Job zu übernehmen.

Zunächst glaubte Cootie, in der Gesellschaft von Verrückten zu sein, aber nach einer Weile begriff er, daß die *Musik* nicht verrückt, sondern einfach schöpferisch anders war. Und Schritt für Schritt wurde er zu einem Teil davon und zu einem echten Faktor ihrer Entwicklung und Gestaltung.

Zuerst gab es für Cootie keine Chance, den Lead zu spielen; Artie Whetsols Technik war so schön und präzis, daß er den Klang der Band formte. Später, als Whetsol in den dreißiger Jahren Ansatzprobleme zu haben begann, fing Cootie an sowohl den Lead wie die Soli zu spielen. Da zeigte sich nicht nur sein gewaltiger Ton als großer Aktivposten, sondern er gab da auch das erste wichtige Beispiel, wie die instrumentale Tradition der Band in die Zukunft weitergetragen wurde.

Das also waren die positiven Seiten des Jahres 1929. Aber es brachte auch den Wall Street-Krach. Pop war in dieselbe Falle wie alle anderen vom Broadway gegangen: Warum für seinen Lebensunterhalt arbeiten, wenn man bloß Aktien zu kaufen und zuzusehen brauchte, wie das Vermögen wuchs? Niemand schien an die Möglichkeit eines Krachs auch nur zu denken, doch plötzlich geriet alles ins Wanken, und die Banken begannen zusammenzubrechen. So war Pop wieder ganz unten, wohl ein angesehener Mann, aber ohne Geld. Er war nicht nur ruiniert; er schuldete auch einen großen Haufen Geld. Das war die erste große Finanzkrise, in die er geriet. Doch glaube ich nicht, daß er zu niedergeschlagen war, jedenfalls nach der Nummer zu urteilen, die sie in diesem Jahr spielten: «Wall Street Wail» (Wall Street-Klage).

Anfang 1929 hatte er «The Dicty Glide» aufgenommen. «Dicty» bedeutet: hochnäsig, überheblich. Er hatte angefangen, auf Privatparties der reichen Gesellschaft zu spielen – da hatten er und die Band-Mitglieder die entsprechenden Allüren kennengelernt. «Snake Hip Dance» erhielt seinen Titel vermutlich, als Snakehips Tucker Musik brauchte, zu der sie im Cotton Club tanzen konnte, und Ellington dafür entweder eine frühere Komposition benutzte oder sich im letzten Moment etwas ausdachte, um der Band das Proben und Notenlesen zu ersparen. «Doin' the Voom

Voom» hatte vermutlich denselben Ursprung. Sonny Greer redete immer viel davon, als ob es die größte Sache der Welt wäre. Nicht alles wurde zu einem wirklichen Erfolg, wie die Schallplatten verraten. Manchmal brauchten sie für einen Aufnahmetermin ein viertes Stück, und Pop würfelte einfach etwas zusammen. Daraus mußte nicht unbedingt eine schludrige Arbeit entstehen, denn er brauchte ja nur zwanzig Minuten, um «Mood Indigo» zu schaffen. Aber es gibt Stücke, die klingen, als ob er etwas ausprobierte, experimentierte, in eine neue Richtung stieß.

Der Anlaß für die Trennung meiner Eltern war tatsächlich eine glühende Liebesaffäre gewesen, die Pop mit einer sehr schönen und talentierten Frau, einer Schauspielerin, gehabt hatte. Ich denke, es war ein echtes Liebeserlebnis mit beiderseitiger Zuneigung, die zu einer der tiefsten Beziehungen in seinem Leben wurde. Aber sie gehörte zu jenen Frauen, die sich doch nicht völlig von ihrem Herz beherrschen lassen. So war es wohl der Umstand, der die Affäre enden ließ, daß Pop nie die Absicht hatte, sich von meiner Mutter scheiden zu lassen, eine Heirat also nicht in Frage kam.

Während seines ganzen Lebens schrieb Pop Kompositionen, die mit seinen verschiedenen Frauen verknüpft waren oder von ihnen inspiriert wurden. So bezieht sich «Sophisticated Lady», wie der Liedtext deutlich macht, auf meine Mutter, ihre Gemütsdepressionen und die der Trennung folgende Trunksucht. «Black and Tan Fantasy» gedachte der sterbenden Liebe und des Endes seiner Affäre mit der Schauspielerin.

Um die gleiche Zeit herum hatte er einen Zusammenstoß mit der vornehmen Gesellschaft und ihren Vorurteilen. Seine Aufmerksamkeiten waren von einer Dame der prominenten Park Avenue-Kreise ermuntert worden. Die Affäre stieß jedoch auf den Widerstand der Verwandten, die die Polizei hineinzuziehen vermochten, um sie zu blockieren.

Es war eine Tänzerin gewesen, die mich begrüßt hatte, als ich – ich berichtete schon davon – an der Edgecombe Avenue 381 eintraf. Pop hatte Mildred Dixon bei seiner Premiere im Cotton Club getroffen, wo sie mit Henri Wesson unter dem Namen «Mildred and Henri» in einem Duo auftrat, das als eine der glänzendsten professionellen «Ballroom»-Tanznummern des Landes galt. Mil war zierlich, mit langem schwarzem, nach Tänzerinnenart zu einem Knoten geschlungenen Haar. Ihre feingeschnittenen Gesichtszüge und leuchtenden dunklen Augen erinnerten irgendwie an Ostindien. Sie hatte angeborene Klasse, vergleichbar derjenigen Ellingtons, und er bezeugte ihr große Höflichkeit, Aufmerksamkeit und Zuneigung. Ihre Hingabe war offensichtlich, und sie bildeten ein anmutiges Paar. Intelligenz und diplomatische Begabung gewannen ihr allseits Freunde. Sie war beliebt bei jenen, mit denen er beruflich zu tun hatte, und sogar das Vertrauen und den Respekt der Ehefrauen der Bandmitglieder genoß sie.

Bandleader hatten oft mehr Schwierigkeiten mit den Frauen der Bandmitglieder als mit den Musikern selbst. Die Männer kümmerten sich gewöhnlich vor allem um die Musik, die Frauen um das Geld. Sie hatten keinen Teil an der ungezwungenen, vertraulichen Kameradschaft, die zwischen Pop und den Burschen bestand, weshalb sie sich oft ausgeschlossen fühlten. Kam dazu, daß Ellington ein Frauenheld war - ein schlechtes Beispiel. Sie waren immer auf der Lauer, was da wohl auf der Tournee lief. Und das wahrscheinlich mit gutem Grund. Doch Pop konnte jedermann bezaubern, vor allem Frauen. Jede einzelne dieser Musiker-Damen fühlen zu lassen, daß sie etwas besonderes war, bedeutete für ihn keine Anstrengung. Während sie es vermutlich schwer fanden, dem zu widerstehen, war es auch geeignet, ihren Verdacht zu erregen: Welche Ehefrau wäre nicht davon überzeugt, daß ihr Mann einen höheren Lohn verdiente!

Doch Mil konnte sie entwaffnen, und manche von ihnen nahm sich ein Beispiel an ihrer Weise, die Augen vor allen ihr unliebsamen Aspekten von Pops Leben zu schließen. Zudem klatschte sie nicht. Das war für jedermann wichtig, besonders für die Musiker. Denn Ellington war ungefähr der einzige, den seine Gefährtin regelmäßig auf Tournee begleitete und die auch von allem Kenntnis hatte, was sich abspielte. Mil benahm sich stets als die Dame, die sie von Grund auf war, und mit der Zeit genoß sie jedermanns Vertrauen. Sie war eine verläßliche Stütze für Pop, seine «Sweet Bebe». Damals gab er sich mit Vergnügen dem Essen und Trinken hin, war entsprechend schwergewichtig, und sie sah neben ihm oft winzig aus. Er aber nannte sie «Tubby» (Tönnchen), die Art Neckerei, die sie mochte.

Edgecombe Avenue galt damals als die feinste Wohngegend in Harlem, die deshalb Sugar Hill genannt wurde. Mir erschien der

Umzug in das Appartement wie ein Sprung in gewaltig hoch entwickelte Lebensbedingungen. Heute würde man das Zivilisationsschock nennen. Wir hatten in Washington wie die durchschnittliche Familie mit durchschnittlichem Einkommen gelebt. Die Beleuchtung in unserem alten Haus war schließlich von Gas auf Elektrizität umgestellt worden, aber das war nur geschehen, weil Pop so viel Geld verdient hatte. Doch hatten wir uns nie etwas ähnliches träumen lassen wie die Einrichtung des Appartements an der Edgecombe Avenue. Es gab überall Steckdosen und Schalter, so daß dieselbe Lampe von verschiedenen Schaltern aus bedient werden konnte. Das verblüffte und gefiel uns sehr. In Washington hatten von den Glühbirnen Ketten zum Ein- und Ausschalten heruntergehangen. Auch hatte ich jetzt mehrere Anzüge und verschiedene Paar Schuhe - in Washington war es nicht einmal immer möglich gewesen, meine Schuhe reparieren zu lassen, wenn sie es nötig hatten.
Wenn auch wir zu Beginn der dreißiger Jahre ein wundervolles Leben führten, war es eine traurige Zeit für den größten Teil der Welt. In der Schule, die ich besuchte, gab es manche Kinder aus guten Kreisen, deren Familien unter der Härte der Wirtschaftslage zu leiden hatten. Das Land hatte die Depression gerade hinter sich, doch gab es noch immer Leute, die an der Straßenecke polierte Äpfel verkauften. Wenn ich in funkelnagelneuen Flanellhosen und Rollkragenpullover, oder was immer der letzte Schrei war, zur Schule ging, nährte dies Streitereien mit den anderen Kindern, und ich hatte einer neuen Art Feindseligkeit zu begegnen.
Daß wir bei dieser allgemeinen Situation in guten Verhältnissen lebten, war geeignet, Pop gerade noch mehr Aufschwung zu geben. Das Klavier stand im Wohnzimmer, doch selbst wenn er so leise wie möglich spielte, bei geschlossenen Türen, klangen die Töne in meinen Schlaf. Ich sehe ihn noch vor mir, den Bleistift in der Hand, rings um sich die herumliegenden Noten von «Ring Dem Bells». Er schrieb die Partitur, und Juan Tizol hatte die Aufgabe, die Auszüge für die einzelnen Stimmen zu machen. Diese Nummer wurde bei anderen Musikern sehr beliebt, und Pop benutzte sie im Film «Check and Double Check». Sie war auch eine meiner Lieblingsnummern, und ich konnte alle Stimmen singen.
Juan Tizol wurde in Puerto Rico geboren. Er war ein gut ausge-

bildeter Musiker. Er traf Pop zum ersten Mal im Howard Theater in Washington, wo er in der Band von Marie Lucas spielte. Als er später in New York arbeitete, wurde er eingeladen, sich für eine Radioübertragung der Ellington-Band anzuschließen. Er spielte Ventilposaune, ein damals im Jazz ungewöhnliches Instrument. Doch Pop erkannte rasch dessen Möglichkeiten, und 1929 holte er Juan zur Band, was die Zahl der Blechinstrumente von vier auf fünf erhöhte. Obwohl ich mich mit Pop noch nicht auf musikalischer Ebene unterhalten konnte, erinnere ich mich daran, daß er davon sprach, wie anders es war, für fünf statt für vier zu schreiben. Er begann, den Blechsatz nur als zwei Gruppen zu verstehen, während die Posaunenstimme vorher mit den Trompeten geschrieben worden war. Das war eine neue Herausforderung, und sie beeinflußte nun seine Kompositionsweise. Einer der Gründe, weshalb Pop den Beitritt Tizols zur Band schätzte, war die Möglichkeit, für ihn parallel zu den Saxophonen zu schreiben. Auf der Ventilposaune war er beweglicher als Tricky Sam auf der Zugposaune. Tricky Sam konnte auf seinem Instrument sehr agil sein, wenn er wollte, und technisch gab es für ihn kein Problem. Doch hatte er einen Solostil, der sich nur auf wenige Noten gründete; er war an sich ebenfalls sehr wirkungsvoll, und selbstverständlich wurde Tricky Sam von Ellington damit herausgestellt.

Trotz allem Erfolg gab es bei Ellingtons Lebensstil damals von Zeit zu Zeit Geldprobleme: Die monatlichen Rechnungen konnten nicht pünktlich bezahlt werden, mit den Ratenzahlungen war man soweit im Rückstand, daß es manchmal fraglich war, ob man noch gerade zurechtkam, um die Pfändung zu vermeiden.

Dennoch konnte die ganze Familie sich 1932 Ferien in Chicago leisten. Und wir reisten mit dem Pierce-Arrow dorthin, den Pop gerade für seine Eltern gekauft hatte! Abwechselnd mit meinem Großvater fuhr ihn ein Bursche namens Lawrence Brown, Chauffeur und «Mädchen für alles». Wir hatten eine Menge Spaß wegen der beiden Lawrence Browns, denn der Posaunist gleichen Namens war im gleichen Jahr zur Band gestoßen.

Wir müssen auf dem Weg nach Chicago mehrere Zwischenhalte eingeschaltet haben. Große Distanzen konnte man nicht zurücklegen, weil es damals noch keine Highways und Umfahrungsstraßen gab. Wenn man zu einer Stadt gelangte, mußte man sie durchqueren und seinen Weg auf der anderen Seite fortsetzen.

Wir kannten das schon von unseren Fahrten nach Washington. Sie dauerte zehn oder zwölf Stunden, weil man durch den ganzen Verkehr von Philadelphia und Baltimore hindurch mußte. Deshalb hatte es viele Vorbereitungen gegeben, bevor wir nach Chicago aufbrachen - Großvater und Brown vorne, Großmutter, Ruth und ich hinten.

Der Kauf des Pierce-Arrow hatte einen doppelten Zweck: Zeichen von Pops schmeichlerischer Verwöhnung seiner Mutter verschaffte er ihr die Möglichkeit, nach ihrem Belieben herumzukommen; zweitens wurde er dazu benutzt, Ruth zur Wadleigh High School, eine Oberschule für Mädchen, und zurück zu bringen. Pop hatte entschieden, daß es für uns besser war, öffentliche Schulen zu besuchen. Er hatte auch an Privatschulen gedacht, war jedoch zum Schluß gelangt, daß er ihr Produkt, die Leute, die daraus hervorgingen, nicht mochte.

Der Pierce-Arrow war ein tolles Auto für seine Zeit, mit sechzehn Zylindern und einer Unmenge PS. Pop fuhr ihn ganz selten, obwohl er sich früher gerne ans Steuer gesetzt hatte. Vom Moment an, als er nach New York kam, schien er kein Interesse mehr daran zu haben. Er hatte den Wert der Zeit begreifen gelernt. Wenn jemand anderer fuhr, hatte er Zeit nachzudenken. Ging ihm ein Gedanke durch den Kopf, hatte er die Hände frei, ihn schnell zu notieren. Das war der Anfang einer lebenslangen Verhaltensweise - immer war er darauf bedacht, originelle, kreative, künstlerische Ideen nicht entwischen zu lassen. Harry Carney fuhr leidenschaftlich gern, und als er schließlich seinen eigenen Wagen hatte, entdeckte er, daß er einen regelmäßigen Passagier hatte - Pop.

Die erste Station auf unserem Weg nach Chicago war Columbus, wo Pop und die Band bereits eingetroffen waren. Die Bands von Jimmy Lunceford und Andy Kirk waren ebenfalls dort - drei der großartigsten Bands im Lande, und alle im gleichen Hotel untergebracht. Ein Häuserblock weiter unten war auf der anderen Straßenseite ein Varietétheater und außerhalb von Columbus gab es einen exklusiven Club, wo Bands wie diese spielten. Während zwei oder drei Tagen blieb die ganze Gesellschaft zusammen. Das waren großartige Tage. Mir ging ein Licht auf, daß die Musikszene nicht nur aus dem bestand, was Ellington betraf. Im Restaurant, wo wir zu essen pflegten, fragte eine der Kellnerinnen Pop, wie sie als Sängerin ins Showbusiness gelangen könnte. Infolge seiner Ratschläge erfreute sich Savannah Churchill fünf Jahre später beträchtlichen Erfolges. Ich war begeistert von Andy Kirks Band, doch als ich jene Jimmy Luncefords hörte, wurde mir bewußt, daß andere großartige Dinge vor sich gingen. Zu Hause war ich manchmal mit ein paar Jungen aus meinem Klüngel ins Apollo Theater gegangen und hatte verschiedene Bands gehört, doch keine hatte mir Eindruck machen können.

Jonesy, Richard Bowden Jones, war in jenen Tagen der Bandboy, und ich hatte ein Alter erreicht, da mir erlaubt wurde, unter seiner Obhut auch länger wegzubleiben, manchmal fast bis Mitternacht. Schon nur mit ihm zusammenzusein und alle Musiker der drei Bands reden und ihre Späße treiben zu hören, war ein großartiges Erlebnis für mich. Bei allen freundschaftlichen Sticheleien bestand sehr viel gegenseitige Bewunderung zwischen diesen Musikern. Während er sein Bier trank, oder was er zu der Zeit gerade bevorzugte, erzählte Jonesy mir eine Menge lustiger Anekdoten und Dinge über meinen Vater, die ich tatsächlich noch nicht gekannt hatte. Zum Beispiel, wie er schlafen konnte und wie schwer es war, ihn aus dem Bett zu holen. Welchen ungeheuren Appetit er hatte. Was für ein wirklich großmächtiger, handfester Trinker er damals war. «Glaub' ja nicht, daß dein Großvater in dieser Familie allein das ganze Trinken besorgt», sagte Jonesy. «Duke Ellington kann selbst sehr gut trinken!»

Pop mochte Jonesy sehr, doch wenige Jahre danach erwischte er ihn mit dem sogenannten «Jonesy Schwindel-Konto». Jonesy erhielt 100 oder 200 Dollar für Nebenspesen der Band, und regelmäßig wurde er gebeten, über seine Zahlungen abzurechnen. Pop ging die Liste mit sehr ernstem Gesichtsausdruck durch, und bei dieser Gelegenheit fiel ihm ein immer wiederkehrender Buchungsposten ins Auge.

«Was bedeutet dieses ‹J. B.›?» fragte er. «Whisky?»

«Nein», sagte Jonesy verschüchtert.

«Nun, was ist das?»

«Jones' Beute.»

Pop gelang es, das Gesicht nicht zu verziehen, obwohl er das Lachen kaum zurückhalten konnte. Mehrere Monate verflossen, in denen tadellose Abrechnungen vorgelegt wurden, doch dann tauchte ein anderes Paar wiederholter Initialen auf.

«J.M., J.M., J.M., J.M. . . .» murmelte Pop. «Was bedeutet das?»

«Jones' Mieze», sagte Jonesy, indem er überallhin blickte, nur nicht auf den Old Man.

«Meinst du, daß ich das auch bezahlen muß? Immer langsam!»

Durch Jonesy, der Tag für Tag mit ihm verbrachte, lernte ich Pop als Mensch ein wenig besser kennen. Ich empfand nie Ehrfurcht vor ihm, aber ich interessierte mich immer für ihn und bewunderte ihn. Niemand, von dem ich je gehört hatte oder wußte, war ihm auch nur entfernt ähnlich. Für mich war er eine phänomenale Persönlichkeit, und ich fand es sehr schwer zu glauben, daß irgendjemand der Dinge fähig wäre, die er vollbrachte. Dieses Gefühl wurde bestärkt, wenn ich von Zeit zu Zeit Leute traf, die stets davon sprachen, wie genial er schrieb und wie individuell seine Musik im Vergleich zu dem war, was alle anderen auf diesem Gebiet schufen. Meine Bewunderung für Duke Ellington - die Person und den Vater, wie ich sie sah, als ich heranwuchs - beruhte auf sehr verschiedenen Dingen. Zum Beispiel Geld. Für ein Kind in Washington waren drei oder gar fünf Cents in der Hand eine Menge Geld. Wenn er mir so nebenher einen Vierteldollar gab, war das eine große Sache für mich. In der Mitte der dreißiger Jahre bekam ich dann als Hilfsbandboy einen Wochenlohn von 25 Dollar, was seinerzeit eine riesige Summe war. Nach einem Sommer Arbeit in dieser Position war ich in der Lage, die Wohnung meiner Mutter Zimmer für Zimmer neu zu möblieren - Schlafzimmermöbel, Wohnzimmermöbel, alles völlig neu. Es waren vielleicht nicht die großartigsten Möbel der Welt, aber es schien mir fantastisch, daß die Arbeit eines Sommers mir dies ermöglicht hatte. Und da Pop mir den Job gegeben hatte, betrachtete ich ihn natürlich als eine wunderbare Person und einen wahren Held. Als ich ihn mit der Zeit immer besser kennenlernte, verschloß ich meine Augen nie vor seinen Fehlern, doch überwogen sie nie das Gute. Wie sich die Band-Mitglieder kleideten, machte mir damals ebenfalls großen Eindruck. Washington war schon immer sehr konservativ gewesen - eine Stadt der blauen Serge-Anzüge von der Stange sozusagen. Wenn jemand Mohair trug, war er hochmodern! Die Band nur schon bei einer Probe zu beobachten, war da sensationell: vorne und hinten hochgekrempelte Hüte, nach unten glockig geweitete Hosen und Jacken mit Halbmondtaschen, dazu jene flachen «Filzponteten», mit denen später Lester Young indentifiziert werden sollte. Es war fantastisch, Leute in einer völlig neuen Mode zu sehen.

Sie hatten auch ihre eigene Sprache und redeten immer von «gams» und «hip chicks» - da mußte man Bescheid wissen. Fragte man: «Was bedeutet das?», war die Antwort wahrscheinlich: «Mann, du bist wohl nicht ganz gebacken.» Ich glaube, es gab damals mehr «hip»-Sprache, mehr Jargon. Einige Ausdrücke überlebten, wie «gams» für die Beine eines Mädchens; und «chick», nicht so grob wie «broad», ist ebenfalls geblieben. Unter den jungen Musikern ist heute eines der großen Worte «dynamite». «Das ist Dynamit!» sagen sie. Es bedeutete schon immer explosiv, aber für sie heißt es: kolossal, Klasse, Spitze.

Obwohl er ein Mitglied der Amerikanischen Musiker-Gewerkschaft war, hatte Pop Mühe, vom Chicagoer Boß Petrillo die Erlaubnis zu erhalten, in seiner Stadt zu spielen. Man mußte Mitglied seiner Lokalgewerkschaft sein, um dort auftreten zu können, und er nahm gegenüber «Fremden», die beitreten wollten, eine ziemlich starre Haltung ein. Petrillo war zu jener Zeit so mächtig, daß nicht einmal Irving Mills die Erlaubnis erwirken konnte. Schließlich kam eine Botschaft des Inhalts: «Duke Ellington kann nicht in dieser Stadt ein Engagement antreten, wenn er nicht zuerst hieher kommt und mit mir spricht.» Pop hatte mit jemandem in der Gewerkschaft zu verhandeln, und ich habe den Verdacht, er mußte einer Art Abgabe zustimmen und die Bezahlung an Petrillo zusichern.

Als wir endlich nach Chicago kamen, wohnte die Band bereits im Trenier Hotel am South Parkway, ein paar Häuserblocks vom Grand Terrace, wo sich Earl Hines seinen Namen machte. Sie waren in den gemieteten Pullman-Wagen angekommen, die Irving Mills zu dieser Zeit immer für ihre Reisen organisierte. Pop wollte uns nicht im Hotel, weshalb wir in einer Pension vis-à-vis wohnten.

Die Band-Frauen veranstalteten im Trenier gewaltige Kochereien. Ich habe nie mehr so sorgfältig und mit einem Minimum an Töpfen und Pfannen zubereitete Mahlzeiten gesehen. Sie fanden irgendeine Methode heraus, Maisbrot in einer Bratpfanne statt im Ofen zu backen, und Sachen wie Gemüse und gefüllte Tauben bedeuteten keine Schwierigkeit für sie. Sie legten ihre Mittel zusammen und gingen zu Marshall Fields und anderen Geschäften im Stadtzentrum, um Delikatessen einzukaufen, die den Burschen besonders schmeckten. In Chicago wurde sehr selten im Restaurant gegessen!

Es waren sieben oder acht Frauen. Johnny Hodges war damals mit seiner ersten Frau, Bertha, zusammen; Catherine Williams mit Cootie und Dorothy Carney mit Harry. Chicago war die Heimatstadt von Minnie Guy, so daß wir sie nicht so oft sahen.
Nachts war ich hinter der Bühne, lauschte der Band und half Jonesy, so viel ich konnte. Wenn die Band fertig war, ging ich manchmal ins Trenier und bediente eine Stunde die Telefonzentrale, während der Telefonist sich davonstahl, um irgendetwas zu erledigen. Er wurde nie vermißt, und ich brachte es zu großer Fertigkeit in der Bedienung des Schaltbretts. Es war eine wertvolle Erfahrung für mich, denn später, als ich Discjockey wurde, mußte ich auch mit einer unsichtbaren Kundschaft umzugehen wissen.
Diese Chicago-Reise ist ein Beispiel dafür, wie Pop seine Familie um sich zu haben liebte. Er wollte seine Mutter immer in seiner Nähe haben, damit sie auf seine Leistungen stolz sein konnte. Wenn er glaubte, daß der Ort für sie angenehm wäre, ließ er sie, wenn irgend möglich, schnellstens kommen und war glücklich, sie im Publikum sitzen zu haben. Es gibt keinen Zweifel, daß er einer der anhänglichsten Söhne war, die sich eine Mutter je erhoffen konnte. Er liebte es, ihr Blumen zu schicken, und seine Welt drehte sich um sie.
Das große Ereignis im folgenden Jahr 1933 war die erste Europareise der Band. Irving Mills hatte sie mit Jack Hilton, dem berühmten englischen Bandleader, verabredet, und die Ellington-Band sollte im Palladium in London auftreten, dem damals wahrscheinlich angesehensten Variététheater der Welt.
Man muß sich darüber klar sein, was es damals für eine schwarze Band bedeutete, nach Europa zu gehen. Andere Jazzmusiker waren vorher dort gewesen und hatten darüber berichtet, aber es war, wie wenn man unerforschtes Land beträte, besonders für die weniger erfahrenen Bandmitglieder. Jeder hatte seinen Stolz, jeder hatte seine individuelle Maske und Haltung entwickelt, den täglichen Animositäten und Herablassungen der Weißen im eigenen Land zu begegnen. Deshalb brachte es die Band wahrscheinlich nicht zu sehr aus der Fassung, als sie in England bei der Unterbringung in den Hotels in Schwierigkeiten geriet. London war noch das Herz eines riesigen Weltreiches, und koloniale Vorurteile hatten sich festgesetzt. Jedenfalls wurden die Probleme überwunden, und Pop stieg im Dorchester ab. Mil war nicht mitge-

reist. Er hatte Komplikationen vorausgesehen, weshalb sie mit uns an der Edgecombe Avenue 381 blieb.
Der Empfang für die Band in England war enthusiastisch. Über Jazz wurde dort weit sorgfältiger geschrieben als in den Vereinigten Staaten. Viele Jahre bevor in Chicago «Down Beat» zu erscheinen begann, gab es in England schon spezielle Jazz-Zeitschriften. Das Fundament für die günstige Aufnahme der Band war von Spike Hughes, einem Journalisten und selbst Bassist, von John Hammond, der aus New York berichtete, und dem Kritiker-Veteranen Edgar Jackson gelegt worden.
In den Anfängen des britischen Jazz-Journalismus bestand großes Interesse für die Musik von Red Nichols und der Stars von Paul Whiteman, während die Musik der schwarzen Band von Jackson oft als «roh» abgetan wurde. Hughes und Hammond war es gemeinsam gelungen, das Klima der Kritik zu ändern, weshalb die Ellington-Band eine große und gut unterrichtete Zuhörerschaft vorfand.
Die zwei Wochen im Palladium - wo sie als Programmnummer dreizehn auftrat! - waren ein großer Triumph, und Ivie Anderson buchte einen speziellen persönlichen Erfolg mit «Stormy Weather», das Ethel Waters im Cotton Club gesungen hatte. Es war einer der größten Hits von Harold Arlen, der zu jener Zeit stets um den Cotton Club herum zu finden war. Johnny Hodges behauptete oft, die Hauptphrase der Melodie leite sich von etwas her, was Cootie Williams zu spielen pflegte, als er noch an seiner eigenen Fassung der Botschaft arbeitete, die ihm Bubber Miley hinterlassen hatte.
Das breite Publikum war von der Show im Palladium mehr als befriedigt, doch waren die tonangebenden Fans und die sachverständigeren Zuhörer nicht auf ihre Rechnung gekommen. Sie hatten mehr erwartet und wollten mehr. Deshalb veranstaltete das Magazin «Melody Maker» für sie ein Sonderkonzert im Trocadero, dem damals größten Kino Europas. Das Programm wurde von Spike Hughes entworfen und zusammengestellt, der sich kommerziellen Konzessionen aller Art streng widersetzte, und das Publikum war zweifellos überwiegend auf seiner Seite. Stanley Dance, der sowohl dort wie im Palladium war, ist überzeugt, daß kein Jazzkünstler und keine Jazzgruppe einem englischen Publikum vorher und nachher je solchen Eindruck gemacht hat wie die Ellington-Band bei dieser Gelegenheit. Nicht nur die Mu-

sik und das Programm, auch das Auftreten und die Aufmachung fanden Billigung. Die cremefarbenen Anzüge, die orangen Krawatten zur dunklen Hautfarbe sorgten für eine attraktive Erscheinung. Stanley hatte im vergangenen Jahr im Holborn Empire Louis Armstrong gesehen, doch hatte Louis eine zusammengewürfelte Band bei sich, die er in Europa aufgelesen hatte, und die Darbietungen reichten nicht an die Erwartungen heran, die seine Schallplatten bei den Leuten geweckt hatten.
Im Falle Ellingtons waren die Darbietungen sogar noch besser als die Schallplatten, und eine Nummer wie «Rockin' in Rhythm» besaß dazu noch die optische Anziehungskraft der im Vordergrund tanzenden Bessie Dudley - was, nebenher, die Männer inspirierte, wirklich Jazz zu spielen.
Auf ihrer weiteren Tournee durch die ganze britische Insel fand die Band eine ebenso erfreuliche Aufnahme.
Die in der Presse entfachte Kontroverse sorgte für eine ausgezeichnete Reklame. Der verehrte Ernest Newman von der «Sunday Times» machte sich gar nichts aus der Musik, doch der jüngere Constant Lambert, bereits ein bedeutender Komponist, schrieb im «Sunday Referee» sehr einfühlend darüber. Noch wichtiger waren die gesellschaftlichen Veranstaltungen, die der Musik und ihren Schöpfern den Stempel der offiziellen Billigung aufprägten. Der Prince of Wales (der spätere Duke of Windsor) erwischte die Show in Liverpool, und er war mit Prinz George bei einer vom Zeitungsmagnaten Lord Beaverbrook gegebenen Party in London zugegen, an der die Band auftrat. Die Männer kamen da zum ersten Mal mit Mitgliedern des Königshauses in Berührung, und der Abend verlief laut allen Berichten in allgemeinem Einverständnis. Pop trank Gin mit dem Prince of Wales, der später eine Serie am Schlagzeug von Sonny Greer spielte, und Prinz George setzte sich für etliche vierhändige Takte ans Klavier.
Der Triumph von London wiederholte sich in Paris, wo die Band von einem wiederum gut unterrichteten Publikum aus allen Teilen des Kontinents erwartet wurde. Hugues Panassié schrieb damals schon seine Artikel in «Jazz Tango Dancing», und es gab eigene Jazz-Magazine in mehreren Ländern. Wie in England waren Ellington und seine Mannschaft verblüfft, mit welchem Ernst ihre Musik hier studiert wurde und wie vertraut die Fans damit waren. Da gab es Leute, die doch eine andere Sprache sprachen und dennoch, nur vom Hören der Platten her, recht zutreffend

Phrasen aus Soli singen konnten, die sie selbst nahezu vergessen hatten! Das zeigte eine Art Respekt und Wissen, die sie zu Hause, zumindest seitens der Weißen, selten angetroffen hatten. Die Zuneigung und Bewunderung wogen die Vorurteile und die Unkenntnis in Rassenfragen, denen sie begegneten, bei weitem auf.
Eine oft wiederholte, möglicherweise aber doch erfundene Geschichte wird vom Besuch einer größeren Gesellschaft, zu der auch Ellington und Irving Mills gehörten, im berüchtigten House of All Nations in Paris berichtet. Nachdem man «le spectacle» gesehen hatte und sich die Girls in einer Reihe aufstellten, sagte Irving: «Triff deine Wahl. Diesmal bezahle ich.»
«Ich nehme die drei an diesem Ende», antwortete Pop.
Ich glaube, diese Reise muß als die erste bedeutende Verbreitung der Jazz-Botschaft außerhalb der Vereinigten Staaten betrachtet werden, wohin die Band mit neuem Selbstvertrauen zurückkehrte. Andere Jazz-Musiker und -Gruppen waren vorher in Europa gewesen, aber es war ihnen nicht gelungen, den Status dieser Musikform wesentlich zu heben. Irgendwie hatten Beseeltheit, Geist und innere Würde von Ellingtons Musik in den beiden zivilisiertesten Hauptstädten der Welt, London und Paris, «Achtung geboten» - um eine Wendung zu gebrauchen, die er immer mochte.

Die Band von 1933 hatte ein einzigartiges Niveau erreicht, sehr verschieden von dem, dessen sie sich einst für die kurze Epoche des Kentucky Club erfreut hatte. Natürlich war sie größer, doch blieb ihre Besetzung über eine lange Periode ziemlich genau dieselbe. Das war in jenen Tagen sehr ungewöhnlich. Bands wurden stets für begrenzte Engagements gebildet und dann aufgelöst. Während Jahren bestand Fletcher Hendersons Band aus großartigen Musikern, doch gab es die ganze Zeit Wechsel. Dies hing mit der Art und Dauer der Engagements zusammen.
Der Cotton Club, mit all seinen Unzulänglichkeiten, verschaffte der Ellington-Band eine bestimmte Sicherheit und viel Radiosendezeit. Dasselbe galt auch für Earl Hines im Grand Terrace in Chicago, und es erklärt, weshalb er in den dreißiger Jahren eine relativ konstante Besetzung hatte. Als Chick Webb zum großen Liebling des Savoy wurde, war er in der Lage, dieselben Männer zu behalten und einen erkennbaren Ensembleklang zu entwikkeln, ungeachtet seiner verschiedenen Arrangeure. Mit anderen

Worten, um eine Musikergruppe zusammenzuhalten, ist nichts so wichtig wie regelmäßige Arbeit.

1933 war der Ellington-Sound anerkannt und populär, doch sein Erfolg bedeutete, daß sich unter den Männern bereits Primadonnen-Tendenzen entwickelten. Von den anderen berühmten Bands hatten manche ihren Erfolg einem besonderen Teamgeist zu verdanken, einer fast brüderlichen Gemeinschaft unter den Mitgliedern, gleichgültig, wie fähig der Leader war. So wird es von den Bands von Jimmy Lunceford, Erskine Hawkins und Bob Crosby berichtet. Auch vorher hatte es schon mehrere erfolgreiche Gruppen gegeben, die echte Genossenschaften waren, obwohl sie dem Namen nach Leader besaßen.

Pop war nie ein «Sklaventreiber», doch 1933 war er unangezweifelt der Leader einer Band, die der Konkurrenz voraus war, und dies trotz der Tatsache, daß seine Männer wahrscheinlich der mannigfaltigste Haufen von Individualisten in diesem Geschäft waren. Die Besetzung war damals:

Trompeten: Artie Whetsol, Freddy Jenkins, Cootie Williams;

Posaunen: Joe «Tricky Sam» Nanton, Juan Tizol, Lawrence Brown;

Blattinstrumente: Otto Hardwick, Johnny Hodges, Barney Bigard, Harry Carney;

Gitarre: Freddy Guy;

Baß: Wellman Braud;

Schlagzeug: Sonny Greer;

Gesang: Ivie Anderson.

Im Laufe der nächsten sechs Jahre gab es einige neue Männer im Trompetensatz und, nachdem Braud die Band 1935 verließ, mehrere Bassisten. Doch die einzigen wirklich wichtigen Veränderungen waren der Weggang von Artie Whetsol und der Eintritt zuerst von Rex Stewart und danach von Jimmy Blanton. Die starke instrumentale Individualität und Erfindungsgabe dieser beiden Männer wirkten natürlich auf den Charakter der Band ein, der sich bis zu einem gewissen Grad immer änderte, wenn neue oder andersgeartete Elemente dazukamen. Aber um 1933 war die Standard-Instrumentierung für Big Bands auf viele Jahre hinaus praktisch entschieden. Die Vermehrung des Posaunensatzes um Lawrence Brown war von großer Bedeutung. Er, Tricky Sam und Juan Tizol lieferten Pop drei vollkommen verschiedene Stimmen, mit denen er arbeiten konnte, ganz abgesehen von der Beweglichkeit eines Posaunensatzes, der gleich wichtige und unabhängige Rollen übernehmen konnte wie die Trompeten. Die Bedeutung dessen, was Pop in «Slippery Horn» für sein Posaunentrio schrieb, wurde im Gewerbe sofort erkannt, besonders von Don Redman, der sein eigenes aalglattes Trio hatte, und von Jimmy Mundy, der für Earl Hines «Fat Babes» arrangierte, als Trummy Young in Earls Band seine Karriere begann. Innerhalb sehr kurzer Zeit hatten fast alle Bands drei Posaunen.

Lawrence Brown hatte zusammen mit Lionel Hampton in der Les Hite-Band in Hollywood gespielt, als sie Louis Armstrong im Sebastian's Cotton Club begleitete. Irving Mills hörte ihn dort und empfahl ihn Pop. Lawrence war sozusagen der Gegensatz zum normalen Jazz- oder Showbusiness-Mann. Sein Vater war Geistlicher, und der Einfluß der Kirche zeigte sich deutlich: Lawrence rauchte, trank oder spielte nie. Bevor er beruflich zur Musik kam, hatte er Medizin studiert. Gut aussehend, wohlerzogen und würdevoll war er eine Zeitlang mit der Schauspielerin Freddi Washington verheiratet. Als Kind hatte Lawrence Geige und Klavier gespielt, doch gelangte er zum Schluß, daß ihm die Posaune mehr Möglichkeiten gab. Er liebte die rauhe Art nicht, in der das Instrument damals meist gespielt wurde. Ihm schwebte der Klang des Cellos vor, als er seinen viel geschmeidigeren Ton und Stil entwickelte. Er schuf damit eine Sensation, und dies sogar bevor Tommy Dorsey seine hübsche, gedämpfte Spielweise zur Vollendung gebracht hatte.

Einen Virtuosen wie Lawrence in den Posaunensatz einzufügen, stellte kein Problem dar, weil Tricky Sam und Tizol selbst Persönlichkeiten und Stilisten eigener Art waren. Aber für die Band insgesamt bedeutete er einen weiteren «Star», der herausgestellt werden mußte. Im Laufe der Jahre war es stets Ursache von Reibungen, Eifersüchteleien, Ressentiments und Cliquenbildung, wenn das Neue frischer Talente das Alte bedrängte oder bedrohte. Ein immer wiederkehrendes Problem, in dessen Lösung Pop es zur Meisterschaft brachte. Auch auf die Anhänger der Band ergaben sich da Auswirkungen: Sie hatten stets die Tendenz, sich mit der Periode zu identifizieren, in der sie Fans wurden. Sie ärgerten sich mehr oder weniger über den Beitritt von Lawrence und von Rex Stewart, weil diese beiden das Image der Band störten, das sich in ihren Köpfen festgesetzt hatte. Für sie verkörperten sowohl Rex wie Lawrence unzulässige Schaustellerei wegen

der Weise, in der ihre technische Gewandtheit eingesetzt werden konnte - und manchmal wurde. Dasselbe geschah mit Ben Webster, als mit ihm erstmals ein Tenorsaxophon-Solist der Band beitrat. Und nachdem sie Webster endlich akzeptierten, mochten sie anfänglich Paul Gonsalves nicht, weil sein Stil harmonisch fortgeschrittener war. Seltsamerweise waren sie gegenüber Jimmy Hamiltons Tenorsaxophon toleranter als gegenüber seinem geschliffenen und technisch gewandten Klarinettenspiel, das gewiß Benny Goodman stärker verpflichtet war als New Orleans.
Der New Orleans-Einfluß war in der Band stärker, als oftmals erkannt wird. Wellman Braud kam aus New Orleans, und sein rhythmischer Drive war ein großes Plus in den Entwicklungsjahren, wie selbst die alten Platten beweisen. Barney Bigard stammte ebenfalls aus New Orleans, und er wurde rasch zu einem der wichtigsten Faktoren der Band. Sein Stil war äußerst individuell und ungewöhnlich farbig, aber er blieb der New Orleans-Ensembletradition grundsätzlich treu. Barney besaß diesen hölzernen Ton, den Pop immer bewunderte. Niemand sonst spielte wirklich so wie er, und er verlieh der Band eines ihrer am leichtesten erkennbaren Merkmale.
Cootie Williams wurde stark von Louis Armstrong beeinflußt - wir sprachen schon davon, - und Louis war sozusagen die Quintessenz der New Orleans-Musik. Auf die eine oder andere Weise beeinflußte er in den dreißiger Jahren jede Art Jazz. Johnny Hodges bezeichnete immer Armstrong und Sidney Bechet als die wichtigsten Quellen seiner Inspiration, und es war wohl ziemlich zutreffend, wenn er sagte, er habe ursprünglich «einfach beide zusammengesetzt und etwas von dem benutzt, was ich für neu hielt.»
Bechet war ebenfalls ein echter New Orleans-Mann. Pop hatte ihn sehr früh in Washington gehört und war stark beeindruckt worden. In der Tat blieb Bechet immer einer seiner «großen Unnachahmlichen». Johnny hatte in Harlem mit Bechet gearbeitet und eine Menge von ihm gelernt. Bechet war deutlich sein überragendes Vorbild, doch hatten sie beide dieselbe Art fließender Intuition, dieselbe Art Mühelosigkeit auf ihren Instrumenten, so daß diese stets zu singen schienen und man sich selten irgendetwas Mechanischem bewußt wurde. Obwohl Bechet ein wunderbarer Klarinettist war, machte ihn sein Sopransaxophon berühmter, auf dem er der erste Jazzvirtuose war. Johnny machte das

Altsaxophon zu seinem Hauptinstrument, doch spielte er auch das Soprano wundervoll. Wenn er darauf den Saxophonsatz anführte, war die Wirkung sehr, sehr angenehm, und seine Sopransoli waren genauso überzeugend wie jene am Altsaxophon. Wie er sie 1932 auf den Platten von «The Sheik» und «Swing Low» spielte, erregte zu der Zeit große Aufmerksamkeit. Als er 1940 aus persönlichen Gründen beschloß, das Sopransaxophon aufzugeben, bedauerte das jedermann, nicht zuletzt Pop. Doch damals war Johnny der große Star, der Boß am Altsaxophon, wie Louis Armstrong an der Trompete und Coleman Hawkins eben am Tenorsaxophon. Charlie Parker, Dizzy Gillespie und Lester Young waren noch nicht die Herausforderer, wie sie das in ungefähr einem Jahr sein sollten.

Sobald Harry Carney sich einmal auf das Baritonsaxophon zu konzentrieren begann, wurde er auf diesem Instrument schnell zum Topmann. Sein massiver Ton verlieh nicht nur dem Saxophonsatz eine Tiefe und Rundung, die kein anderer besaß, sondern lieferte dem gesamten Ensemble ein reiches, volltönendes Fundament, das sich als unnachahmlich erwies. Je besser er sein Instrument beherrschte, desto mehr beeindruckte er als Baritonsolist, doch gab er das Altsaxophon, sein anfängliches Zweitinstrument, mehr oder weniger auf. Das von ihm in «Rockin' in Rhythm» geschaffene Klarinettensolo spielte er während seiner ganzen Karriere, und er beherrschte auch die Baßklarinette sehr gut. Der anziehende Klang dieses Instruments gefiel Pop; er machte von Zeit zu Zeit in beeindruckender Weise davon Gebrauch, sogar noch so spät wie 1971 in der Aufnahme von «Intimate Interlude».

An dieser Stelle muß ein weiterer Mann von Individualität, ein Gründermitglied, genannt werden: Sonny Greer. Er war ein sehr wichtiges Mitglied des Ensembles, ein Bonvivant und Ellington-Förderer aus den frühesten Anfängen. Er brachte einen großen Haufen glitzernder Schlagzeuggeräte in Mode und saß dort oben, über der Band, «wie ein Hohepriester oder ein König auf dem Thron», wie Pop einst sagte. Das Erscheinungsbild, die einheitliche Kleidung eingeschlossen, war in jenen Tagen sehr wichtig, und Sonny, hinter seiner spektakulären Sammlung von Trommeln, Gongs, Becken und Glocken sitzend, lieferte einen großen optischen Beitrag. Er war mit seinem echten Flair für den dramatischen Akzent auch ein für diesen Entwicklungsabschnitt der

Band sehr geeigneter Schlagzeuger, als sie an so vielen bühnenmäßigen Unternehmen beteiligt war. Das führt mich zu der Feststellung, daß die Band, im Gegensatz zu den meisten, die als ihre Rivalinnen gelten konnten, viel mehr als ein Tanzorchester war. Sie hatte mehr Richtung auf die Bühne, ihre Dynamik war gefühlsbetonter, und in ihrem farbigen Ausdruck war die Hand des Malers Ellington stets erkennbar.

Ich habe absichtlich den Individualismus in der Band der dreißiger Jahre betont, weil sie, paradoxerweise, vielleicht den gleichartigsten Sound hatte. Mehrere der Männer darin waren ausersehen, große Stars zu werden, doch waren sie keine Stars, als Pop sie einstellte. Sie waren talentiert, sicherlich, aber er machte Stars aus ihnen. Das war immer seine Politik. Es widerstrebte ihm, anderen Bands Stars auszuspannen, ja, Musiker auch nur auszuleihen, die sich bei anderen, weithin bekannten Leadern einen Namen gemacht hatten. Er zog es vor, das Rohmaterial - oder fast rohe Material - selbst zu formen.

In den Kompositions-Zuschreibungen aus dieser Periode stößt man auf mehrere Orchestermitglieder, die als Mitarbeiter erwähnt werden. Wahrscheinlich war keiner so schöpferisch und fruchtbar wie Bubber Miley, doch hatten auch Männer wie Johnny Hodges, Barney Bigard, Harry Carney, Juan Tizol, Rex Stewart und Cootie Williams Einfälle, die sie beisteuerten (oft zu den frei erarbeiteten Arrangements) und für die sie dann als Mit-Autor genannt wurden. Im Laufe der Zeit und nach dem Erscheinen Billy Strayhorns, bildete sich diese Art zwangloser Zusammenarbeit zurück, doch war sie offensichtlich wertvoll und fruchtbar, als die Musik gewissermaßen weniger raffiniert war. Im allgemeinen brachten die Männer bloß eine winzige Variation oder eine Phrase, die Pop einem Arrangement einverleiben oder zum Song von zweiunddreißig Takten ausbauen konnte. Natürlich waren eine Menge dieser Nummern Blues oder auf Bluesgrundlage aufgebaute Kompositionen.

Die Beziehung zwischen Pop und seinen Männern war 1933 offensichtlich enger als in späteren Jahren. Sie reisten gemeinsam in den Pullman-Wagen, die Irving Mills vor allem für die Tourneen in den Südstaaten mietete. Sie tranken und spielten Karten zusammen. Aber ob sie es erkannten oder nicht, die Zügel waren fest in Pops Händen. Programm und Politik wurden zunehmend von ihm bestimmt - was nicht besagen will, daß er sich von ihrer

Welt und ihren Interessen isolierte. Wie sehr er sich des Klimas in der Welt der schwarzen Jazzmusiker bewußt war, wurde in «It Don't Mean a Thing if It Ain't Got That Swing» eindrucksvoll demonstriert.

Vier Jahre bevor die weiße Swing-Ära begann, stimmte der Titel als Absichtserklärung - wenn auch in mangelhafter Grammatik. Es war damit nicht etwa gemeint, daß Swing schon alles war, was zu Musik gehörte. Das war sonnenklar für ihn, aber er wußte auch, daß die Musik auf seinem Gebiet aufs Trockene geriet, wenn sie aufhörte zu swingen. Man kann während seiner ganzen Karriere feststellen - welche Abweichungen und ausgeklügelten Ideen es auch gab -, daß er häufig zu diesem ersten Prinzip zurückkehrte, und es war ein Prinzip, das der Applaus in London und Paris voll unterstützt hatte.

Bald nach der Rückkehr der Band aus Europa begab sie sich auf eine Tournee durch Texas, die zu einem weiteren Riesenerfolg wurde. Pop hatte sich zuvor der Idee einer Tournee durch den Süden widersetzt. Er wußte zuviel von der Art und Weise, in der sein Volk dort noch immer behandelt wurde. Aber die bei Irving Mills eingehenden Angebote und die Versprechungen, die doch Besseres hoffen ließen, waren zu verlockend. Vielleicht änderten sich die Zustände? Vielleicht hatte ihm Europa auch eine neue Zuversicht verliehen? Wohin sie sich begaben, fanden sie eine so gute Aufnahme, daß sie im nächsten Jahr wieder in den Süden gingen, diesmal nach New Orleans. Mit zwei Schlaf- und einem Gepäckwagen gab es keine Unterkunftsprobleme, und der Besuch war ein weiterer Triumph. Sie wurden am Bahnhof von Tausenden erwartet, und Barney Bigard und Wellman Braud, deren Heimatstadt New Orleans war, wurden wie heimkehrende Helden gefeiert. College-Bands spielten zum Willkommen am Bahnhof.

Alles schien so gut zu laufen. Die Hits blieben nicht aus - 1932 «Sophisticated Lady», 1933 «Drop Me off in Harlem», 1934 «Solitude», 1935 «In a Sentimental Mood». Sie hatten auch ein paar weitere Filme gedreht, «Murder at the Vanities» und «Belle of the Nineties», den letzteren mit Mae West. Pops Arrangement von «Ebony Rhapsody», das auf der 2. Ungarischen Rhapsodie von Liszt beruhte, war eine Hauptattraktion des Kriminalfilms und beeindruckte Musiker wie Billy Strayhorn und Andy Gibson stärker als die Kritiker.

Dann erkrankte meine Großmutter, Pops geliebte Mutter, das Schlimmste, was überhaupt passieren konnte. Die Spezialisten empfahlen Detroit als die beste Klinik für ihre Behandlung, und sie war eine geraume Weile dort, bevor sie an Krebs starb. Als das Ende nahte, wurde die ganze Familie gerufen. Nur mich ließ man in New York zurück, in der Meinung, ich sei noch zu jung für ein so trauriges Erlebnis. Großmutter aber vermißte mich. Von da an nahm mich Pop als selbständigen Teil der Familie zur Kenntnis.

Seine Welt war um seine Mutter aufgebaut gewesen, und die Tage nach ihrem Tod waren die traurigsten und verzweifeltsten seines Lebens. Er hatte seine Tätigkeit eingeschränkt und sie während des Monats vor ihrem Tod häufig besucht. Danach saß er einfach im Haus herum und weinte tagelang. Niedergeschlagenheit erfaßte ihn immer in jener Jahreszeit, in der sie verschieden war. Dann konnte man ganz sicher sein, daß er trank. Er konnte zwei, drei Wochen im Rausch verbringen und sich dann davon lösen. Damals trank er nicht mehr so schwer wie früher, und selbst dieser alljährliche Ausbruch wurde zusehends beherrschter, bis er so weit kam, fast überhaupt nicht mehr zu trinken.

Sein großer Verlust beeinträchtigte seine musikalische Produktion mehr als irgend ein anderes Ereignis seiner Karriere. Er verlor seinen Ehrgeiz, weil er die Person verloren hatte, der er am meisten zu gefallen liebte. Er brütete lange Zeit vor sich hin, und das erste Zeichen, daß er sich von seiner Verzweiflung zu lösen begann, war «Reminiscing in Tempo», das eine vierteilige Plattenserie ergab. Es widerspiegelte seine Stimmung, wechselnd zwischen der Traurigkeit der Gegenwart und den glücklichen Erinnerungen an die Vergangenheit, die er mit seiner Mutter geteilt hatte. Reaktion auf ihren Tod, zeigte dieses Werk, was und wie er dachte, und es war ganz anders als das, was er bisher geschrieben hatte. Wie so oft, wenn er Neuland erschloß, fand es bei den Kritikern keine gute Aufnahme. Sie waren überwiegend damit beschäftigt, die Benny Goodman-Welle mitzumachen.

Ein weiterer bedeutender Schritt, der zeigte, daß er wieder schöpferisch zu denken begann, waren die Aufnahmen von «Cootie's Concerto» und «Barney's Concerto». Sie waren dazu bestimmt, jeden der beiden als Solist zu präsentieren. Aus irgendeinem Grund, wahrscheinlich aufnahmetechnischen Unzulänglichkeiten, wurden sie im folgenden Monat neu aufgenommen, nun «Echoes of Harlem» beziehungsweise «Clarinet Lament» betitelt. Das war ein Bruch mit der bestehenden Bandformel, nach der in einer Nummer ein halbes Dutzend Solisten eingesetzt werden konnte. Künstlerisch war die Form des «Konzerts» sehr erfolgreich, und in den folgenden Jahren wandte sich Pop ihr mehr und mehr zu. Sie gab ihm eine gute Möglichkeit, die ganze Leistungsfähigkeit seiner Musiker zu zeigen, wobei ihr Spiel durch den von ihm geschriebenen Hintergrund zur Geltung gebracht wurde. Mit der Zeit gab es solche «Schaukästen» für Johnny Hodges, Lawrence Brown und Rex Stewart. «Trumpet in Spades» unterstrich Rex' Glanz und Tempo; als das langsamere «Boy Meets Horn» aufgenommen wurde, fand seine exzentrische Ventiltechnik viel Aufmerksamkeit.

Das Schicksal hielt einen weiteren Schlag für Pop bereit. Sein Vater hatte immer gerne mächtig auf die Pauke gehauen, aber nach dem Tod seiner Frau war er nicht mehr in guter körperlicher Verfassung. Er war im Sommer 1937 zur Erholung in die Catskills hinaufgegangen. Doch als er im Herbst nach New York zurückkam, brachte er eine Brustfellentzündung mit, und im November starb er.

Es waren düstere Zeiten. Artie Whetsol und Freddy Jenkins waren beide schwer krank, und das finanzielle Bild war sehr entmutigend. Die Arzt- und Spitalkosten für Pops Eltern hatten seine Mittel beträchtlich beansprucht, und zum zweiten Mal war er am Boden. Da er sich mittlerweile einen Ruf geschaffen hatte, war er nicht in derselben Weise ruiniert wie beim Börsenkrach von 1929. Doch hatte er bei vielen Leuten Schulden, da er Geld geborgt hatte, um die Band in Gang zu halten. Er hatte Vorschuß für Songs bezogen und das Geld in Geschäfte gesteckt, die weniger als nichts eingebracht hatten. Es gab auch gute Gelegenheiten, die er nicht verpaßt hätte, wenn er in einer Position der Stärke hätte verhandeln können; und es gab Momente, wo er auf gut Glück sein Heil versuchte – ein Überbleibsel aus Zeiten, als sie auf eigenes Risiko einen Saal mieteten und selbst eine Tanzveranstaltung aufzogen, gewöhnlich weil es in der Gegend keinen Impresario oder Promoter gab. In vielen Fällen war das einträglich, aber nicht immer. Manchmal mußten sie sich mit einem gerade nur mittelmäßigen Besuch begnügen. Das Ergebnis war, wie ich ihn oft sagen hörte, daß er in zwei oder drei Monaten vielleicht 50000

Dollar verlor, was damals eine höllische Menge Geld war. Auch die Transportkosten fraßen Geld. Die drei Eisenbahnwagen waren für die Band, mit den eigenen Requisiten, wohl die beste Reisemöglichkeit. Aber wenn sie ein einwöchiges Engagement hatte, blieben die Wagen einfach unbenutzt auf einem Nebengeleise und kosteten Geld. Mills begann zu diesem Zeitpunkt mit seinen Verlagstätigkeiten auf sehr hohen Touren zu arbeiten, so daß Pop die Verluste stärker spürte als er. Wohl hatte Pop einige einträgliche Lizenzen laufen, aber seine Geschäfte hatten den auf ihn entfallenden Anteil arg beschnitten, so daß die Eingänge damals keinen nennenswerten Betrag garantierten.
Der Anschein stand oft in Widerspruch zur finanziellen Wirklichkeit in Ellingtons Karriere, und diese Periode der dreißiger Jahre war ein gutes Beispiel. Was Anerkennung und Ruf betrifft, war es eine Zeit beträchtlichen Wachstums. Die Band hatte ihren festen Platz, lange bevor Benny Goodman, Tommy Dorsey, Artie Shaw und andere weiße Leader die Ernte der Swing-Ära einzuheimsen begannen. Dies galt durchaus auch für die anderen schwarzen Bands wie Fletcher Henderson, Jimmy Lunceford, Earl Hines, Andy Kirk und Chick Webb. Sie profitierten alle in einem gewissen Grad von der Swing-Mode, aber die schwarzen - die für den ursprünglichen Impuls verantwortlichen Neuerer - weniger als die weißen. Einige der besten schwarzen Arrangeure wurden bald fortgelockt, um für weiße Leader zu schreiben, Fletcher Henderson und Jimmy Mundy für Goodman, Sy Oliver für Dorsey und Andy Gibson für Harry James und Charlie Barnet.
Pops Band war gegen diese Dinge irgendwie isoliert oder immun, sie war bereits bis zu einem gewissen Ausmaß «jenseits der Kategorien», um einen Begriff zu gebrauchen, den er später für die Hochvollendeten reservierte. Er hatte eine Band, die nicht immer gut zusammenspielte, aber wenn ihr Ruf auf dem Spiel stand, wußten die Burschen, daß sie alles hatten, um die Konkurrenz wegzufegen. Das geschah jeweils, wenn sie in eine musikalische Schlacht gerieten. Die Band war eine der wenigen, die die tapfere Band Chick Webbs im Savoy bezwang, und sie triumphierte über jene Jimmy Luncefords auf deren Höhepunkt. Die einzige Niederlage bezog sie bei einer frühen Begegnung mit Fletcher Hendersons Band. Coleman Hawkins war noch der Tenorsaxophonist Fletchers, und nach Harry Carneys Eingeständnis erledigte Hawk die ganze Band im Alleingang.

Ned Williams war zu jener Zeit hart am Werk, die Ellington-Legende aufzubauen, und die Band war ständig beschäftigt, obwohl es eine Menge eintägiger Gastspiele zwischen längeren Engagements im Sebastian's Cotton Club in Los Angeles und im Congress Hotel in Chicago gab. Benny Goodman hatte im Congress bereits einen großen Eindruck gemacht, was zum Teil dem Auftrieb durch den Chicago Rhythm Club zuzuschreiben war, einer Organisation, die jenen nachgebildet war, die sich über ganz Europa ausgebreitet hatten. Helen Oakley, Debütantin aus einer prominenten Familie von Toronto, war eine der Club-Aktivisten. Sie hatte Teddy Wilson das Fahrgeld überwiesen, damit er kommen konnte, um mit Goodman im Urban Room des Hotels zu spielen. Als er eintraf, mußte sie Goodman überreden, ihn zusammen mit sich und Gene Krupa auf dem Podium auftreten zu lassen, so heikel waren damals die Rassenprobleme. Dies war der erste öffentliche Auftritt des Benny Goodman-Trios, obschon sie bereits zusammen Platten bespielt hatten. Helen war eine Freundin der ganzen Goodman-Familie, doch liebte sie die Ellington-Band über alles und war bald eifrig als eine Art unbezahlte Presseagentin tätig. Als Präsidentin des Chicago Rhythm Club, was damals mit ziemlich großem Prestige verbunden war, sicherte sie der Band dessen Unterstützung. Zum ungefähr einzigen Mal in seinem Leben dirigierte Pop mit einem Taktstock, als sie für einen elfenbeinernen sorgte, der ihm mit geeigneter Widmung überreicht wurde. Sie schrieb ausführlich über die Band und ihre Stars, und zwar in «Down Beat» und «Tempo», ebenso im zweisprachigen Magazin «Jazz Hot», das Hugues Panassié und Charles Delaunay in Paris gegründet hatten. Obwohl Benny Goodman wünschte, daß sie für ihn arbeite, nahm sie das Angebot von Irving Mills an, seiner Organisation in New York beizutreten.

Das spielte um die Zeit, als Irving das alte Brunswick-Aufnahmestudio erworben hatte und seine eigenen Marken, Masters und Variety, schuf. Natürlich sah Irving die geschäftlichen Möglichkeiten der Swing-Ära, und einer der ersten Jobs für Helen war, als Gastgeberin eine große Party zu organisieren, um die beiden Marken zu lancieren. Nun geschieht es nicht oft, daß sich Jam Sessions auf ein Management stützen können, und diese wurde mit der weitsichtigen verschwenderischen Freigebigkeit aufgezogen, deren Irving immer fähig war - der Grund, weshalb ihm in den dreißiger Jahren denn auch mehr gelang als irgend einem anderen Manager. Helen lud alle Musiker ein, die sie kannte: neben allen Ellington-Leuten alle Basie-Leute und alle Chick Webb-Leute und einen ganzen Haufen Solisten aus anderen Mills-Bands. Das Resultat war eine der aufregendsten Jam Sessions aller Zeiten. Benny Goodman, Artie Shaw, Mezz Mezzrow, Frankie Newton, Billy Kyle, Count Basie, Lips Page, Lester Young, Herschel Evans, Jo Jones - alle waren sie da. Pop spielte im Trio mit Artie Shaw und Chick Webb! Ella Fitzgerald sang! John Hammond und Marshall Stearns sprachen über Jazz. Und Helen hatte die gesamte Presse eingeladen und ein ganzes Regiment von Fotografen. Die Kritiker Baron Timmie Rosenkrantz und Stanley Dance waren kurz zuvor auf der «Queen Mary» eingetroffen und sandten lebendige Berichte zurück nach Europa. Die Auswirkung auf die Öffentlichkeit war einfach kolossal.

Die volle Ellington-Band nahm für Master auf, doch war Helen mit der billigeren Variety-Marke betraut worden. Es gelang ihr, Irving herumzubekommen, ihr die Erlaubnis zu Aufnahmen mit kleineren Ensembles der Band für diese Marke zu erteilen. Wenn es nach ihr gegangen wäre, wären die meisten Platten von Cootie Williams, Tricky Sam, Johnny Hodges und der Rhythmusgruppe gemacht worden. Doch Pop mußte diplomatischer sein und die Gefühle der anderen «Stars» der Band berücksichtigen, weshalb schließlich eine sehr lange Reihe unter den Namen Cootie Williams, Barney Bigard, Johnny Hodges und Rex Stewart erschien. «Caravan» wurde zum allerersten Mal bei einer dieser relativ zwanglosen Sessions aufgenommen. Obwohl sie das Management vertrat, war Helen nur daran interessiert, gute Platten zu machen, ohne sich zu sehr um ihren kommerziellen Erfolg zu kümmern. Irving Mills war so beschäftigt, daß er den Sessions selten beiwohnte, obwohl er dafür verantwortlich war, einige der Sängerinnen und Sänger aufs Feld zu schicken, die er in Nachtklubs gehört hatte. Sie sollten die kommerzielle Anziehungskraft der Platten vergrößern, aber in der Regel war genau das Gegenteil der Fall: Die wirklich anerkennenswerten Seiten, jene von dauerhaftem Wert, waren die instrumentalen, besonders einige von Johnny Hodges wie «Jeep's Blues», «Empty Ballroom Blues», «Wanderlust» und «Jeep Is Jumpin'». Die erste Aufnahme einer meiner Kompositionen erschien 1937 in dieser Serie unter dem Namen Cootie Williams. Es war «Pigeons and Peppers».

Ich begann mit dreizehn oder vierzehn Jahren eigene Sachen zu erfinden. Ich arbeitete nach dem Gehör. Als ich diese Nummer beisammen hatte, notierte sie Pop und nahm sie auf. Das Exemplar der Platte, das er dann nach Hause brachte, hütete ich wie einen Schatz.

1937 war der Cotton Club in das Palais Royal am Broadway verlegt worden, wo einst Paul Whiteman geherrscht hatte. Einige Jahre später wurde daraus das Latin Quarter. Die Nachtklubs in den schwarzen Vierteln waren bei den Theaterleuten und der weißen Prominenz aus der Mode gekommen. Ich glaube, der Abstieg könnte mit der Aufhebung der Prohibition begonnen haben. Der Afrika-Kult war auch nicht von Dauer, doch die «Dschungel»-Nummern machten den Ortswechsel mit. Programmumschläge aus dieser Zeit zeigen einige sehr groteske – und erotische – Dschungelriten. Sie blieben weiterhin eine ausschließlich schwarze Show und waren eine Zeitlang bei einem weißen Publikum beliebt, das nie den Club an seinem alten Ort besucht hatte.

Das lange Engagement dort Anfang 1937 und alle die Aufnahmen, die er und die Band machten, müssen Pop finanziell auf die Beine geholfen haben, denn 1938 war er in der Lage, mir mein erstes Auto, einen Ford mit Faltdach, zu kaufen. Dies war für mich aus zwei Gründen wichtig. Abgesehen von der Freude, einen eigenen Wagen zu besitzen, begannen unsere Beziehungen enger zu werden, weil ich ihn von einem Ort zum andern zu fahren hatte. Ich holte ihn ab, wartete und während den Fahrten hatten wir Gelegenheit, ein wenig mehr miteinander zu sprechen.

Mit dem Wagen fuhr ich natürlich in die Ferien – nach Idlewild, Michigan. Dort begegnete ich der Wirkung einer anderen Band auf die Szene, einer Band, die aufregende Melodien wie «Swingin' the Blues» und «One O'Clock Jump» spielte. In jener Zeit gab es in den schwarzen Gemeinschaften immer Vorzeichen dessen, was kommen würde, bevor es noch sonst im Land spürbar wurde. Damals begann Count Basie bei der schwarzen Gesellschaft wirklich einzuschlagen und jene Unterstützung zu finden, die ihn zu weltweitem Ruhm führen sollte.

1938 wurde Ellington zum ersten Mal aufgefordert, die Musik für eine Cotton Club-Show zu schreiben. Am Broadway gab es immer eine Menge Leute, die laut redeten und nicht viel Geschmack hatten, aber schließlich muß es ihnen gedämmert haben, daß Pop mehr als tüchtig war. Blödsinnigerweise wollten sie es auch dann noch besser wissen als Pop, und sie strichen der Show einen Hit, den wunderbaren Song «I Let a Song Go Out of My Heart». Es war wichtiger für sie, eine Nummer zu haben, die zu einer kitschigen Szene paßte, weshalb sie statt dessen «Swingtime in Honolulu» einsetzten!

Der Ursprung zu «I Let a Song Go Out of My Heart» war, so viel ich weiß, ein Song mit dem Titel «I'll Never Smile Again», der damals große Mode war. Pop schrieb ein Arrangement dazu und stellte es zum ersten Mal im Apollo Theater in Harlem vor. Das Publikum im Apollo galt als das kritischste, dem man irgendwo im Showbusiness begegnen konnte, und dieses Publikum forderte, daß der Song noch einmal gespielt werde. Das wiederholte sich in der zweiten Aufführung der Show. In der dritten Aufführung ließ Pop den originalen Teil fort und spielte allein das Arrangement, wie es war. Es behauptete sich ohne fremde Hilfe als eine neue Nummer und wurde zu einem Hit, einem großen. Ein weiterer Hit um diese Zeit war «Jeep's Blues». Er war bei einem der Variety-Termine von Johnny Hodges aufgenommen worden, kam nicht ganz so groß heraus, wurde jedoch zu einem Jazzklassiker. Ein anderer Song aus diesem Jahr, der es viel weiter hätte bringen müssen, als es ihm gelang, war «Prelude to a Kiss», doch wuchs im Laufe der Jahre seine Beliebtheit unter den Musikern und beim Publikum.

Daß Jerry Rhea, Pops Vertrauter aus den frühen Tagen der Band, und ich uns näherkamen, war ebenfalls darauf zurückzuführen, daß ich über einen Wagen verfügte. Altersmäßig stand er zwischen meinem Vater und mir. Ich schätze, daß er etwa zehn Jahre jünger war als Pop. Er adoptierte mich gewissermaßen, und wir waren oft zusammen. Obwohl er zweimal geheiratet hatte, blieb er immer kinderlos.

Jerry war es, der mich über eine neue im Gang befindliche Liebesaffäre von Pop informierte.

«Dein Vater interessiert sich jetzt für jemand anders», erzählt er mir. «Ihr Name ist Evie, und sie arbeitet im Cotton Club. Damit du sie erkennst - sie ist die Dritte von rechts, wenn die Showgirls aus der Kulisse kommen.»

Evie war eine schöne Frau unter einer Menge schöner Frauen. Es war nicht außergewöhnlich, unter den Cotton Club-Girls auf Schönheiten zu stoßen. Sie waren wirklich die Elite aus allen Tei-

len des Landes. Evie war nicht Revuetänzerin, sondern eine von jenen, die herumgingen und -standen und in schönen Kleidern posierten. Sie erzählte mir einmal, wie sie in einer Show völlig mit Gold bemalt war. Das war wahrscheinlich in Chicago, wo sowohl Earl Hines wie Joe Glaser sie gut kannten. Chicago war ihre Heimatstadt, und dort wohnten auch ihre Mutter und ihre Halbschwester, die sie haßte und über die sie nie sprechen wollte. Die Idee der vergoldeten Körper stammte wahrscheinlich von Ziegfeld, der während der Ouvertüre Girls gerne als Goldstatuen dastehen ließ. War die Ouvertüre zu Ende, änderten die Girls ihre Haltung, und dann begriff man erst, daß sie lebten.
Pop hatte sie im Cotton Club getroffen. Sie logierte im St. Nicholas Palace, und nachdem er hin und wieder für kürzere Zeit mit ihr gelebt hatte, kam es so weit, daß er für ganz dort blieb. Er kehrte nie mehr zur Edgecombe Avenue 381 zurück und wieder einmal ließ er seine ganze Garderobe hinter sich.
Einmal brach im Gebäude Feuer aus, und jedermann mußte ins Freie. Es geschah bei Tage, doch hatte er noch geschlafen. Als er mit Evie herunterkam, beide halb angezogen, wurde er erkannt, doch fand die Sache in den Zeitungen keine Erwähnung. Pop war immer darauf bedacht, die Klatsch-Publizität zu vermeiden, wovon es aber doch reichlich genug gab. Kurz darauf fanden sie ein eigenes Appartement und zogen an die St. Nicholas Avenue 935, wo sie viele Jahre lebten. Nach einiger Zeit in Central Park West 400 zogen sie zur West End Avenue 140, ihrem Heim bis zu seinem Tod, mit ihren Namen Bea Ellis und Edward K. Ellington klar und deutlich an der Türe.
Seit langem war Pop die Bedeutung guter Pressebeziehungen durchaus bewußt - wie man günstige Kritik erhalten konnte und wie man in der Klatschspalte übergangen wurde. Er erreichte dies durch ein Kombination von Methoden. Wie viele andere Stars, die einen Teil ihrer Aktivitäten aus der Presse heraushalten wollten, versorgte er die Gesellschafts- und Showbusiness-Spalten selbst mit Informationen. Einige Leute wurden dafür bezahlt, den Mund zu halten, andere dafür, daß sie das Richtige veröffentlichten. Er plazierte auch für eine beträchtliche Summe Inserate in den Musikmagazinen, damit sie aus Sorge, einen Kunden zu verlieren, nichts zu Nachteiliges über ihn schrieben. So nutzte er seine in Spielsalons gewonnenen Erfahrungen, wo man ihm gezeigt hatte, wie man Leute manipulierte, und inzwischen war er

bei Irving Mills in Unterricht gegangen, einem beispiellosen Meister. Von ihm hatte er gelernt, Situationen jeder Art zu bewältigen.

Evie war von der Idee besessen, Mrs. Ellington zu werden. Doch gelang es ihm irgendwie, sie davon zu überzeugen, daß eine Scheidung von meiner Mutter eine sehr teure Angelegenheit wäre. Würde sie nicht vorziehen, wenn er mehr Geld hätte? Sie schloß sich dieser Überlegung an, und an dieser Stelle machte sie ihren Fehler. Statt zu sagen: «Es wäre mir lieber, dich zu haben und arm zu sein», hatte sie gemeint: «Ich warte lieber auf das Geld.» Als meine Mutter 1966 schließlich starb, glaubte sie fest, Mrs. Ellington zu werden. Doch scheint Pop kurzerhand nein gesagt zu haben. So viel ich sah, wurde er von keiner anderen Seite in seiner Entscheidung beeinflußt. Ich wurde ganz gewiß nicht um meine Ansicht gebeten, obwohl ich mich mit dem Gedanken abgefunden hatte, daß sie heiraten würden. Aber irgendwie wollte er es nicht, und die Abneigung mag durch seine Schwester Ruth genährt worden sein, weil sie ihm gegenüber ebenso besitzgierig geworden war, wie er ihr gegenüber.

Ruth und ich wurden mit Mil an der Edgecombe Avenue 381 zurückgelassen. Uns wurde bald klar, daß er nie zurückkommen werde, um mit uns zu leben oder uns auch nur zu besuchen, wenn wir nicht die Wohnung wechselten - er wollte Mil nicht mehr begegnen. Deshalb überließen wir die ganze Einrichtung Mil und zogen straßenaufwärts in die Nummer 409. Als Ruth für den Sommer 1938 nach Paris ging, um ihre Sprachstudien fortzusetzen, war die Familie ziemlich stark zersplittert - Ruth an der Sorbonne, Pop auf Tournee, meine Mutter auf der anderen Seite Manhattans und ich an der Edgecombe Avenue, mit Ruths Cadillac, gegen den sie meinen Ford mit nach Paris genommen hatte.

In Nummer 381 hatte übrigens die Braut von Joe Louis gewohnt, und als er sie heiratete, hatte ich Gelegenheit, ihn kennenzulernen. Zwischen Sport und Showbusiness schien immer eine Art Beziehung zu bestehen. Wenn die großen Boxer ihr Trainingspensum abgeschlossen hatten, besuchten sie Duke Ellington, wo immer er war, besonders im Cotton Club. Es gehörte dazu, vermute ich, sich sehen zu lassen, in die besten Nachtlokale zu gehen. Man begegnete dort stets den Boxern und Baseballspielern. Als ein damals berühmter Baseballspieler hörte, daß Duke El-

lington einen Sohn hatte, gab er ihm einen Schläger für ihn. Ich war sehr stolz darauf!
1939 traf dann Billy Strayhorn in New York ein. Er hatte sich der Worte Duke Ellingtons in Pittsburgh erinnert: «Wenn du bereit bist, laß mich ein paar Sachen hören!» Er wußte, daß Ellington, falls er gerade nicht in New York sein sollte, früher oder später dort eintreffen würde. Also machte er sich mit einem Freund auf den Weg nach New York, als er bereit war - mit nur sechs Dollar in der Tasche. Doch war er vom Glück begünstigt: Die Band spielte ihren letzten Abend im Apollo, bevor sie nach Übersee ging! Zwischen den Show-Nummern legte er sein Werk Pop vor, der sich sogleich nach mir umwandte: «Kümmere dich um ihn, bis ich zurück bin.»
Ich besorgte Strayhorn ein Zimmer in der YMCA (Young Men's Christian Association). Doch kam und blieb er so oft und so lange bei uns, manchmal während mehrerer Tage, daß ich schließlich sagte: «Nun, Billy, hol deine Sachen, kannst später noch immer in die YMCA gehen!» So waren Billy, Ruth und ich wie eine Familie, als Pop aus Europa zurückkehrte.
Billy und ich hatten, während die Band unterwegs war, die Ellington-Partituren genau studiert. Er hatte mir auch bei einigen Songs geholfen, die ich geschrieben hatte, besonders bei der Erkennungsmelodie für die kleine Band, die ich damals hatte. Er besaß eine gute, solide allgemeine Grundlage in musikalischer Theorie und Praxis. Er spielte gut Klavier, nicht großartig, aber gut. Er hatte genügend Kompositionsunterricht genossen, um Pops Werk würdigen zu können, und er mußte sich bloß mit der Instrumentation vertraut machen, um die Grundprinzipien zu erfassen.
Ursprünglich hatte Pop beabsichtigt, ihn als Liedtexter einzusetzen, weil er in Nummern wie «Lush Life» ziemlich Talent dafür verraten hatte. Aber das Komponieren war für ihn wichtiger und fesselnder geworden. Er war eine enorme Hilfe, und ich glaube, hier war wieder einer der Augenblicke in Ellingtons Leben, wo er wirklich vorangetrieben wurde, stimuliert durch die Gegenwart Billys. Billy war von Ellington inspiriert und wollte für ihn arbeiten. Und dann, wie um die Muskeln spielen zu lassen, bloß um zu protzen, Billy zu zeigen, wessen er fähig war, fing Ellington natürlich selbst an, mehr zu schreiben. Später, wenn er den Auftrag für einen Riesenjob erhielt, machten sie sich jeweils gemeinsam

daran. Aber ich glaube, die bedeutendsten der weitläufigen Werke, wie «Black, Brown and Beige», das so viele Jahre in Anspruch nahm, und «Harlem», entstanden doch ohne Billy.
Worin sich Billys Handschrift so in der ersten Zeit zeigte, waren Dinge wie «After All», «Clementine», «Chelsea Bridge», «Day Dream», «I Don't Mind» «Johnny Come Lately», «Raincheck» und «Take the ‹A› Train». Zuvor hatte er auch eine schöne Ballade geschrieben, «Something to Live For», die zusammen mit «Lush Life» dafür sorgte, daß er in der Gemeinschaft der Band akzeptiert wurde. Sie wurde mit Jean Eldridge aufgenommen, einer Sängerin, die jedermann beeindruckte. Sie hätte im Showbusiness zu einem wichtigen Element werden können, verschwand aber einfach unbemerkt. Ellington hatte natürlich Ivie Anderson - das war bevor er zwei Sängerinnen mit sich führte. Er erwog auch, einen Sänger einzustellen. Die beiden damals hervorragenden Vokalisten, von denen er gehört hatte, waren Herb Jeffries und Billy Eckstine. Er entschied sich zugunsten von Herb, der zuvor bei Earl Hines gearbeitet hatte. Und zufällig war es Earl gewesen, der Ivie überredet hatte, zu Ellington zu gehen und ihm vorzusingen, als sie noch im Grand Terrace war. Pop kannte Billy Eckstine schon von Washington her, wo er es nicht weit brachte. Jeder Künstler aus dieser Gegend mußte offenbar erst fortgehen und sich vor aller Welt bewähren. Es schien immer, als ob Washington gesagt werden mußte, wie groß ein Künstler war, bevor er dort Anhänger fand. Doch wurde der Raum Washington-Baltimore später zu einem enormen Faktor, wenn es darum ging, Platten vorzustellen und Hits daraus zu machen.
Für die meisten Leute war «Flamingo» ein großer Hit wegen des Gesangs von Herb Jeffries, aber für die Musiker war die Platte in erster Linie deshalb bemerkenswert, weil Strayhorn das großartige Arrangement geschrieben hatte.
Billy war 1939 nicht die einzige wichtige Ergänzung für die Band; Ben Webster und Jimmy Blanton waren ebenfalls dazugestoßen. Es war auch das Jahr, in dem sich Pop endgültig von Irving Mills trennte. Sie tauschten ihre gegenseitigen Anteile in den Gesellschaften des anderen. Irving besaß keinen Anteil mehr an der Duke Ellington Inc., doch verfügte seine Verlagsgesellschaft über viele wertvolle Songs wie «Mood Indigo», «Solitude», «In a Sentimental Mood» und «Sophisticated Lady». Es ist heute mü-

ßig, darüber zu diskutieren, wer von der Verbindung mehr profitierte. Doch ist klar, daß Irving Ellington in den Entwicklungsjahren seiner Karriere sehr nützlich war.

IV
Jump for Joy

Bevor Jimmy Blanton in die Band kam, hatte Pop zwei Bassisten in der Mannschaft, Billy Taylor und Hayes Alvis. Offenbar spürte er also bereits das Bedürfnis nach etwas mehr, als der durchschnittliche Bassist zu geben vermochte. Laut Blantons Vetter, Wendell Marshall, der in meiner Band und ein paar Jahre später in derjenigen Pops Baß spielte, hörte Johnny Hodges während einer Jam Session Jimmy in einem Klub in St. Louis. Billy Strayhorn kam vorbei und hörte auch zu. Und dann holten sie Pop, der in Pyjama und übergeworfenem Mantel eintraf. Es dauerte nicht lange, daß die beiden anderen Bassisten die Band verließen und Jimmy die Sache in die Hand nahm. Jimmys Enthusiasmus und sein leidenschaftliches Interesse für Musik inspirierten die ganze Band und gaben ihr zugleich eine neue Art rhythmischen Antrieb.
Ein Onkel, der alle Arten Instrumente spielte, hatte ihm Musikunterricht gegeben. Neben Baß hatte er Geige, Klavier und Altsaxophon gespielt, auch ein wenig Stücke arrangiert. Er besaß also eine wirklich vielseitige musikalische Ausbildung. Es ist immer gesagt worden, er habe den Jazzbaß revolutioniert, und es besteht kein Zweifel, daß er seiner Zeit fast in jeder Hinsicht weit voraus war. Pop beeilte sich, ihn zu präsentieren. Er nahm Duos mit ihm auf und hatte mit «Jack the Bear» auch ein wunderbares Paradestück für ihn. Diese Nummer hatte Pop ursprünglich «Take It Away» betitelt, aber als Billy Strayhorn sie für Jimmy überarbeitete, gaben sie ihr den neuen Namen.
So viel ich weiß, war die ganze Familie Jimmys, in der sowohl Indianer- wie Negerblut floß, musikalisch. Meines Erachtens gibt es eine deutliche Verwandtschaft zwischen den für beide Rassen charakteristischen Musikformen: Das «Triolen»-Gefühl jeder indianischen Musik dominiert auch im Swing recht stark – da . . . dada . . . da . . . dada . . . da . . . dada; so als ob jeder Beat in sich ein schneller Walzer sei. Der – im völkerkundlichen Sinne – afrikanische Einfluß zeigt sich heutzutage eher in Sechzehntelnoten als in Triolen. Aber es muß eine Art Bindeglied geben, genau so wie es eines zwischen ägyptischen und aztekischen Pyramiden

geben muß. Man findet dieses Triolengefühl, das bei den Indianern existierte, auch bei ungarischen Zigeunern (wenn auch die Indianer nie die Violine entwickelten). Und natürlich scheint es in der Gospelmusik ebenfalls auf. Es existiert, mit anderen Worten, in drei Kulturen, die sonst getrennt zu sein scheinen. In diesem Zusammenhang sei an den außerordentlichen Fall Django Reinhardt erinnert, eines wirklich fruchtbaren Musikers, der, obwohl in Frankreich lebend, westlicher Kultur nicht stark ausgesetzt war: Er war Zigeuner und - der schöpferischste Jazzmusiker von außeramerikanischer Abkunft. Pop zählte immer zu seinen größten Bewunderern und war sehr glücklich, als er ihn nach dem Zweiten Weltkrieg für Konzerte in die USA bringen konnte.
Die Vereinigten Staaten gelten als Schmelztiegel; sicher ging der Jazz daraus hervor und bleibt eines der kennzeichnenden Merkmale des amerikanischen Erbguts. In verschiedenen Regionen des Landes trafen Schwarz, Weiß und Indianisch zusammen und vermischten sich. Was für die musikalische Entwicklung dabei nicht schlüssig beantwortet werden kann, pflegte Ellington zu sagen, ist die Frage, wer wen beeinflußte.
Jedenfalls wurde Jimmy Blanton über Nacht große Mode. Man lud ihn auch laufend zu Jam Sessions ein, weil so viele Musiker mit ihm spielen wollten. Sie standen Schlange, bloß um Chorusse mit ihm zu spielen. Und Jimmy war ein so großartiger Kerl und Musiker, daß er so lange blieb, wie noch irgend jemand musizieren wollte. Der Pianist wechselte, der Schlagzeuger wechselte, aber Jimmy stand an seinem Baß und spielte einen Chorus nach dem andern. Bei diesen Sessions sank er in vielen Fällen erschöpft zu Boden, aber er beachtete die Warnung nie. Die Menschen mit der geringsten Widerstandskraft gegen Lungenentzündung sind Schwarze und Indianer, und die Kombination beider Erbmassen half ihm auch nicht gerade. Er erkrankte an Tuberkulose, und sein Leben wurde 1942 ausgelöscht, als er erst 24 Jahre alt war. Es war wirklich die übermäßige Hingabe an sein Instrument und die Musik, die ihn tötete. Er hatte nicht die schlechten Gewohnheiten, die unter den Leuten des Showbusiness gang und gäbe sind. Er rauchte Zigaretten, war aber nicht Kettenraucher. Er hatte Freundinnen, war aber kein Schürzenjäger. Seine Liebe, seine Geliebte war die Baßgeige.
Ben Webster war der erste bedeutende Tenorsaxophon-Solist, der - auf halb permanenter Basis - zur Band kam. Das hieß, daß

Pop zum ersten Mal für fünf Saxophone schreiben konnte: zwei Alt, zwei Tenor und ein Bariton. So kam es unter anderem zu «Cottontail», einer Nummer, die - auf «I Got Rhythm» aufgebaut - ihren eigenen dauerhaften Platz behauptete.

Eine der ersten Nummern, mit denen sich Ben konfrontiert sah, als er zur Band stieß, war «Daybreak Express». Sie war seit langem im Repertoire; die Burschen waren damit vertraut und spielten sie schnell. So hatte Ben also erheblich Mühe mit der Geschwindigkeit. Als er es geschafft hatte, sagte er: «Wenn man da den Zug nicht erwischt, muß man einfach auf den nächsten warten!» So langsam die Band selbst war, neue Nummern einzustudieren und sie zum Klappen zu bringen, hatte sie kein Mitleid für einen Neuling. Wenn er es nicht im ersten oder zweiten Anlauf schaffte, rümpften sie die Nase über ihn, als ob er eine vollkommene Niete wäre. Erst einige Zeit später kam Ben darauf, daß man es ihm «gezeigt» hatte, aber als er dann «Cottontail» spielte, konnte er den Spieß umkehren. Denn dies war wieder ein Beispiel der virtuosen Präsentationsweise, die sich seit der Zeit der Konzerte für Wotie Williams und Barney Bigard stetig entwickelte.

Es ist selbstverständlich, daß ein neuer Drive, ein neuer Geist die Band beseelten, als der Enthusiasmus und das Können von Billy Strayhorn, Jimmy Blanton und Ben Webster auf sie einwirkten. Die Europatournee von 1939, die Skandinavien einschloß, war ein neues ermutigendes Erlebnis. Einige Mitglieder der Band hatten in Paris mit Django Reinhardt Plattenaufnahmen gemacht. Das neue Management der William Morris Agency war vielversprechend. Dies wurde alles offenkundig, als Pop im März 1940 für Victor mit Plattenaufnahmen begann. Zuvor hatte Irving Mills die Marken Master und Variety an American Record verkauft, die seine Plattenmatrizen dann auf Brunswick und Vocalion herausbrachten.

Viele Leute betrachten 1940 als einen Höhepunkt in Pops Karriere wegen der Aufnahmen, die die Band in diesem Jahr unter einem neuen Vertrag für Victor machte. Darunter waren so großartige Titel wie «Jack the Bear», «Ko-Ko», «Morning Glory», «Concerto for Cootie», «Cottontail», «Never No Lament», «Bojangles», «Harlem Air Shaft», «All Too Soon», «Sepia Panorama», «Warm Valley», «Across the Track Blues» und «The Sidewalks of New York». Sie wurden, so scheint mir immer, durch die überlegene Aufnahmetechnik von Victor gefördert.

Damit wurden der Band eine Fülle und eine Tiefe verliehen, die den Brunswicks der früheren Spitzenperiode mangelten, wenn ihnen auch eine Art Charme der Miniaturmalerei nicht fehlte. Zwei große Hits gingen aus diesem Material hervor, «Do Nothing Till You Hear from Me» nach dem «Concerto for Cootie», und «Don't Get Around Much Anymore» nach «Never No Lament», was einen Hinweis auf die Möglichkeiten des Plattengeschäfts bei fortschreitender Aufnahmetechnik gibt.
1940 war wohl auch das erste Jahr, in dem Duke Ellington mehr als eine Million Dollar einnahm, eine große Summe in seinen Augen. Doch vermutlich nahmen Bands wie Vaughan Monroe fünfmal mehr ein, und wer weiß oder kann sagen, was Benny Goodman verdiente? Die Big Bands machten kolossal Geld, und trotz Pops Erinnerungen an den Krach von 1929 und andere Fiaskos schien alles immer besser zu gehen. Alles schien Anfang der vierziger Jahre wunderbar zu laufen, weshalb sich also Sorgen um die Zukunft machen?
Doch bald sollte Cootie Williams gehen, um zu Benny Goodman zu stoßen, und Jimmy Blanton mußte in ein Sanatorium. Zudem war die Finanzlage bei weitem nicht so befriedigend, wie es nach außen schien, und der Verlauf des Zweiten Weltkrieges erschien immer bedrohlicher.

Um die Zeit, als Strayhorn und Ellington zusammenkamen, brachten mich die Geldschwierigkeiten in peinliche Situationen. Ich hatte das Saxophon-Studium wieder aufgenommen, doch mußte ich die Stunden oft schuldig bleiben. Kein Lehrer konnte glauben, daß Duke Ellingtons Sohn zu ihm kam, ohne genug Geld, um die Stunden zu bezahlen. Als ich Henry Lindemann, der mich in Saxophon und Klarinette unterrichtete, einmal das Geld für zwei Lektionen brachte, während ich ihm zehn schuldete, zeigte er sich höchst ungläubig, daß mir Ellington unter diesen Bedingungen weiter gestattete, den Unterricht zu besuchen. Es war mir endlich so peinlich geworden, daß ich mit Stundennehmen aufhörte und einfach auswendig übte. Eines Tages entdeckte ich dann auch, daß ich arrangieren konnte. In der Zeit, da die Band 1941 an der Westküste in der Casa Manana spielte, erhielt ich von Pop eine Menge Unterricht im Komponieren und Arrangieren. Er stellte mir Aufgaben, radierte aus, was er für schlecht hielt, und schrieb Harmonien auf, aus denen ich Melodien zu entwickeln hatte. Er brachte mich dazu, mich in beträchtlichem Maße selber zu schulen, indem ich mir die Partituren ansah und herausfand, was mich weiterbringen konnte. Es geht nichts über praktische Erfahrung, und wenn die Band Arrangements spielte, die ich unter seiner Aufsicht geschrieben hatte, wie «Moon Mist», «Blue Serge», «Things Ain't What They Used to Be» und «The Girl in My Dreams», war dies ebenso lehrreich wie befriedigend. Schließlich tauchten Leute aus dem Showbusiness auf, die vermuteten, Ellingtons Sohn müsse etwas Talent haben. So begann ich, Musik für Leute zu schreiben, die kein Geld hatten. «Wenn ihr zu Geld kommt, bezahlt mich», sagte ich. «Wenn es hart für euch ist, müßt ihr mir nichts zahlen. Laßt mich nur einfach die Musik hören.» Ich machte dies während drei oder vier Jahren. Denn meine Sachen von der Ellington-Band zu hören, nachdem Strayhorn gekommen war, wurde unmöglich. Wenn ich für eine Probe auf die Band wartete, gab es stets Sachen von Billy, die die Herren spielen wollten, und wenn sie damit fertig waren, waren sie auch schon auf und davon, und ich blieb mit meinen Noten in den Händen zurück.

Um also meine Musik hören zu können, ohne sie einfach gratis wegzugeben, bildete ich eine eigene Band, der, zu unterschiedlichen Zeitpunkten, Dizzy Gillespie, Clark Terry und Calvin Jackson angehörten. Aber ich möchte hier sagen, daß es mir mein Vater ja ermöglicht hat, zunächst an die Columbia- und später an die Julliard-University zu gehen. Es war, als ob er eine Verantwortung für mich anerkannte, doch begann diese Ausbildung paradoxerweise in unseren Beziehungen eine Kluft zu schaffen, weil er formale Schulung weiterhin verabscheute.

Pop tat nie etwas, mich zu ermutigen oder zu entmutigen, aber jede einzelne seiner Handlungen zielte darauf ab zu verhüten, daß aus meiner Aktivität mit einer anderen Band sich irgend etwas ergeben könnte. Er war aus Aberglaube zur Überzeugung gelangt, daß es Unglück brächte, zwei Bands mit demselben Namen im Showbusiness zu haben. Ich erinnerte mich, was Gump mir vor Jahren gesagt hatte. Er hatte vorausgesagt, daß Pop in dieser Weise handeln würde. Meine Band lief sehr gut, nachdem Pop uns Al Hibbler geliehen hatte. Wir waren so stark verpflichtet, daß er davon hörte und Hibbler zurückschnappte. Ich hatte Verträge unterzeichnet, Hibbler zu präsentieren, konnte die Termine nun nicht mehr einhalten und wurde für zwei Monate Vertragsbruch eingeklagt. Ich geriet in alle möglichen Schwierigkeiten. Mein Vater tat nie etwas Offenkundiges oder wirklich Übles, das mich direkt geschädigt hätte, aber wenn ich ausglitt, ließ er mich schlittern.

Aber diese Erziehung hatte ihr Gutes. Hier nur noch ein Beispiel. Nach dem Krieg konnte ich eine Menge für Savoy aufnehmen; es kam Pop jedoch zu Ohren, und er veranlaßte seinen Manager Cress Courtney, mich zu überzeugen, daß ich zu Musicraft gehen sollte, dieselbe Marke, auf der er war. Ich hätte einsehen müssen, daß dies tollkühn war, aber ich stürzte mich kopfüber hinein. Wir produzierten eine sehr gute Platte mit einem echten Star – Carmen McRae. Sie sang «Pass Me By», eine Nummer, die ich für Lena Horne geschrieben hatte. Als die Platte herauskam, merkte ich, daß die erste Aufnahme benutzt worden war, die wir gemacht hatten. Sie war scheußlich und klanglich schlecht ausgewogen – alles, was daran falsch sein konnte, war falsch – weshalb die Platte nie zog! Es gab perfekte Aufnahmen, die einfach großartig waren, sie wurden jedoch nie geprägt. Solange er selber bei Musicraft war, zog Ellington vor, daß unsere Produkte mittelmäßig waren. Natürlich hätte ich bei Savoy bleiben sollen. Die ganze Geschichte war nicht sosehr eine Sache meiner Dummheit wie seiner Gewandtheit. Ich sah die Nachteile erst, als alles schon vorüber war. Aber die Lehre hatte Erfolg: Ich gewöhnte mich an solche Straßenkämpfe. Durch diesen ganzen Schlamassel und die Pechsträhnen hindurchzumüssen, gab mir eine interne Kenntnis des Showbusiness, die später ihm helfen sollte.

Als ich später als Manager für die Band arbeitete, konnte ich alle Tricks und Stolpersteine erkennen, die auf dem Weg nach oben gegen einen Star eingesetzt wurden. Ich konnte sie sogar vor Pop wahrnehmen, weil ich gelernt hatte, *gegen* ihn und rundum gegen alle feindseligen Elemente zu kämpfen. So begann ich dann, *für* ihn zu kämpfen, mit der Taktik, die er mir im Laufe der Zeit durch eine Menge harter Lektionen beigebracht hatte. Das Ergebnis war, daß die Band in den letzten elf Jahren wachsende Anerkennung fand, die Einnahmen sich dank der Rückkehr Cress Courtneys verdoppelten und die Arbeit zunehmend reichlicher anfiel, bis wir fast immer während sieben Tagen die Woche zu tun hatten. Letzten Endes führten alle Dinge, die Rebellion oder Haß hätten verursachen können, zu besserem Einvernehmen, zu einer höheren Wertschätzung der Arbeit und zu einer größeren

Befähigung, sich im Dschungel des Showbusiness zu behaupten. Jeder kennt dessen blendende Seite, doch die Rückseite ist voller schmutziger Tricks; und List kann nur mit List begegnet werden, besonders im Falle schwarzer Künstler, die sowohl gegen die alten, nachhaltigen Vorurteile anzukämpfen haben wie gegen neue Mißgunst, die ihr Erfolg erzeugt.
Dieses Leben im Umkreis von Tricks und Listen färbt auch auf die Streiche ab, die sich die Musiker untereinander spielen. So zum Beispiel: Ein Bandleader-Kollege rief einmal Pop an, merkte, daß er recht niedergeschlagen klang, und beschloß, ihn aufzuheitern.
«Duke, ich komme vorbei», sagte er, «hole dich ab, und dann gehen wir etwas Musik hören.»
Er kam mit zwei jungen Damen, und sie gingen auf die Kabarettrunde. Nachdem sie eine Weile in einem Klub gesessen hatten, näherte sich ein Kellner ihrem Tisch und sagte dem freundlichen Bandleader, er werde am Telefon verlangt. Als er von diesem mysteriösen - von wem wohl bestellten? - Anruf zurückkam, entdeckte er, daß Duke Ellington mit den beiden Mädchen gegangen war und ihm die Rechnung hinterlassen hatte. Der betrübte Gastgeber ging zu Pops Hotel zurück und begann, mit dem Hotelpagen und anderen in der Halle herumlungernden Leuten Karten zu spielen. Die Glocke eines bestimmten Zimmers läutete sehr oft, bis der Bandleader schließlich fragte, wer denn da ständig etwas wolle. «Die Anrufe kommen von Duke Ellington.»
«Duke Ellington!» rief der Bandleader. «Was tut der da oben?»
«Er amüsiert sich anscheinend enorm. Er hat zwei junge Damen mit, und sie haben immer wieder was zum Trinken bestellt - die haben's lustig miteinander!»
Der Bandleader ging hinauf, aber Ellington ließ ihn nicht hinein. Als er ihn anderntags zu erreichen versuchte, stellte er fest, daß Ellington bereits mit Sack und Pack gegangen war. Gewiß gab es ein bißchen böses Blut, doch je enger die Freundschaft, desto härter die Streiche. Das nächstemal kam der andere an die Reihe, und sie wußten, daß sie schließlich ungestraft davonkamen. Ich glaube, mehr oder weniger verlieh sowas dem Showbusiness-Leben Würze.
Pop hatte, wie gesagt, seine Presseinvestitionen. Er wußte genau, welche Leute eine gute Werbung gewährleisteten. Er wußte auch, wie man die einem Konkurrenten zukommende Aufmerksamkeit

bremsen konnte. Er und Count Basie zum Beispiel waren immer gute Freunde, und einmal spielten beide im Bandbox. Pop sorgte dafür, daß zwei der wichtigsten Kritiker an einem flauen Abend zu seiner ersten Serie kamen. Das war sehr ungewöhnlich, und er richtete es so ein, daß Basie nichts davon wußte. Er und die Band traten auf und gaben ihr Allerbestes. Basie hörte zu, wie Ellington seine Serie spielte, und wunderte sich, wie und warum Duke einen derartigen Mordskrach schlug. Später fand er heraus, wie der Old Man ihm den Besuch der beiden Kritiker verheimlicht und in einer Art aufgespielt hatte, die seine Darbietung derjenigen Basies haushoch überlegen erscheinen ließ.

Ellington war sich natürlich von allem Anfang an bewußt gewesen, daß «Schwarz schön» war, und hatte Nummern geschrieben, die dies nicht bloß andeuteten. Aber es war dann 1941 in Los Angeles in einer Show mit dem Titel «Jump for Joy», daß er anfing, seine Meinung zu den Ungerechtigkeiten der Rassendiskriminierung betont zu sagen. Einige der Nummern, die das Autorenteam vorlegte, mußten herausgenommen werden, zum Beispiel die Eröffnung zum zweiten Akt, «I've Got a Passport from Georgia». Paul Webster und Sid Kuller schrieben den größten Teil der Texte zur Show, und da gab es harte Zeilen: «Fare thee well, land of cotton / Cotton lisle is out of style, honey child . . .» («Lebewohl, Baumwoll-Land, Baumwolle ist außer Mode, süßes Kind . . .») und «Uncle Tom's cabin is a drive-in now». Die Band und der Bluessänger Joe Turner waren die Hauptattraktionen, und die ganze Show war ihrer Zeit weit voraus. Obwohl sie nur während etwa drei Monaten lief, schlug sie im ganzen Land ungeheuer ein als Beispiel, was ein schwarzes Musical sein konnte und sollte. Sie zeigte außerdem, wie gut und schnell Ellington für einen Auftrag schreiben konnte, denn «I Got It Bad», «Chocolate Shake» und «Brown Skin Gal» entstanden alle in der Nacht vor seinem Eintreffen in Los Angeles. Und ich hatte die Freude, daß er für eine Tanznummer von Al Guster meine «Stomp Caprice» verwendete.

Als er nach New York zurückkam, zeigte sich, daß der Triumph die Aufmerksamkeit von William Morris Jr. erregt hatte, der nun ein großes Werk befürwortete, das in der Carnegie Hall uraufgeführt werden sollte. Pop hatte seit Jahren von etwas wie «Black, Brown and Beige» gesprochen, und nun machte er sich ernsthaft an die Arbeit. (Er hatte vorher noch in zwei Filmen mitgewirkt: «Cabin in the Sky» und «Reveille with Beverly».) «Black, Brown and Beige» war als «Tonparallele zur Geschichte des amerikanischen Negers» geplant, enthielt aber auch Kritik an seiner eigenen Rasse und ihrem Kastensystem. Er wollte immer subtil sein in seiner Methode, genau so wie er es in «Jump for Joy» gewesen war, als er sagte: «Ich glaube, im Theater sollte eine Darstellung sozialen Protests erfolgen, ohne ihn in Worten auszusprechen.»

Er hatte in derartigen Fällen der Kritik beider Seiten zu begegnen.

«Black, Brown and Beige» hatte über den schwarzen Beitrag zur Geschichte Amerikas ein tüchtiges Wort zu sagen, die Verwicklung der Schwarzen in seine Kriege eingeschlossen. Doch es fand geteilte Aufnahme, wie jeder neue musikalische Schritt, den Ellington unternahm. Einige der Besprechungen waren herablassend, und einige Kritiker glaubten, sie wüßten besser als er, welche Richtung er einschlagen sollte. Die Konzertaufführungen dieses langen Werks waren in einer einzigen Sitzung nicht leicht zu verdauen, und ich zweifle nicht daran, daß sie unzulänglich geprobt waren, denn er schrieb stets bis zur letzten Minute. Nach den Konzerten in New York und Boston spielte er es nie mehr in seiner vollständigen Fassung, und die Schallplatten - die wegen eines gewerkschaftlichen Aufnahmeverbots erst ein Jahr später gemacht wurden - gaben ebenfalls eine gekürzte Fassung. Ausschnitte daraus, wie «Come Sunday» und «The Blues», wurden jedoch äußerst populär, und insgesamt war «Black, Brown and Beige» ein beträchtlicher Erfolg. Es führte zu weiteren Engagements an der Carnegie Hall, die sehr wichtig waren; sie erforderten jedes Jahr ein größeres neues Werk, das nicht nur zusätzliche Aufmerksamkeit auf Ellington, den Komponisten, lenkte, sondern ihm auch ermöglichte, sich zu einer Anzahl von Problemen der Schwarzen zu äußern.

Ein Jahr nach «Black, Brown and Beige» präsentierte er «Blutopia»; 1945 folgten «The Perfume Suite» und «New World A-Comin'»; 1946 «The Deep South Suite»; 1947 «The Liberian Suite»; 1948 «The Tattooed Bride»; 1950 «Harlem»; und 1955, für eine Aufführung mit der Symphony of the Air «The Night Creature». Davon befaßten sich «New World A-Comin'», «The Deep South Suite», «The Liberian Suite» und «Harlem» direkt mit Verlangen und Hoffnungen der Schwarzen; die anderen hatten mehr oder weniger den Charakter von Fantasien.

«New World A-Comin'» wurde von Roi Ottleys Buch desselben Titels inspiriert, das bei seiner Veröffentlichung 1943 viel Erfolg hatte. Es brachte die schwarzen Vorstellungen um die Mitte des Zweiten Weltkriegs zum Ausdruck, ging der Geschichte der Schwarzen in Amerika nach und blickte vorsichtig in eine Zukunft, in der doch einige der Versprechungen aus der Kriegszeit in Erfüllung gehen sollten. Das Buch brachte für Ellington nichts Neues, doch hielt er es für wissenschaftlich gut erarbeitet und mit Talent geschrieben. Die Komposition, die er parallel dazu schrieb, war eine Art Klavierkonzert, und er war stets stolz, den Leuten zu erzählen, daß selbst ein Virtuose wie Don Shirley eine Passage schwierig zu spielen fand; doch entgegnete Don immer, was Pop spielte, stimme nicht mit der Partitur überein. Wie auch immer, die Musik fand eine gute Aufnahme, sie schien in dieselbe Stimmung zu treffen wie Ottleys Buch – den Blick in die Zukunft aus einem bitteren Wissen um die Vergangenheit.

Die «Deep South Suite» übte in ihren ersten beiden Sätzen «Magnolias Just Dripping with Molasses» und «Hearsay» scharfe Kritik an aktuellen Ereignissen und an der üblen Lynchjustiz des Südens. Der dritte Satz «There Was Nobody Looking» beschäftigte sich etwas zuversichtlicher mit der Möglichkeit, daß Menschen verschiedener Rasse sehr gut miteinander auskommen könnten, wenn man sie nur nach ihren eigenen Neigungen leben lassen würde. In seinen Notizen hierzu vermerkte Pop eine Parabel über einen jungen Hund und eine leichte Brise, die beide von einer hübschen kleinen Blume angezogen werden. Der vierte Satz, der bekannteste – der einzige, den das Publikum auf (legitimen) Platten erwerben konnte –, war «The Happy-Go-Lucky Local». Pop liebte Eisenbahnen, und dies beschrieb einen kleinen Lokalzug im Süden, mit einem schwarzen Heizer, der mit seiner Sirene entlang der Strecke Freunde und Damenbekanntschaften begrüßte. Später wurde diese Musik unter dem Namen eines anderen und einem anderen Titel zu einem großen Hit, eines der vielen Beispiele schamlosen «Ausleihens» bei Ellingtons Kompositionen. Er ärgerte sich sehr darüber und hat es wohl kaum je wirklich verziehen. Doch gelang es ihm, es aus seinen Gedanken zu verdrängen.

«The Liberian Suite» war von der libanesischen Regierung in

Auftrag gegeben worden. Der Song, der den Tänzen voranging, «I Like the Sunrise», hatte für Pop eine doppelte Bedeutung - der Sonnenaufgang in diesem Dasein und der Sonnenaufgang des künftigen Lebens. Welche Wirkung die Suite hatte, zeigte sich auch darin, daß ich sie Jahre später, nach Pops Tod, mit der Band in der New Yorker Cathedral of Saint John the Divine aufführen konnte und die First Lady, Betty Ford, dabei das Programm mit einer Ansprache eröffnete.

«Harlem» war vom NBC Symphony Orchestra - unter der Herrschaft Arturo Toscaninis! - zur Aufführung durch die Ellington-Band und das Sinfonieorchester in Auftrag gegeben worden. Pop war immer stolz darauf als eines der geschlossensten seiner größeren Werke. Es zog sich ein roter Faden durch das Ganze, und jedesmal, wenn er zum Thema zurückkehrte, hatte er es anders bearbeitet. Wenige Leute kannten Harlem und seine Helden besser als er, und das kam in der Musik wirklich zum Ausdruck.

Ein anderes Ereignis, das zeigt, wie Pop sich mehr und mehr auf den Kampf um Gerechtigkeit in Rassenfragen einließ, war sein Beitrag zum Musical «Beggar's Holiday». Er schrieb die gesamte Musik, und der großartige John Latouche verfaßte die Texte. Es war eine moderne Fassung des englischen Klassikers «The Beggar's Opera» von John Gay. Was an der Aufführung revolutionär war - 1947! -, war die sich aus zwei Rassen rekrutierende Besetzung, wobei die verschiedenen Rollen nach dem schauspielerischen Talent, nicht nach der Hautfarbe vergeben wurden. So verliebte sich der weiße Alfred Drake als Macheath in die schwarze Tochter des Polizeichefs. Pop schrieb nicht weniger als achtundsiebzig Songs für das Musical, das ständig umgearbeitet wurde, und am Ende wurde die Hälfte davon benutzt.

Während dieser ganzen Zeit war Evie als Pops Begleiterin akzeptiert und hatte sich bei der Band den Übernamen «Thunderbird» erworben. Das traf den Nagel auf den Kopf, wenn es galt, Leute mit finsteren Blicken einzuschüchtern, die sie als schädlich für Ellingtons Karriere erachtete. Wenn gar eine mögliche Konkurrentin auftauchte, war sie sofort zur feurigen Attacke gegen die Dame bereit. Ihre Reaktion auf eine spätere Konkurrentin wurde auf einen Umschlag mit Fotografien geschrieben: «Edward und WH Woman, die mich ihm gegenüber ein schwarzes L . . . nannte und in unser Haus zu kommen drohte. Hat mich wirklich arg mitgenommen.» Es ist ungewiß, ob Evies «WH» eine Abkürzung für «white» oder für «whore» (Hure) bedeutete. Später erzählte sie, daß «Satin Doll» im Grunde sie zum Thema hatte, und es ist eine Tatsache, daß Pop selbst mitten in langwierigen Streitigkeiten stets Notizen im Haus zurückließ, die sie liebevoll als «Dearest Doll», «Darling Doll» ansprachen. Die Nummer, die sich, nebenbei bemerkt, nach meiner Meinung immer am direktesten auf Sweet Bebe bezog, war «Best Wishes».

In dieser Zeit des Zweiten Weltkriegs schenkte Pop auch mir sehr viel Aufmerksamkeit. Als er mich 1943 in Uniform sah, ging ihm wohl ein Licht auf, daß ich vielleicht nicht mehr lange zu leben hätte.

Als ich der Regiments-Kapelle zugeteilt worden war, schickte Pop gedruckte Arrangements, fragte, was wir brauchten, und erwies uns lauter freundliche kleine Dienste. Damals zeigte er wirklich mehr väterliche Gefühle mir gegenüber als in irgendeinem anderen Moment. Sobald der Alarm vorüber war, kehrte er zum Alltag zurück! Er wußte, daß ich mir selbst zu helfen verstand.

Der Jazz begann am Broadway wieder festen Boden zu finden, und Pop kehrte zurück, um in dieser Gegend zu arbeiten. Eine Zeitlang faßten er und Count Basie im Bandbox Wurzeln.

Pop war Aktionär bei Musicraft, die auf einer ausgezeichneten finanziellen Basis stand. Sie hatte auch eine gute Liste von Künstlern, doch schienen die Werbe- und Vertriebsabteilungen einfach alles schlittern zu lassen. Es ist unklar, ob die Firma von innen gemolken wurde oder ob es bloß Unfähigkeit war, aber das Ganze war ein Fiasko. Daß Pop sich als Konkurrenz der Großen ins Schallplattengeschäft gemischt hatte, brachte ihm keinen Gewinn. Es dauerte einige Zeit, bis er ihre Gunst zurückerlangt hatte. Zwischen 1947 und 1962 war er dann hauptsächlich bei Columbia. Solange Irving Townsend dort war, blieb das Verhältnis glücklich, und er und Irving wurden gute Freunde.

Wir hatten schon einige Jahre führer am Plattengeschäft herumgebastelt, als Pop zusammen mit Dr. Arthur Logan und Mayo Williams, der zu diesem Zeitpunkt bei Decca war, in die Sunrise Records investierte. Es waren zuviele Amateure beteiligt, und die Gesellschaft ging einfach ein, obwohl sie gute Platten herausgebracht hatte und über weitere verfügte, die nie erschienen.

Mercer Records, die ich aufgezogen hatte, schien eine bessere Zukunft zu haben. Wir machten einige ziemlich gute Sachen und fingen an, einen Vorrat aufzubauen. Aber als wir jeden Monat vier Platten herauszubringen begannen, gerieten auch Mercer Records in die Klemme und gingen ein. Ich hatte meine Erfahrungen gemacht: Eine Marke braucht vier oder fünf Künstler aus verschiedenen Kategorien, und wir waren nicht entsprechend bestückt. Die Händler hatten Platten des Duke Ellington Orchestra erwartet. Wir hatten aber keine, da sich Pop die Finger verbrannt hatte, als er es auf eigene Faust versuchte und mit den führenden Marken zu feilschen begann. Das große Problem der Plattengeschäfte war der Raum. Sie wollten nichts, was schlecht lief, und wenn man nicht jemanden hatte, der die Discjockeys bearbeitete, erhielten die Platten nicht die nötige Unterstützung.

Der Krieg brachte eine einschneidende Veränderung der ganzen Band-Szene. Eine Vielzahl von Bands entstand und schuf eine unbegrenzte Nachfrage nach erstklassigen Musikern. Die besonders Begabten entschlossen sich oft, eigene Gruppen zu gründen. So verlor Pop Jimmy Blanton, Ben Webster, Barney Bigard und Cootie Williams. Damit ging die hohe Anziehungskraft der Band durch Präsentation von Solisten, die für das Publikum ein Begriff waren, zurück. Pop holte sich andere gute Männer, die sich bei anderen Leadern einen Namen gemacht hatten, wie Shorty Baker, der bei Andy Kirk gewesen war, und Taft Jordan, der bei Chick Webb gearbeitet hatte. Sie konnten in der Art spielen, in der er arbeitete, und so blieb der Stil im wesentlichen unverändert. Doch die Begabung und die persönliche Note jener früheren Männer hatten sie nicht. Der Sound von Johnny Hodges war immer unverwechselbar, war eben immer Johnny und besaß diesen sofort erkennbaren Klang. Obwohl Ben Webster der Coleman Hawkins-Schule verwandt war, hatte auch er einen sehr eindeutigen eigenen Sound. Nachdem Ray Nance den Platz von Cootie Williams übernommen hatte, wurde es gelegentlich schwierig, die beiden zu unterscheiden, wenn Ray die «Growl»-Rolle spielte, obwohl er in seiner Auffassung immer lyrischer war. Mit anderen Worten waren dies alles sehr ähnliche Klänge, aber nicht die wirklich herausragenden individuellen Klänge, die den Erwartungen der Leute entsprachen. Als 1946 Tricky Sam starb, waren Tyree Glenn und danach Quentin Jackson seine Nachfolger - talentierte Musiker, die ihren eigenen Stil änderten, um sich Ellingtons Ausdrucksart anzupassen.

Auch noch nach den Kriegsjahren waren Europa- und Auslandtourneen zunächst ausgeschlossen, was mehr und mehr bedeute-

te, daß man die alten Gebiete in den und um die Vereinigten Staaten abzuklopfen hatte. Die Dinge fingen an schleppender zu laufen, als wir uns den fünfziger Jahren näherten. Die Dancings waren nicht mehr so gut besucht. Ich war mir dessen bewußt, da ich damals mit einer eigenen zehnköpfigen Gruppe reiste und Termine vereinbarte, die von den einst berühmten Bands nicht akzeptiert worden wären. Und dann entdeckte ich, daß Pop einige der selben Routen bereiste.
Der Geschäftsgang war also ziemlich flau, als dann auch Johnny Hodges, Lawrence Brown, Sonny Greer und Al Sears 1951 zusammen die Band verließen. Damals machten Sonny seine Beine zu schaffen. Er hatte Mühe mit Tempi wie jenem von «Giddybug Galop», und Pop mußte auf bequemere Tempi zurückgreifen, damit er sich entfalten konnte. Sicher gab es keinen besseren Showdrummer, aber zu dieser Zeit verblaßte das Variété, und es war nicht wichtig, einen Schlagzeuger zu haben, der die Nummern begleiten und das Becken genau in dem Moment zu schlagen verstand, wenn der Komiker zu Boden ging. Als Louis Bellson für ihn eintrat, leistete er Großes mit seinen beiden Fußpauken, und Sam Woodyard war enorm rhythmisch und gab seine ganze Kraft; er war am Ende der Vorstellungen völlig erschöpft. Doch hatte Sonny in zwei Punkten gegenüber jedermann recht behalten, die ihm immer vorgehalten worden waren. Man hatte ihn gewarnt, daß die Ehe mit einer älteren Frau nicht von Dauer sein könne. Nun, seine Ehe hielt bis zum heutigen Tag. Und dann hatte man ihm vorgeworfen, daß seine Trinkerei ihm ein frühes Grab schaufeln würde. Er sieht nicht gerade wie ein Riese aus, aber er ist noch immer da, spielt noch immer, während die meisten, die ihn ermahnt hatten, begraben sind.
Während etwa drei Wochen hatte Pop den kleinen Charlie Smith am Schlagzeug. Charlie hatte mit einer fixen Idee im Kopf gelernt: der Schlagzeuger von Duke Ellington zu werden. Er bewährte sich gut, doch Pop brauchte dringend Juan Tizol und Willie Smith, und die weigerten sich zu kommen, wenn sie Louis Bellson nicht mitbringen konnten. So mußte er Charlie gehen lassen, obwohl dieser die Anlagen zu einem großartigen Schlagzeuger besaß. Tatsächlich beeinflußte dieser Entscheid Charlies ganzes Leben. Er fühlte sich derart frustriert und verloren, daß er einen Nervenzusammenbruch erlitt.
Willie Smith war an Disziplin in einer Band gewöhnt, weshalb

ihn die bei Ellington herrschenden Zustände überraschten und er die Band wieder verließ. Louis Bellson verliebte sich bald in Pearl Bailey; sie wurden in London getraut, und zusammen begannen sie auf eigene Rechnung zu arbeiten. Die Lage verschlimmerte sich wieder, die Termine wurden seltener, die Auszahlung der Gehälter unregelmäßig, und Ellington mußte einen Ort finden, um aus dem Regen ins Trockene zu gelangen. Glücklicherweise ergab sich die Gelegenheit, während des ganzen Sommers 1953 in Long Island bei der Aquashow zu spielen; und gerade als Pop ohne Schlagzeuger dasaß, kam heraus, daß der Vermittler des Engagements, der gleichzeitig so etwas wie der Hausschlagzeuger war, mit der Band Schlagzeug spielen wollte - und in der allerersten Probe nach dem Ende der Aquashow-Saison war Sam Woodyard dann in der Band dabei. Er setzte sich ans Instrument und spielte, als ob er immer dabei gewesen wäre. Er war nicht nur ein vollendeter Schlagzeuger, sondern auch ein Fan der Ellington-Band und wußte ziemlich genau, was er zu tun hatte, weil er die Aufnahmen der aktuellen Nummern gehört hatte.

Paul Gonsalves war damals nach einem kurzen Zwischenspiel bei Tommy Dorsey wieder zur Band zurückgekehrt, und er und Woodyard wurden sehr gute Freunde.

Cress Courtney, der die Band während der Kriegsjahre sehr erfolgreich betreut hatte, zog sich um diese Zeit zurück. Pop verließ William Morris und ging zu Joe Glasers Agentur. Alles war im Wandel. Selbst ihren New Yorker Treffpunkt wechselte die Band - vom alten Hurricane der frühen vierziger Jahre zu einem Klub namens Four Hundred, später dann zur Bandbox.

Obwohl Pop mit Willie Smith und Hilton Jefferson die denkbar besten Ersatzleute hatte, konnte keiner von beiden den Platz von Johnny Hodges wirklich ausfüllen. Als Johnny 1955 zu Ellington zurückkehrte, nachdem er vier Jahre lang seine eigene kleine Gruppe geführt hatte, war dies für beide sehr wichtig. Er kehrte an demselben Tag zurück, an dem Sam Woodyard als Neuling zur Band stieß.

Die Band war wieder in guter Form mit starker Besetzung.

Trompeten: Willie Cook, Clark Terry, Ray Nance, Cat Anderson; Posaunen: Quentin Jackson, Britt Woodman, John Sanders; Blattinstrumente: Johnny Hodges, Russel Procope, Paul Gonsalves, Jimmy Hamilton, Harry Carney; Baß: Jimmy Woode; Schlagzeug: Sam Woodyard.

Kein Wunder, daß sich die Dinge 1956 zu bessern begannen. Pop hatte auch begriffen, daß er sich mehr ans Klavier setzen mußte, um alles zusammenzuhalten.
Nach der Reihe alljährlicher Konzerte in der Carnegie Hall, die Pop eine Menge Schreibarbeit abforderten, folgten die Langspielplatten und Albumprojekte. Billy Strayhorn war daran stark beteiligt, obwohl es Monate gab, in denen er mit dem Besuch von Kabaretts beschäftigt war und keine Note schrieb; doch auf die eine oder andere Weise war er so stark beansprucht, daß sich für mich eine Gelegenheit ergab, eine Art besondere Beziehung zu Rab herzustellen. («Rabbit» war der Übername von Johnny Hodges.) Er war voller Ideen für Nummern, und mein Beitrag in unserer Zusammenarbeit war gewöhnlich, den Mittelteil dazu zu schreiben.
Bislang hatte er die Rechte an seinen Songs für 100 oder 200 Dollar verkauft, wie dies Fats Waller und Ellington getan hatten, als sie jung und naiv waren. Da Pop aus einigen dieser Songs Hits machte, wollte Rab auf das Geschäft zurückkommen, und als dies abgelehnt wurde, war er nicht gerade beglückt. Hier hat man die Erklärung, weshalb er sich auf der Bühne manchmal dem Klavier zuwandte und das Zählen von Geld mimte. Mißgunst kam auch dazu, denn als er seine eigene Gruppe hatte, entdeckte er, daß ihm die Persönlichkeit zum Leader fehlte. Fraglos war er ein wunderbarer Musiker. Doch hatte sich schon mancher, der Ellington verließ, außerhalb der Band nicht mehr so großartig gefühlt und wollte Ellington die Schuld geben. Sie hatten nie in Betracht gezogen, daß er jederzeit vor ihnen die Front hielt und was ihm das abforderte.
In jeder anderen Beziehung war Rab der Glückspilz in der Band. Bei Tonk und Poker gewann er stets, und in Vegas gewann er oft 1000 Dollar beim Keno. Auch im Zahlenlotto und in der Lotterie hatte er Glück. Ich habe kaum erlebt, daß er eine Gelegenheit vorbeigehen ließ, ein Lotterielos zu kaufen. Selbst als seine Gesundheit nachzulassen begann, hatte er bei drei Anfällen das Glück – wenn man es so nennen kann –, sich in der Nähe des bestmöglichen Spitals zu befinden. Einmal, als es im Flugzeug geschah, war auch ein Arzt an Bord. Der letzte, verhängnisvolle Anfall ereilte ihn, als er beim Zahnarzt war, wo gewiß auch alles zu seiner Rettung gleich unternommen wurde – doch war sein Glück wohl aufgebraucht.

Ein Lieblingsausdruck von Pop war «jenseits der Kategorien», was in gewissem Sinne die Existenz von Kategorien anerkannte. Man kann sich für den liberalsten Menschen der Welt halten, doch wenn man sich genau erforscht, stößt man irgendwo auf ein Vorurteil oder eine Vorliebe, die nur ein umgekehrtes Vorurteil ist. Wenn es um religiöse Anschauungen ging, war er Kategorien nach den Glaubensbekenntnissen besonders abgeneigt. Er hatte nichts gegen Atheisten oder Agnostiker, wenn sie keine Heuchler waren und nicht wie in einem Teufelskult rückwärts nach der Bibel lebten. Er wollte nicht, daß man seine geistliche Musik Messen nannte, obwohl er katholischen, lutheranischen, episkopalischen und presbyterianischen Geistlichen in späteren Jahren sehr nahestand. Er hatte die Schriften der Unitarier gelesen und oft mit Adventisten gesprochen. Manchmal bezeichnete er die Baptistenkirche als seine Kirche, weil seine Mutter deren Gottesdienst besucht hatte und er so getauft worden war. Aber er betonte das nie besonders, um nicht den Anschein zu erwecken, den einen Glauben über den anderen zu stellen. Ebenso hatte er enge Beziehungen mit Rabbi Sandy Shapiro aus Los Angeles und mehreren anderen Rabbis.

Nach meinem Dafürhalten ist es die Furcht, die alle Glaubensbekenntnisse und alle Religionen verbindet – Furcht vor Gott und Furcht davor, in irgend einer Form bestraft zu werden, wenn man seinem Bruder oder seiner Schwester Übles tut. Diese Furcht besagt, daß man das Gefühl hat, es gebe ein übermächtiges Wesen; ob man sich nun um fünf Uhr auf einem Gebetteppich kniend dem fernen Heiligtum zukehrt oder seine Gebete an einem Rosenkranz abzählt, es ist alles eine Art Versicherung gegen die Strafe, die einen treffen wird, wenn man nicht anständig zu leben beginnt und Tag für Tag recht tut. Ich glaube, auch alle Erklärungen des Lebenswegs Christi haben hier ihre gemeinsame Basis. Es gibt etwas, das größer ist als du, wenn dir auch alle Kenntnisse darüber fehlen. Es ist eine Macht, die man spürt, doch nicht in der physischen Art des primitiven Menschen, der zur Sonne emporblickte, sie als eine Quelle der Macht anerkannte und auf die Knie ging, um sie zu verehren. Auch Christus lehrte, daß dem Sünder vergeben werde, wenn er bereute, doch wenn er es nicht tat, war die höchste Strafe, daß er des ewigen Lebens nicht teilhaftig werden würde.

In Pops Wissen war das alles vorhanden, doch glaube ich, daß es

erst seit 1955 für ihn eine greifbare Bedeutung anzunehmen begann. Vielleicht sollte ich sagen, eine persönlichere Bedeutung im Gegensatz zu einer theoretischen. Man kommt Gott näher, wenn man in Schwierigkeiten ist. Es heißt ja, es gebe keine Atheisten in einer Fuchshöhle. Man könnte sagen, die Granaten begannen rings um Ellington zu fallen, und es sah so aus, als ob es keinen Weg mehr zu einem Comeback gebe. Er hatte einige glorreiche Momente während diesen harten Zeiten und war künstlerisch erfolgreich, doch brachte es nicht viel ein. Er hatte Managementprobleme, die öffentliche Anerkennung schien zu schwinden, und er machte sich Sorgen. Dann, 1956, beim Newport Jazz Festival in Rhode Island, muß er den Eindruck gehabt haben, als ob alle seine Gebete erhört wurden.
Einige Zeit zuvor, als die Band im Birdland war, hatte Pop sie die Noten zu «Diminuendo and Crescendo in Blue» hervorholen lassen, das er 1937 geschrieben hatte. Paul Gonsalves fragte ihn, ob er zwischen den beiden, für das Ensemble arrangierten Teilen ein paar Chorusse spielen dürfe. Als er grünes Licht erhielt, spielte er so effektvoll, daß er im Club eine echte Sensation schuf. Pop erinnerte sich daran, und als sie nach Newport kamen, sagte er Paul, er solle in derselben Weise in demselben Rahmen spielen – solange er wünsche. Paul spielte 27 Chorusse, die Band swingte wirklich hinter ihm und zusammen stoppten sie die Show, wie dies niemandem sonst vorher oder nachher in Newport gelungen ist. Es gab Szenen wildesten Enthusiasmus', von Küste zu Küste fand er Widerhall, und Pops Bild war kurz danach auf dem Umschlag von «Time». Vielleicht war es ein riesiger Glücksfall, vielleicht aber doch ein weiteres Beispiel für die Macht des Blues, eine Macht, die oft unterschätzt wird. Man braucht sich ja nur daran zu erinnern, was «Every Day» für Count Basie, «Jelly, Jelly» für Earl Hines, «After Hours» für Erskine Hawkins bedeuteten – alles Blues.
Das war eine Gelegenheit, bei der sich Ellingtons Geduld und Weisheit wirklich bezahlt machten. Man muß ihm das Verdienst anrechnen, nicht nur das Geschäft zu kennen, sondern auch mit dem Haufen Burschen in seiner Band fertig werden zu können. Zuvor war Pauls Benehmen unberechenbar gewesen, und ich hatte stark Kritik an ihm geübt. An einigen Abenden waren vier Saxophone im Satz statt fünf. «Warum nicht sechs unterhalten», schlug ich vor, «damit du noch immer fünf hast, wenn er nicht

erscheint?» Ab und zu versuchte es Pop, doch blieb er nicht dabei, hauptsächlich wohl wegen Johnny Hodges. Nachdem Ben Webster die Band verlassen hatte, war Johnny mehr oder weniger der Saxophon-Leader. Langsam wurde er in den Konzerten nach der Pause präsentiert, in den Bands traditionell der Platz der Primadonna. Normalerweise wurde pro Nummer ein Musiker herausgestellt, aber bei Johnny kam es so weit, daß er stets drei oder vier spielte – was immer das Publikum verlangte.

Das System arbeitete nicht allzeit so gut. Zu verschiedenen Malen hatte die Band fünf Trompeten, und oft bildeten sie einen kolossalen Satz. Manchmal aber gab es stilistische Überschneidungen, zum Beispiel als Cat Anderson und ein anderer großer Trompeter, Andres Meringuito, dabei waren. Hinter der Bühne gab es stets Gezänk, wer Soli spielen würde. Meringuito erschien manchmal absichtlich nicht auf der Bühne. Wenn er dann kam, klopfte ihm Ellington auf die Schulter, behandelte ihn wie ein Mitglied der königlichen Familie und zerstörte so die Moral der Band vollkommen. Die beiden Trompeter, die dort oben saßen, sich die Seele aus dem Leib bliesen und innerlich schäumten, weil sie übersehen wurden, waren Clark Terry und Shorty Baker. Ray Nance war schließlich auch noch da, und ich meckerte, weil nicht das Maximum aus der Band herausgeholt wurde. Ich wußte, daß Al Killian nicht des Geldes wegen gegangen war, sondern weil er nicht genügend Gelegenheit bekam zu zeigen, was er konnte. Burschen wie er liebten, was sie taten, hatten Erfolg und hätten zu jedem möglichen Gehalt weitergemacht.

Ein anderes großes Ereignis war 1956 «A Drum Is a Woman», eine einstündige Fantasie, die Pop beauftragt war in der «U.S. Steel Hour» zu präsentieren. Als eine Art Allegorie der Geschichte des Jazz setzte es Sänger, Tänzer und die Band ein und lieferte Pop die Gelegenheit, einige seiner Ideen, die er gerne in eine Broadway-Show eingebracht hätte, in der Praxis sichtbar zu machen. Er stopfte eine Menge Farbe, Humor und Fantasie in «Drum», und er brachte darin mehrere seiner grundsätzlichen Vorstellungen über Jazz zum Ausdruck. Es erschien schließlich ein Columbia-Album davon, doch erregte es nicht das Aufsehen, das er wohl erwartet hatte. Doch spielte dies für ihn keine große Rolle – die Show hatte eine seiner Ambitionen teilweise verwirklicht, und er erwähnte sie oft mit Genugtuung.

Bei verschiedenen Gelegenheiten hatte er solcherart Musicals geschrieben. «The Man with Four Sides» etwa entstand, als er den Sommer bei der Aquashow vertrödelte. Er unternahm allerhand Anstrengungen, dafür einen Produzenten zu finden, hatte jedoch kein Glück. Später verlor er das Interesse daran, weil er glaubte, der Slang darin sei überholt. Eine Hauptfigur darin ist der Mann Streamline Smith, ein Sänger, dessen Lieder die Frauen bis in ihre Träume verfolgen. Hier ist sein Auftritts-Song:

Streamline*

Got a woman in the house and one in the street.
One on her knees and one on her feet,
Got a woman locked up and one on the loose,
Got a woman I keep just to cook my goose,
But the one I crave just won't behave for me.

I like women fine, I like women kind,
I like to hear 'em whine and say they're all mine,
I like women and song and women and wine,
I like 'em from nine to ninety-nine,
But the one I love belongs to a friend of mine.

They come by land and they come by sea,
To get their kicks, man, they'll fly C.O.D.
They come at night, they come by day,
I play hard to get but they come anyway,
But the chicks on the list ain't (great as) the one I missed.

There are women like this and women like that,
Women who'll go at the drop of a hat,
There are those who do and those who admit it,
I know what they mean but I can't get wit' it.
Gonna have to get me a house to haunt
If I don't wind up with the one I want.

* Wir folgen hier der üblichen Praxis, Song-Texte nicht ins Deutsche zu übertragen.

There's girls with curls and girls with pearls
Who'd give up Dukes and Earls for other worlds,
Where diamond rings, Counts and Kings,
Frankies and Bings are just also-sings.
All those chicks are high falutin',
But they ain't near 'bout substituting.

I got women so pretty they have to be policed,
I got women so pretty they have to be policed,
Got women so ugly I'm the beauty and they're the beast.

When you choose a woman you believe she's going to suit ya',
When you choose a woman you believe she's going to suit ya',
I got one that *sends* me four years the future.

Got women up north, women down south,
Women who want something everytime they open their mouth.
Got no women from the east, no women out west,
Got no women who don't know I want to be yessed,
Women who cry and women who laugh,
They all want all, nobody settles for half.

Women who are antique, women who're chic,
Women who're meek and women with cheek,
Women who reek with sleek physique,
Women with a streak of hide-and-seek,
But the kind I find
Are not inclined to pay me no mind.

There are women who are women and women who confess it,
There are women who really are women but you'd never guess it.
There are women who are women and so proud of it
That when you pop that question they simply rise above it.
The one I desire
Don't admire – me.

Eine andere Hauptfigur ist Cool One, der vor dem Club steht und zusieht, wie die Welt vorüberzieht. Im Takt der Musik, die herausdringt, läßt er seine Uhrkette kreisen, an der keine Uhr hängt, und singt seine Songs über die Welt und die Menschen, wie er sie da sieht:

Cool One

Standing on the corner, watching the world go by,
Everything that's happening parades right here before my eye.

I see the good and bad - going and coming.
Poor guys driving - rich guys thumbing.
Days and years - laughs and tears,
Order champagne and they think you're slumming.

Standing on the corner, watching the world go by,
Everything that's happening parades right here before my eye.
This is the fastest corner in town,
A supersonic merry go round.
The sucker is the target - the fool to be taken,
The hip cat wins a million - but his heart's a breakin'.

Standing on the corner watching the world revolve.
Super color - audio vision's epic - just a lapse dissolve.
I've seen traffic jams - jams the worst.
Nothing moving forward - nothing reversed,
Cars so sporty they'll do a hundred and forty,
But the guy on crutches raced by first.

Standing on the corner, cooling with all my might,
I can sell the Brooklyn Bridge and guarantee the price is right.
They come here to learn how not to be a fool,
We give them diplomas like they get in a school.
They master cheating - stealing - and how to be a slicker,
Book learning's great - but jive will trick them quicker.

The last thing they learn before they leave this dump
Is that all that they've learned is no good without a chump.
To you this aspect may seem very funny,
But I've never seen a sucker yet - who didn't have money.
Saints and sinners - losers and winners -
Winners walking and talking - losers riding and squawking -
Ladies and gentlemen - tramps and bums -
Wise cats coppin' - the dumb cat's crumbs.

Dieser Cool One sagt von sich selbst: «Ich brauche keine Uhr. Ich bin so gewitzt, daß ich jederzeit weiß, was die Uhr geschlagen hat, was überall geschieht. Ich habe eine Million Finger, die überall in allem stecken.»

Im Kentucky Club. Von links nach rechts: Sonny Greer, Charlie Irvis, Toby Hardwick, Elmer Snowden, Bubber Miley, Duke Ellington

Harry Carney und Bubber Miley, August 1926

Arthur Whetsol, Freddie Washington und Duke Ellington, 1929

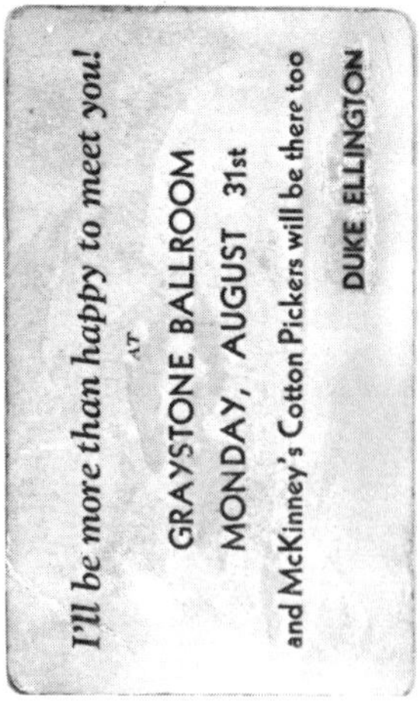

Werbung in der Anfangszeit

Ellingtons Frau Edna (mit freundlicher Genehmigung von Bernice Wiggins)

Die Mutter: Daisy Ellington

Die Schwester: Ruth Ellington

Rex Stewart (Kornett), Lawrence Brown (Posaune), Juan Tizol (Posaune), Otto Hardwick, Harry Carney, Johnny Hodges (Saxophone)

Plakat, Pittsburgh 1935

Ellington dankt für den Beifall

Mildred Dixon, 1937
(mit freundlicher Genehmigung von Bernice Wiggins)

Tommy Dorsey, Rex Stewart, Tom Whaley, Sy Oliver, Johnny Hodges, Duke Ellington

Mit Freddy Guy

Der Komponist an der Arbeit

Jimmy Blanton, 1939

Entspannung bei Comic strips

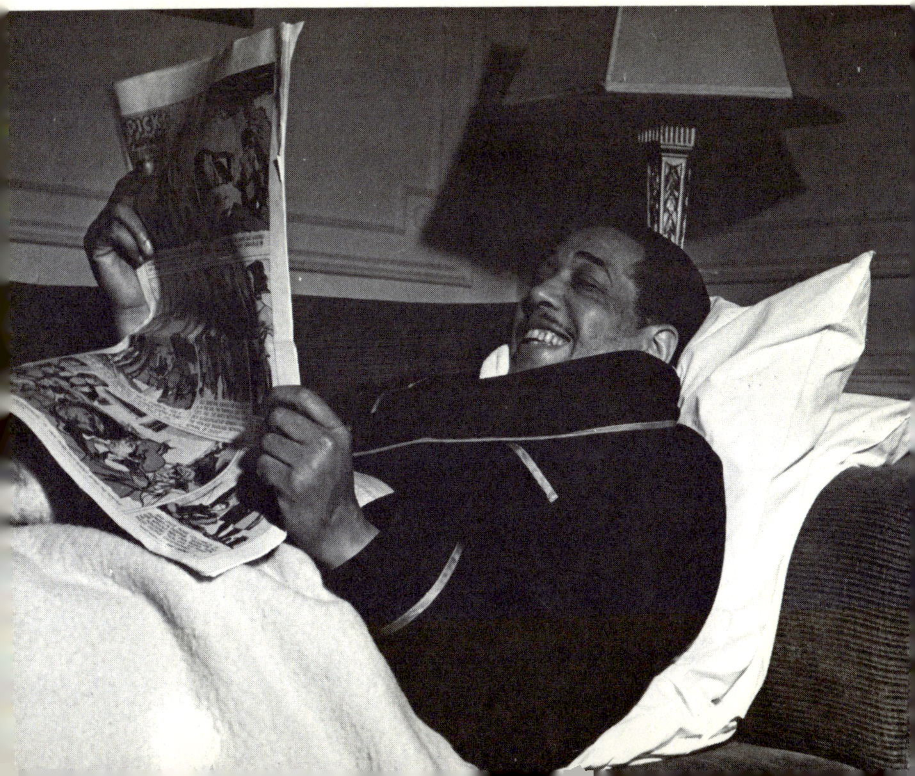

Ellington am Klavier, Philadelphia 1940

Ellington am Mikrofon, während Al Sears und Johnny Hodges die Noten studieren

Mit seinem Freund und Mitarbeiter Billy Strayhorn

Der Arzt Dr. Arthur Logan

Ellington beim Zeichnen

Britt Woodman, Russell Procope, Paul Gonsalves, Duke Ellington (Al Hibbler hinter ihm), Wendell Marshall, Charlie Smith am Schlagzeug

Die Band bei einer Schallplattenaufnahme: Ellington am Klavier; die Neulinge Ray Nance an der Violine und Juan Tizol an der Posaune im Vordergrund; Willie Smith am Saxophon, Louis Bellson am Schlagzeug und Shorty Baker links im Trompetensatz

In nachdenklicher Stimmung

Mercer and His Mad Men. Hintere Reihe von links nach rechts: Johnson, Bo McCain, Mercer Ellington, Billy White, Fletcher Allen; vordere Reihe von links nach rechts: Joe Benjamin, Chiefly Salaam, Al Walker, Idrees Sulieman, Adriano Aceg

Mercer Ellington und seine Band im Birdland, 1959

Louis Armstrong und Duke Ellington

Der beständigste Blattbläsersatz in der Jazzgeschichte: Paul Gonsalves, Jimmy Hamilton, Harry Carney, Johnny Hodges und Russell Procope

Da war offensichtlich ziemlich viel Selbstdarstellung dabei. Pop trug nie eine Uhr, und er hatte seine Finger immer in so vielen Torten, daß er sich einmal selbst einen «Fühlerausstrecker» nannte.
1957 war die Shakespeare-Suite «Such Sweet Thunder» sein großes Werk, ein Ergebnis des Engagements der Band am Shakespearean Theatre in Stratford, im kanadischen Ontario. Dazu arbeiteten er und Billy Strayhorn sich wirklich in Shakespeares Werk ein, und die witzigen und originellen Resultate wurden überall mit Beifall bedacht.
Nach dem Erfolg in Newport begann sein Ansehen wieder zu steigen, und 1958 wurde er aufgefordert, am Leeds Festival in England aufzutreten. Der Earl of Harewood war mit der Organisation betraut, und sein Bruder, der Honourable Gerald Lascelles, war ein Jazz-Fan. Pop befand sich damals bequem in Las Vegas, und sein Agent zeigte keine Begeisterung für das Engagement. Tatsächlich ließ er Harewood mit seinem Angebot abblitzen. Dann bat Gerald Lascelles Pops Freunde, das Ehepaar Dance, ihm zu erklären, daß Ihre Majestät Königin Elizabeth dem Festival beiwohnen werde und daß er ihr aller Wahrscheinlichkeit nach vorgestellt würde.
«Dann glaubst du also, daß ich kommen sollte, Baby», sagte Pop zu Helen Dance am Telefon. «Okay.»
So reiste die Band nach 25 Jahren wieder nach England.
In Pops Nachlaß fanden wir das Pressekommuniqué, das Stanley Dance über ihn auf dem Briefpapier des Queen's Hotel in Leeds schrieb:

> Zum Abschluß des Musikfestivals in Leeds wurde Duke Ellington Ihrer Majestät der Königin vorgestellt. Ein glänzender gesellschaftlicher Empfang krönte den Erfolg des Festivals. Duke Ellington wurde vom Earl of Harewood, dem Vetter der Königin und Generaldirektor des Festivals, auch Prinz Philip und der Princess Royal vorgestellt. Duke Ellington wurde von der Königin während mehrerer Minuten in eine angeregte Unterhaltung gezogen. Aus der Handvoll hervorragender Künstler auserwählt, konzentrierten sich die Kameras auf Ellington, während er mit der Königin sprach.
> Ihre Majestät sagte, daß sie bedauerte, nicht in der Lage gewesen zu sein, dem Konzert beizuwohnen, doch habe es ihrem Gatten, dem Duke of Edinburgh, durch und durch gefallen.

Später erzählte Prinz Philip Ellington selbst, daß er lediglich bedaure, die Eröffnungsnummer «Take the 'A' Train», eine seiner Lieblingsnummern, verpaßt zu haben.
Ellington wurde auch von der Princess Royal ins Gespräch gezogen, deren jüngerer Sohn, der Honourable Gerald Lascelles, ein großer Bewunderer seiner Musik ist. Auf seine Anregung ist die erstmalige Einführung des Jazz am Leeds Festival zurückzuführen.
Eine riesige Menschenmenge hatte sich zum Besuch der Königin vor dem Civic Centre eingefunden. Als Duke Ellington seine Limousine verließ, elegant im weißen Frack, und den roten Teppich betrat, der zum Eingang führte, erhielt er von der Menge enormen Applaus. Als er bemerkte, daß die Mehrheit der Bewunderer dem schönen Geschlecht angehörte, warf er ihnen in typischer Ellington-Manier Kußhände zu, die prompt und enthusiastisch erwidert wurden.

Auf der Rückseite dieser Notizen schrieb Pop seine eigenen, die vermuten lassen, daß ihm die Idee zu «The Queen's Suite» spontan in jener Nacht oder möglicherweise während der Eisenbahnfahrt am nächsten Morgen kam. So wie ich ihn kenne, würde ich wetten, daß sie geschrieben wurden, bevor er zu Bett ging. Hier sind sie:

Die Spannung nimmt zunächst während des Wartens in der Eingangshalle zu. Man ist erstaunt über den Applaus und steht dann wortlos vor der Grazie der Königin, der Seine Königliche Hoheit Prinz Philip, die Princess Royal, der Earl of Harewood und der Honourable Gerald Lascelles folgen.
Die ganze Haltung Ihrer Majestät widerspiegelt die Zufriedenheit eines normalen glücklichen Ehelebens, im Widerspruch zu allen Gerüchten und Berichten über Monarchen, was einem den Glauben an diese Menschen als Menschen wiedergibt. Ein hübsches Paar mit einer Aufgabe vor sich. Zwei junge Leute, die ihren Weg zu machen suchen.
Dann, wenn der Augenblick kommt und man von Lord Harewood vorgestellt wird, beruhigt die Majestät mit einem Ausdruck des Verständnisses die angespannten Nerven, die Knie hören auf zu zittern, und das Gefühl der Unsicherheit ist vorbei. Worte können diese reine Freude nicht erklären, und man sagt sich: «Es war also gar nicht nötig, dieses Beruhigungsmit-

tel zu nehmen.» Dann denke ich an alles, was ich hätte sagen sollen, wenn ich bloß nicht so in den Wolken geschwebt wäre! Schönheit - Märchenglanz - Pracht - und Hoheit. Ich glaube, keine Königin trug sie je mit mehr Autorität.

(1) «The Single Petal of a Rose». So delikat, zerbrechlich, zart, leuchtend wie ein Rosenblatt. Nur Gott konnte es erschaffen, und wie die Liebe sollte es bewundert, aber nicht analysiert werden.
(2) «Mocking Bird in the Sunset». Bei schneller Fahrt durch Florida von Tampa bis West Palm Beach mit einer Geschwindigkeit von 130 Kilometer in der Stunde. Im Halblicht des Sonnenuntergangs ein Vogel. Er schien uns zu rufen. Wir wären gerne zurückgegangen, um ihm zu danken, doch waren wir bereits viel zu weit geraten und wußten ohnehin nicht, welche Art Vogel es war. Aber die erste Phrase ist die Melodie, die wir hörten.
(3) «Lightning Bugs and Frogs». Es war eine heiße Sommernacht am Südufer des Ohio River, eine weite Lichtung mit einem Hintergrund hoher Baumsilhouetten, vor dem eine Million Leuchtkäfer einen flimmernden Vorhang zu weben schienen, ein Muster von symphonischer Pracht, während die Frösche im Orchestergraben (Teich im Vordergrund) die akustische Begleitung lieferten.
(4) «Northern Lights». Oben in Quebec. Die ganze Nacht beobachteten wir das Nordlicht, die majestätischste Bühnenshow, die ich je sah. Es war, als ob man als kleiner Mann hinter vielen großen Leuten den Vorgängen auf der riesigen Bühne zu folgen sucht. Die Künstler selbst kann man nicht sehen. Man sieht nur Lichter oder Schatten oder Spiegelungen der Bewegungen der Schauspieler. Die Primaballerina, ihr Partner im Pas-de-deux, die 36 ihre Beine hochwerfenden Girls, die Ballettgruppe, alle sind sie zur gleichen Zeit da, die ganze Nacht, nur millionenfach vergrößert. Und dann, wenn man anhält, den Wagen verläßt und direkt nach oben blickt, spielt sich all das dort ebenfalls ab. Das ist erschreckend.
(5) «Le Sucrier Velour» ist der Name eines Vogels in Frankreich. Ich habe Bilder von ihm gesehen, und ich meine, daß der Vergleich mit bezuckertem Samt zu dem Vogel paßt. Aber dann kommt mir der Gedanke, daß der Flaum über der Ober-

lippe eines süßen Mädchens ein noch passenderer Vergleich wäre, der mehr den Bereich der Sinne, des Gefühls anspricht.
(6) «Apes and Peacocks». Aus der Bibel: Das erste Buch der Könige 10:22. Denn die Meerschiffe des Königs, die auf dem Meer mit den Schiffen Hirams fuhren, kamen in drei Jahren einmal und brachten Gold, Silber, Elfenbein, Affen und Pfauen.

Später änderte Pop diese Notizen bis zu einem gewissen Grad. Doch diese sind das Original, und sie bilden eine vollständige Inhaltsangabe von «The Queen's Suite», wie er sie dann in New York aufnahm. Es wurde nur ein Exemplar der Platte gepreßt, das dem Buckingham-Palast überreicht wurde. Ellington wollte einer kommerziellen Ausgabe nie zustimmen. Doch ist die Musik so außerordentlich, daß ich nach seinem Tod beschloß, sie müsse gehört werden, und sie erschien unverändert auf der Marke Pablo.

Die große Sache 1959 war die Musik zu «Anatomy of a Murder», das erste Mal, daß Pop gebeten worden war, eine Filmmusik zu schreiben. Sie war ungewöhnlich, ein Erfolg und gewann Auszeichnungen, wird aber noch immer von Kritikern beanstandet, denen die Jazzsprache nicht geläufig ist und die nicht verstehen, was gesagt wird. Natürlich - sie sind an den Klang von traditionellen Orchestern, der aus Erdhörnchen-Höhlen in der Prärie sprudelt, das Trommeln von Bongos als Anzeichen wachsender Spannung und bedrohliches Baß-Schrammeln beim Herannahen der Schurken gewöhnt worden - mit anderen Worten an die Klischees von Hollywood-Schreiberlingen. Der Meinung dieser Kritiker ungeachtet erkannte die Film-Industrie, daß sich was Neues tat, und im folgenden Jahr gingen Pop und Billy Strayhorn nach Paris, um die Musik zu «Paris Blues» zu schreiben. Sechs Jahre später verschaffte Frank Sinatra Pop den Job für «Assault on a Queen»; und seine letzte Filmmusik schrieb er für den provokativen «Change of Mind» 1969.

Während dieser Zeit gaben auch die jährlichen Newport Jazz Festivals Anlaß zu neuen Suiten, die sich zur Veröffentlichung als Plattenalben gut eigneten. Eine der besten, die 1960 für das Monterey Festival geschrieben wurde, war «Suite Thursday», die sich auf John Steinbecks Kurzgeschichte «Sweet Thursday» aus den Cannery Row-Erzählungen (Die Straße der Ölsardinen) stützte.

Pop äußerte sich oft dazu, daß die Besprechungen der gut geprobten Festival-Aufführungen weniger günstig waren als jene des Columbia-Albums, obwohl Johnny Hodges während der Platten-Aufnahmen krank war und durch Paul Horn ersetzt worden war. Ich denke, das ist ein wichtiger Hinweis, wie Beurteilung und Wertschätzung bis zu einem gewissen Grad von der Möglichkeit zu wiederholtem Anhören abhängig sein kann.

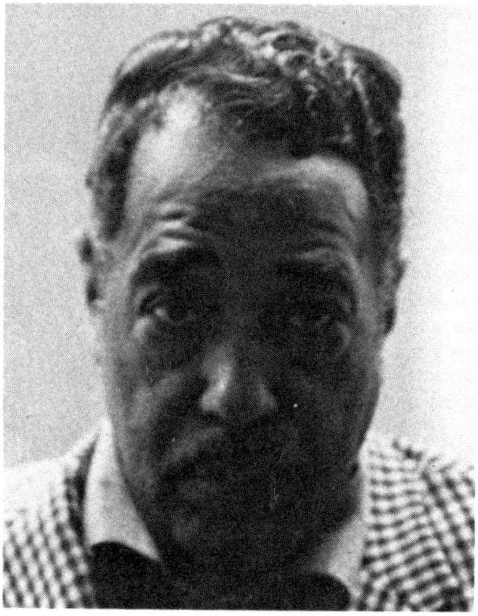

V
Love You Madly

1959 spielte die Band im Riviera in Las Vegas, und ich begab mich zu Pops 60. Geburtstag dorthin. Ich werde das Fest nie vergessen. Alle Großen des Showbusiness, von denen ich je gehört hatte, schienen damals in Las Vegas zu sein, und sie waren alle zugegen, um ihn zu beglückwünschen: Sophie Tucker, Billy Daniels, Ted Lewis, Jimmy Durante und Topnummern dieses Formats.

Es war um diese Zeit herum, daß Madame Zajj ins Blickfeld trat. Ja natürlich, Madame Zajj war die Hauptfigur aus «A Drum Is a Woman», doch hier soll der Name nun als zusammengesetztes Pseudonym für mehrere Frauen im späteren Leben Pops dienen. Sie waren verschieden von Temperament und Herkunft, jede traf eine andere Seite seines Wesens, und Pop hielt sie säuberlich auseinander. Ich sehe keinen Grund, ihre Anonymität zu verletzen. Jede dieser jungen Frauen glaubte die Innenbahn zu haben, aber für welche dies wirklich zutraf, wußte nur Ellington.

An vier oder fünf Abenden hintereinander wurden im Riviera hinter der Bühne zwei Dutzend rote Rosen abgeliefert, und vor der Bühne, direkt vis-à-vis dem Klavier, deckte der Oberkellner einen Tisch mit nur einem Gedeck - Madame Zajjs Tisch. Sie blieb für eine Serie und verschwand dann auf mysteriöse Weise. Das ging eine Woche so, dann wußte Pop, wer die Rosen sandte. Er konnte es fast nicht glauben . . . Eine rasche Freundschaft entwickelte sich und überstrahlte hell lodernd die ganze Zeit dieses Engagements. Normalerweise hätte Pop es verabscheut, so lange an einem Ort zu bleiben.

Die Affäre gedieh so weit, daß niemand mehr Ellington zu Gesicht bekam von dem Moment an, da er die Bühne verließ, bis er sich am nächsten Abend ans Klavier setzte. Kaum war der Auftritt zu Ende, war er auch schon verschwunden, als ob ihn die Nacht verschluckt hätte. Madame Zajj hatte für ihn in El Rancho Vegas eine Art Festung errichtet. Sobald sie ihn an den Wachen vorbei hineingebracht hatte, zauberte sie ihn weg in ihre Miniaturhazienda. Jeder Gast hatte einen eigenen Bungalow dort, und

alles war bestrickend schön. Das Anwesen, mit eigenem Spielkasino lag inmitten eines weiten Geländes. Etwa ein Jahr später wurde es durch einen Brand total zerstört.
Das Hauptinteresse von Madame Zajj galt der bildenden Kunst, doch interessierte sie sich auch für Musik, und dies war die Grundlage ihrer Verbindung. Jeder lernte vom anderen. In der Malerei wurde Pop sowohl von der Renaissance wie von den Impressionisten angezogen. In der Dichtung und Menschendarstellung gefielen ihm sinnlich-derbe Themen ebensosehr wie die erhabeneren und würdigeren, genau so wie sich der Gehalt seiner Musik manchmal auf das bezog, was man die Gosse nennen könnte. Er fand sich mit der Nachtwelt von Toulouse-Lautrec und jener Schule ganz im Einklang.
Der Einfluß von Madame Zajj war konstruktiv. Sie lernte bald, zwischen guten und schlechten Darbietungen, guten und schlechten Kompositionen unterscheiden. Anders als die meisten Frauen, die ihm ihre Aufmerksamkeit schenkten, zögerte sie nie, Kritik anzubringen, wenn sie fühlte, daß er danach verlangte. Er hatte zuvor eine Art schöpferisches Hochplateau erreicht, doch bei ihr fand er die Inspiration zu neuem schöpferischem Anstieg.
Ellington war normalerweise ein großer Zauderer, schrieb oder änderte seine Musik oft in letzter Minute. Doch weiß ich, daß Irving Townsend, sein Freund und Mitarbeiter bei Columbia, um diese Zeit herum völlig verblüfft war, wie gut vorbereitet die Band zu Aufnahmeprojekten wie «The Nutcracker Suite», «The Peer Gynt Suite» und «Suite Thursday» erschien.
Als die Ferien in El Rancho Vegas vorbei waren und Ellington sein Engagement im Riviera beendet hatte, packten wir alle zusammen, um die Stadt mit dem Zug zu verlassen. Madame Zajj kam zum Bahnhof, um Ellington zu verabschieden; sie war sehr elegant in einen Pelz gekleidet. Im Moment, als der Zug sich zur Abfahrt anschickte, öffnete sie den Mantel. Sie trug darunter absolut nichts und sie schlug ihn jetzt um Pop, um ihm den Abschiedskuß zu geben. Damit verließ sie ihn. Er fand das wunderbar, und die ganze Episode stimulierte seine Fantasie unendlich. Mehrere der Männer und ich waren Zeugen – von ein paar glotzäugigen Beobachtern auf dem Bahnsteig nicht zu sprechen – und konnten es kaum glauben.
Madame Zajj war die fünfte und letzte Frau in seinem Leben, der er tief verbunden war – meine Mutter, eine Schauspielerin, eine

Tänzerin, ein Showgirl und eine Sängerin. Natürlich gab es von Zeit zu Zeit Flirts und kleine, leichte Affären, doch beeinflußten sie sein Leben nicht. Diese fünf Frauen aber taten es bestimmt.

Einige der anderen fesselten ihn wegen eines «Webfehlers», wenn man so sagen kann. Er schien sich nie für die perfekte Frau zu interessieren. Wenn sie eine Narbe hatte oder leicht disproportioniert war - großbusig, breithüftig oder ein wenig aus dem Gleichgewicht -, war er stärker interessiert. Man kann das auch bei vielen Malern feststellen. Sie scheinen nicht den perfekten Körper zu suchen.

Dann gab es Frauen, gewöhnlich Witwen, deren Ehemänner Fans der Band gewesen waren, die von ihm gefühlsmäßig angezogen wurden und schließlich sexuell engagiert waren. Seinetwegen trennten sich einige Frauen von ihren Männern oder ließen sich scheiden. Und nach ihm kamen die «Aufputzer», Mitglieder der Band, die glaubten, enger mit Duke Ellington identifiziert zu werden, wenn sie sich mit Frauen zeigten, mit denen er intim gewesen war. Es gab mindestens fünf Fälle von Bandmitgliedern, die sich mit Frauen einließen und sie heirateten, mit denen Ellington Affären gehabt hatte. Eine dieser Frauen heiratete einen Banddiener und beutete ihn als eine Art Rache an Pop aus.

Vermutlich gibt es einen psychologischen Begriff für all das. Es ging nicht darum, daß die Männer über diese Frauen in eine engere Beziehung zu Ellington getreten wären, sie sahen sich vielmehr als eine Art zweite Ellingtons.

In einigen Fällen, in denen er oberflächliche Beziehungen zu einer Frau gehabt hatte und sich ein Mitarbeiter ernsthaft mit ihr einließ, beeinträchtigte es das Einvernehmen und schuf sehr delikate Situationen. Seine langjährige und tiefe Freundschaft mit Otto Hardwick wurde entscheidend getrübt, als er sich vehement gegen Ottos Beziehung zu einer Frau wandte. Er sagte ihm, er sei dumm, sich mit ihr herumzutreiben, und schließlich kehrte Otto der Band für immer den Rücken. Er hatte die Band schon früher einmal wegen Alkoholproblemen verlassen, doch diesmal ging er wegen der fürchterlichen Auseinandersetzungen mit Pop.

Ich glaube wirklich, die einzige Frau, die je ein Mitglied der Band heiratete und seine Billigung genoß, war Freddy Guys Gattin Minnie. Von dieser Ausnahme abgesehen, war er mit keiner Frau einverstanden, die irgendeiner seiner Leute wählte, meine Frau und die Freundinnen meines Sohnes inbegriffen. Aber ich muß

sagen, daß seine Gefühle im Fall Minnie Guy gerechtfertigt waren, weil sie eine wunderbare Frau war.
Trotz seinen Beziehungen zu so vielen Frauen scheint mir, daß er, von seiner Mutter und Schwester abgesehen, Frauen im Grunde verachtete. Er verbrachte so viel Zeit damit, sie zu preisen und zu bezaubern, aber eigentlich haßte er sie. Es war eine Art Haßliebe, und mehr Haß als Liebe. Ich glaube, dies wird durch die unvollendeten Texte zu zwei Songs am besten illustriert - denn er notierte solche Einfälle, wann und wie sie ihm spontan kamen. Der erste wurde im Fairmont Hotel in San Francisco, der zweite im Ritz-Carlton in Montreal geschrieben:

She Always Wanted to Be a Witch

She wishes she was a witch
Seven times reborn,
So she could fluff me off,
Or turn me on.

She wishes she was a witch
Since she was a kid,
So that her subconscious
Would flip my Id.

She wishes she was a witch
Every midnight, so
She could unlock the cage
And say, "Go, boy, go!"

She wishes she was a witch,
Baby, that's no lie.
The full moon makes her screech,
And laugh, and then cry.

Refrain

Her slinking is the kookiest,
Her eyes are the spookiest.
Every day she's got a new trick.
This chick is so weird
She can make herself get scared.
I wonder how she'd look in a beard?

Shame on You - Suffer

1. und 3. Strophe (Chor)
Suffer, suffer,
You beautiful witch!
Suffer, suffer,
Till you're down in the ditch.

2. Strophe
If you have never suffered
And hoped in vain,
How will you appreciate
Love without pain?

If it don't fit, then force it,
You beautiful wretch!
Suffer, suffer,
'Cause you ain't got nothin' that won't stretch!

I know you hate to suffer,
You know I know you're proud,
So have your tantrum, but suffer,
And let me hear you crying out loud!

Im Grunde gab es allein zwei Frauen in Ellingtons Leben: seine Mutter und seine Schwester Ruth. Zu seiner Tante Flossie war er gut und umsorgte sie, weil er in ihr seine Mutter nocheinmal erlebte, der sie in Erscheinung und Wesen so sehr glich. Er empfand selbst Ruth als Abbild seiner Mutter. Das war die eine große Empfindung, die er hatte, der Mittelpunkt seines Fühlens und Denkens. Sein Gefühl für seine Mutter kam darin einer Religion gleich, daß es wie ein Leitlicht zwischen Recht und Unrecht war, daß es den Weg wies oder entschied, was seine Mission werden sollte. Die himmlische Ebene, auf die er seine Mutter hob, stand in starkem Gegensatz zur Erotik seiner alltäglichen Erfahrungen. Solange diese Erfahrungen nicht zu ernsthaft wurden, war es schön, ein Spiel, eine Jagd, eine Flucht . . .
Außer in seinen Beziehungen zu Frauen wuchs seine Selbstkontrolle mit den Jahren in allen Dingen. Er zügelte seine Eßlust,

wenn er auch vielleicht wählerischer wurde. Er schätzte jetzt Delikatessen, Gänseleber und Kaviar; Eiscreme dagegen und all das andere Zeug, das er in gewaltigen Mengen verzehrt hatte, wurde stark reduziert. Er ging bei Zigaretten von mindestens einem Paket auf vier Stück täglich zurück, und wenn er rauchte, nahm er nur einen oder zwei Züge und löschte die Zigarette wieder aus.

Gewiß wurde er tief religiös, und seine spätere Musik zielte ja ganz in diese Richtung, doch manchmal schien mir, daß er in der Art, in der er Leute manipulierte und ihr Leben zu beeinflussen trachtete, Gott spielen wollte. Er war eine sehr dominierende Person, sehr stark. Dazu besaß er viel angeborene Weisheit. Er war ein begieriger Bibelleser. Er hatte die Bibel mehrmals durchgelesen, wobei er den Worten Salomons besondere Bedeutung beimaß; deshalb wußte er, wie er Situationen und Bedingungen beurteilen mußte, wie er die Bosheit einer Aussage erkennen konnte, wenn sie auch wohl verborgen war.

Ich mußte meine Erfahrung machen und manche Lehre beziehen, bevor ich versteckte Hinterhältigkeiten im Sensationsjournalismus zu entdecken vermochte - er besaß einen untrüglichen Spürsinn dafür. Er wußte, was er zu tun hatte, wenn jemand ihn in einer Auseinandersetzung niederzuschreien versuchte. Er wußte, wie er spitzfindigen Verdrehungen entgegnen konnte, von jener häufig gebrauchten Sorte: «Soundso ist ein schlechter Neger, also sind alle Neger schlecht.» All dies war an ihm wie eine zweite Natur. Und er zeigte sie auch gegenüber jenen Leuten, die ihm am nächsten standen. Psychologen und Psychiater, die mit ihm ins Gespräch kamen, waren fasziniert, weil sie spürten, daß er einer der interessantesten Fälle war, denen sie je begegnet waren. Sie spielten auf seine sado-masochistischen Tendenzen an, die oft in Erscheinung traten. Zum Beispiel bereitete er ein Konzert von größter Bedeutung vor und verletzte und reizte seine Leute derart, daß sie das Bedürfnis empfanden, ihm mit gleicher Münze heimzuzahlen. Er ging bis an die Grenze, entfesselte donnernde, höllische Auseinandersetzungen mit diesem oder jenem und machte die verächtlichsten Bemerkungen über dessen Charakter. Er machte ihn herunter, sagte ihm, er sei das Niedrigste auf der Welt, und endete mit der Feststellung, er sei keinen Scheißdreck wert. Soetwas konnte sich Minuten vor Beginn eines Auftritts ereignen. Bei einem Mann wie Cootie, ohnehin reichlich temperamentvoll und explosiv, war der Punkt schnell erreicht, wo er einfach aufstand und wegging - und zwar in einem Moment, da Ellington ihn ganz besonders nötig hatte. In perverser Weise tat Ellington Dinge, die einen Mann provozierten, aus einer Show davonzulaufen. Das ereignete sich einmal bei der Aufnahme einer BBC-Fernsehshow!

Als ich Anfang 1961 mit der Della Reese-Band in Los Angeles war, erhielt ich gerüchteweise die Nachricht, daß Ellington wieder im Riviera in Las Vegas war und daß bei einigen aus der Band bei einer Polizeirazzia Rauschgift gefunden worden war. Ray Nance und Paul Gonsalves waren die bekanntesten, und sie litten am meisten unter der Publizität. Wahrscheinlich wäre der Zwischenfall ziemlich ruhig vorübergegangen, doch fand Ray, er sei von der Polizei mißhandelt und brutal traktiert worden. Er machte eine große Szene, was für ihn zum Bumerang wurde. Die Folge war, daß er ins Gefängnis mußte, während Paul auf Bewährung entlassen wurde.
Der Vorfall brachte Ellington in Las Vegas auf die schwarze Liste, und die Band spielte den Termin ohne Ray und Paul zu Ende. Las Vegas mag als Sündenstadt klassiert werden, doch müssen die Leute, die dort arbeiten, so sauber wie möglich sein, und durch diese Geschichte verlor Pop während zwei Jahren sämtliche Arbeitsmöglichkeiten im Bereich der Spielkasinos.
Nun wurde Pops Einstellung gegenüber Drogen von der Tatsache bestimmt, daß der Musiker ein Künstler war, und er sah es als gegeben an, daß Künstler ihre eigene Lebensweise hatten. Er machte nie jemandem Vorhaltungen wegen irgendetwas, das in den Augen der Gesellschaft falsch erschien. Wenn man etwas tat, das ein direkter Affront gegen seine Anschauungen war, kannte er Wege, einen wissen zu lassen, daß er verärgert war. Doch beschäftigten ihn die Auswirkungen solcher Verstöße gegen die öffentliche Meinung nicht so sehr. Er wollte Musik machen und war der Meinung, daß sie von seinen Leuten gespielt werden sollte. Deshalb zweifle ich in diesem Fall ernsthaft, daß der Old Man überhaupt daran dachte, ihnen wegen dieses Vorfalls auch nur leicht auf die Finger zu klopfen. Wahrscheinlich verlor er überhaupt nie ein Wort darüber, doch war ein Teil seiner Welt zerstört und ein Job, der für die Band eine wesentliche Unterstützung darstellte, ging verloren.
Da die Burschen bloß Marihuana rauchten, standen sie unter

leichter Anklage, doch trug der Fall dazu bei, den Wahn zu fördern, der sich bei Ellington entwickelte. Er sah dahinter Leute, die ihm schaden und ihm Steine in den Weg legen wollten. Sogar ich spürte, daß die Beschuldigungen gegen ihn erhoben wurden, um ihn aus Las Vegas zu verdrängen. Er wurde so erfolgreich - zu erfolgreich - und stark genug, seine Show aus der Vorhalle in den Saal zu verlegen. Das mochte jemand anderem in die Nase gestochen haben, weshalb man ihn an einer verletzbaren Stelle angriff. Nicht daß die anderen da weniger verletzbar waren. Wahrscheinlich rauchten 75 Prozent der in Las Vegas und Reno auftretenden Künstler direkt unter der Nase jener Leute Marihuana, die darauf hätten aufpassen sollen.

Wir hatten einige Jahre zuvor, etwa 1953, Rauschgiftprobleme gehabt, als ich die Gastspielreisen für Ellington vorbereitete. Er hatte damals einen Chrysler, und der Bursche, der ihn fuhr, war mit Marihuana im Wagen gefaßt worden. Der Mann wurde verhaftet und der Wagen beschlagnahmt. Mit den Protokollen darüber in den Archiven der Polizei und nun mit der Las Vegas-Geschichte konnte ich mir langsam ausrechnen, daß Rauschgift der Band ein beträchtlich blaues Auge verschaffen könnte. Deshalb begann ich darauf herumzureiten, daß gesetzliche Vorschriften berücksichtigt werden müßten. Die Mitglieder der Band hätten nicht nur in den musikalischen Anforderungen, sondern auch in ihrem Verhalten dem Standard zu entsprechen.

Pop gab es nie zu, wenn er nachgeben mußte, doch sah nun auch er klarer und ergriff einige Vorsichtsmaßnahmen. Er nahm sich Ray Nance vor, wenn auch nie gerade sehr ernsthaft und auch nur dann, wenn die Band an Orten spielte, die in dieser Hinsicht gefährlich schienen.

Er beharrte darauf, daß keine Gefahr dabei sei, solange nur ein einziger Mann in der Band Rauschgift nahm oder unter diesem Verdacht stand, weil es sich für einen «Doktor» - damals das neue Wort für Rauschgifthändler - dann nicht lohnte, der Band nachzureisen. Nur bei einer ganzen Gruppe von Marihuanarauchern wäre es für diese Leute interessant, den Burschen auf den Fersen zu bleiben und die Dinge in Schwung zu halten. Für ihn hieß das: er hatte sich nicht völlig zu unterwerfen, wenn er alle bis auf einen loswurde. Er brachte dies Schritt für Schritt zustande, und es kam soweit, daß die Band ziemlich sauber war.

Cress Courtney gelang es, die Band nach Las Vegas zurückzubringen. Er rief Will Osborne an, einen alten Freund von ihm und Ellington, und fragte, ob er helfen könne. Will hielt das zunächst für unmöglich. Doch Cress bekniete ihn, wie er es bedauern würde, wenn Pop von der Bühne verschwände und er nichts unternommen hätte, ihm zu helfen. Also sprach Will mit den richtigen Leuten und die Band ging nach Lake Tahoe, was so etwas wie ein Sprungbrett für Vegas war. Unglücklicherweise verkaufte die Agentur die Band für die lächerliche Summe von 8500 Dollar. Das erwies sich als großes Handicap für eine Erhöhung der Gage bei späteren Engagements.

Eines Tages rief Pop mich an.
«Du wirst Discjockey», sagte er.
Er hatte mit einer Fernsehstation in New York vereinbart, daß ich als Discjockey und Verbindungsmann zu ihm bei einem neuen Projekt operieren sollte. Das Programm sah vor, daß er regelmäßig Tonbänder dafür lieferte. Sie waren als Hauptteil der Sendung gedacht, die ich ansagen und zu einer Ellington-Show gestalten sollte. Die Tonbänder hätten wöchentlich eintreffen sollen, doch nach dem ersten kamen sie unregelmäßig, und mit den ausgiebigen Reklame-Blöcken war es schwierig, das Programm noch immer als «Duke Ellington's Show» zu präsentieren. Eine sehr große Nummer hatte Pop uns mit «The Feeling of Jazz» gegeben, die wir als Stamm-Melodie brauchten. Er hatte sie auch mit Sängern aufgenommen, doch war die Instrumentalversion sehr beliebt und wurde häufig verlangt. Daß die Sendung in den Jahren meiner Tätigkeit (1960–1963) aus einer Duke Ellington-Show zunehmend eine Mercer Ellington-Show wurde, war fast unvermeidlich.
Für mich war es ein sehr guter Job. Und ich war damals besonders froh, bei unserer Station zu sein. Es war genau die Zeit, als die schwarze Revolution wirklich begonnen hatte. Mein Kollege Billy Taylor und ich fungierten als Berichterstatter bei verschiedenen Veranstaltungen der schwarzen Bürgerrechts-Organisationen in der Umgebung New Yorks. Die Dinge kamen ins Rollen. Ich fand es eine gewaltige Sache, daß Leute wie Martin Luther King oder Lena Horne zum ersten Mal in Atlanta in einem weißen Hotel übernachten konnten. Das Hotel, das die Schranke durchbrach, verdient die allerhöchste Anerkennung für seinen Anteil bei der Gewährleistung einer größeren Bewegungsfreiheit.

Ich hatte Martin Luther King schon früher in Connecticut bei einer Art Jazz-Festival getroffen. Das war vor dem großen Marsch auf Washington, doch fühlte ich mich zusehends als ein Teil des Geschehens.
Wir erhielten bei unserem Sender häufig Klagen wegen der von der schwarzen Moslem-Bruderschaft gekauften und bezahlten Werbung. Mir schien, daß diese Beschwerden dem Grundsatz der Rede- und Pressefreiheit zuwiderliefen. Ich beharrte darauf, daß der Mensch frei sei, seine Religion zu wählen und die Redefreiheit zu beanspruchen. Doch geriet ich in großen Streit mit Leuten, die sich als gute Amerikaner betrachteten, besonders nach der Ermordung von Malcolm X.
Manchmal, wenn ich das Gebäude der Station verließ, befanden sich Massen auf der Straße und gelegentlich wurde geschossen. Die Harlem-Unruhen hatten begonnen.

Der Job beim Fernsehen fand sein Ende, als Al Celley beschloß, seinen Posten des Reisemanagers der Band aufzugeben. Er hatte eine Anzahl Jahre trotz des schrecklichen Handicaps nachlassender Sehkraft durchgehalten, und rückblickend scheint es wie ein Wunder, daß ihm dies so gut gelang. Er ging sehr verärgert, weil wir ihm noch Gehalt schuldeten, und bereitete der Band beträchtliche Ungelegenheiten; aber alles konnte ohne Gericht befriedigend geregelt werden.
Cootie Williams erinnerte sich, daß ich ihm erfolgreich als Reisemanager gedient hatte. Pop rief also bei der Station an, daß er mich dringend brauchte, damit ich mich an seiner Seite des Geschäfts annehme. Drei Monate lang übte ich beide Jobs aus, flog hin, wo die Band gerade spielte, um mich der Abrechnungen anzunehmen, und kam rechtzeitig zurück, um die Show abzuwikkeln. Vermutlich hätte ich unbegrenzt so weitergemacht, doch sollte die Band 1964 nach Europa gehen. Ich war noch nie dort gewesen und wünschte mir sehr, mitzureisen. Zudem war es für mich unmöglich, die Finanzen der Band zu führen, wenn ich nicht mit dabei war. So verließ ich den Sender - sehr widerstrebend.
Zunächst spielte ich nicht in der Band. Doch forderte Pop mich auf, mein Instrument mitzunehmen. Er rechnete sich aus, daß er mich auf alle möglichen Arten verführen mußte, da er wußte, daß die Show ein solcher Erfolg geworden war. Als wir nach Eu-

ropa aufbrachen, war ich schon ganz in meine Rolle als Manager hineingewachsen und hatte begonnen, im Trompetensatz mit der Band aufzutreten.
Bald geriet ich in eine psychologische Schlacht mit den Bandältesten. Da fand ich mich in einer Position, in der ich Leute zu beaufsichtigen hatte, die mich an der Hand ins Kino geführt, in den Zirkus mitgenommen, mir Süßigkeiten gekauft hatten und mit mir schwimmen gegangen waren. Es wurde zu einem sehr schweren Job. Ich hatte gegen sie und ich hatte gegen Duke Ellington zu kämpfen. Ich hatte gegen Veranstalter zu kämpfen, die sich nach meinem Dafürhalten nicht um die richtige Atmosphäre und den Pop zukommenden Rahmen kümmerten. Ich hatte auch gegen die Agentur zu kämpfen, die für uns die Engagements und Gagen aushandelte. So war es unvermeidlich, daß ich mir Feinde machte und in meiner eigenen Welt leben mußte - weder Fisch noch Vogel.
In dieser Situation begann ich das Verhältnis Ellingtons zu seinen Männern besser zu verstehen. Er war ein Star unter seinen Angestellten, der Boß. Aber es bestand eine Bindung zwischen ihm und ein paar der wenigen noch vorhandenen alten Kämpen, wobei die Beziehung zu Harry Carney die stärkste war. Trotzdem gab es Zeiten, in denen er und etwa Cootie Williams aus dem einen oder anderen Grund fast völlig uneins waren, und das lag dann ganz in der Richtung eines echten Konflikts zwischen Persönlichkeiten.
Eines der ersten Dinge, die ich anpacken wollte, war die Sache mit dem Bereitmachen zum Bühnenauftritt. Zwischen Jimmy Hamilton und Johnny Hodges wurde eine große Schlacht geschlagen, wer als letzter seinen Sitz einnahm. Eine alte Überlieferung lag dem zugrunde: Wer sich beeilte, als erster seinen Platz einzunehmen, der bangte am meisten um seinen Job. Deshalb zögerte jedes einzelne Mitglied der Band es nach Möglichkeit hinaus, die Bühne zu betreten. Ich redete ihnen gut zu, ich beschimpfte sie, ich schrie sie an und wurde in einigen Fällen handgreiflich, um die Situation zu bereinigen. Ich mußte die Band fast buchstäblich auf Vordermann bringen. Es war eine richtige Schlacht, solche Dinge durchzusetzen, und wo es nicht gelang, mußte der Mann entlassen werden. Ich hatte etwa acht Monate daran zu arbeiten, jemanden zu entlassen oder zu veranlassen, zu gehen. Von meinen psychologischen Studien her wußte ich, daß

ich gegen die Stärksten zuerst antreten mußte, um meine Kraft und Entschlossenheit zu beweisen. Ich mußte gleich den Vorwurf abbiegen, mir jemanden herauszupicken, bloß um meine Macht zu zeigen.

Deshalb hatte ich zuerst die Leute an der Spitze anzuspringen, und natürlich waren sie oft sehr verstimmt. Um ihren Widerstand gegen meine Absichten zu zeigen, brachten sie höchst mittelmäßige Leistungen. Dann wurde Ellington wütend und gab mir die Schuld an den miserablen Darbietungen. Ihm und allen andern zum Trotz machte ich ihnen am nächsten Tag doch wieder die Hölle heiß, um ihnen zu zeigen, daß sie so nicht weiterkamen – und hatte nachts wiederum Streit mit Ellington.

Johnny Hodges allein forderte mich nie heraus. Er besaß von Natur aus eine Menge Weisheit und war sehr klug. Zudem hatte er selbst Erfahrung als Leader. Deshalb ging er stets auf die Bühne, wenn ich ihn darum bat. Er hatte Sinn für Humor und sagte oft, so aus dem Mundwinkel: «Yes, Sir!»

Pop wollte Ruhe und Frieden. Er liebte es nicht, Dinge auf die Spitze zu treiben; er liebte es nicht, Entscheidungen zu fällen, von sich aus einschneidende Änderungen oder einen endgültigen Schritt vorzunehmen. Doch gibt es ein außergewöhnliches Gegenbeispiel: Es blieb unerklärlich, weshalb er Bobby Durham entließ, einen der größten Schlagzeuger, den wir je in der Band hatten. Bobby war vielleicht arrogant, doch verstand er sein Handwerk. Er war sauber. Er war zuverlässig. Er war ein Schlagzeuger, der die Sache schmiß. An ihm war alles richtig und paßte genau zur Band. Aber zum ersten Mal in vielen Jahren entließ Duke Ellington willkürlich jemanden. Er kündigte Bobby Durham einfach mit zwei Wochen Frist.

Danach stellte er Chris Columbus ein.

Dann brachte er Sam Woodyard zurück. Sam Woodyard war damals nicht in guter Form. Er war mit den Nerven herunter und mochte nichts essen.

Dabei gingen wir nach Florida hinunter, um an einer Art Band-Festival aufzutreten, das Jackie Gleason organisierte. Das war nicht die Gelegenheit, mit einer ungenügenden Besetzung am Schlagzeug aufzutreten. Es würden alle möglichen Bands da sein – Freddie Martin, Les und Larry Elgart, Count Basie – alle zum Kampf gerüstet, und da hinkten wir heran, mit unzulänglicher Besetzung, dazu mit mir, der die ganze Zeit einen Mordskrach deswegen schlug. Mercedes, meine Tochter, tanzte in der Gleason-Show, und ich wünschte, daß wir richtig auftrumpfen sollten, wenn wir dort erschienen, allein schon, damit sie stolz auf uns sein konnte.

Repressalien von Burschen, die ihren Kredit überzogen hatten, war ebenfalls etwas, dem ich zu begegnen hatte. Wenn es kein Geld mehr für sie gab, ließen sie dann soviel sie konnten auf ihre Hotelrechnung setzen. Bevor ich dabei war, gab es eine Menge Hotels, die ihnen keinen Kredit einräumten. Doch wegen des Ansehens der Band hatte ich einigen Hotels klargemacht, daß wir für jedermanns Schulden geradestehen würden, so hoch sie auch waren.

Paul Gonsalves steckte bis über den Hals in Schulden, aber wenn immer die Boys zusammenkamen, um zu feiern, brachten sie Paul dazu, alles auf seine Rechnung zu nehmen.

So standen die Dinge, als ich zur Band stieß: es lohnte sich, unanständig zu sein. Ich mußte das System auf den Kopf stellen und ihnen einen Grund geben, sich anständig zu benehmen. Je schlimmer ein Bursche, desto weniger Zusammenarbeit fand er und desto mehr arbeitete ich daraufhin, daß er entlassen wurde. Während all meiner Bemühungen, die Burschen zur Vernunft zu bringen und ihnen einen Schimmer von Disziplin beizubringen, sträubte sich Ellington dagegen, weil er Disziplin haßte. Doch beeinträchtigten die Schwierigkeiten allmählich die Qualität der Band. Gerade damals spürte ich jedoch, daß auch ein gutes Auftreten wichtiger denn je geworden war, weil wir zu diesem Zeitpunkt ins Gesichtsfeld des State Department getreten waren. Die Band stand noch vor ihrer Rußlandreise, doch war sie schon in Jugoslawien, der Tschechoslowakei, Indien und den meisten Ländern des Mittleren Ostens gewesen.

Als die Band bereit war, wieder nach Europa zu gehen, war meine Mutter sehr krank. Sie hatte nicht mehr lange zu leben, und ich konnte nicht weg. Da kam Money Johnson an meiner Stelle zum ersten Mal in die Band. Er hatte früher in meiner Band gearbeitet und trat jetzt meist im Apollo Theater auf.

Als die Band am ersten Tag der Tournee in Mailand auftrat, gab es während der ersten 45 Minuten keine Show! Das Programm brachte Ella Fitzgerald mit ihren Leuten und das Duke Ellington Orchestra, und die von beiden verfügbaren Musiker wurden rasch zusammengemixt, damit die Dinge ihren Anfang nahmen. Niemandem schien aufgefallen zu sein, daß ich während der Reisen der Band die ganze Show auf den Beinen hielt, die Männer aufweckte und sie zum Ort des Geschehens brachte. Smitty (Ron Smith), der bei dieser Gelegenheit den Job hatte, war nicht unerfahren. Wir waren immer gut miteinander ausgekommen, doch war er mit den Gewohnheiten der Musiker nicht vertraut, und einige unter ihnen grollten ihm und taten alles, um ihm seinen Job zu erschweren. Smitty war der Frisör, der sich der Haare Ellingtons auf mehreren Übersee-Tourneen angenommen hatte. Das war nicht so extravagant, wie es scheinen mag; bei der ewigen Hetze vom einen Ort zum andern blieb oft keine Zeit, zu einem ordentlichen Frisör zu gehen. Und Smitty erwies sich auch in anderer Hinsicht als nützlich.

Trotz der Probleme und gelegentlichen Rückschläge mehrten sich die Anfragen, womit die Position der Band stärker wurde. Ihre Auslandtourneen gewannen an Gewicht. Das Publikum wurde sich bewußt, daß jedes Mal vielleicht die letzte Gelegenheit sein könnte, Duke Ellington zu sehen. Ich erinnerte mich dessen, was mir Billy Shaw, der Agent, einst sagte: daß es Zeit war, den Preis zu erhöhen, wenn zwei Veranstalter sich für dieselbe Nacht um einen bemühten. Wir konnten jetzt nicht mehr alle Arbeit annehmen, die uns angeboten wurde, also war diese Zeit gekommen. Die Gagen stiegen, und alles begann wieder flott zu laufen.

Die Disziplin besserte sich. Die vielen Streitigkeiten und Meinungsverschiedenheiten, die ich etwa mit Cat Anderson und Cootie Williams hatte, waren kein Problem mehr. Wenn es Zeit war abzufahren, saßen alle im Bus. Es gab stets einen oder zwei Burschen, die ich auflesen oder aufwecken mußte, aber schließlich begriffen sie, daß wir sie zurückließen, wenn sie nicht aufstanden und rechtzeitig am Flughafen eintrafen. Als wir eines Tages Sam Woodyard zurückließen, war diese Angelegenheit ein für allemal geregelt. Daß ich den Bus damals in Kopenhagen ohne ihn abfahren ließ, war unvermutet. Was konnten wir ohne Schlagzeuger ausrichten? Doch reiste Johnny Hodges' Sohn mit, und er spielte an jenem Abend Schlagzeug.

Natürlich gab das Tumult, doch dann sahen sie, daß selbst Duke Ellington von gleichen Maßnahmen betroffen wurde: Wenn er zu spät eintraf, fing die Show ohne ihn an. Besonders als Wild Bill Davis an der Orgel mit uns war, konnten wir auf der Bühne die

Zeit totschlagen und alles Notwendige tun. Es ging sogar während der letzten Phasen in Pops Leben ganz gut, als wir Jaki Byard am Klavier hatten.

VI
My People

Als ich 1963 zur Band stieß, gehörte es unter anderem auch zu meinen Aufgaben, Paul Gonsalves zu überwachen - der Leser erinnert sich der Affäre in Las Vegas. Es ging besser als ich dachte. In Lake Tahoe spielten wir in zwei Shows, um neun und um elf Uhr, und hatten es damit für die Nacht geschafft. Eine halbe Stunde nach der zweiten Show gingen er und ich gerne hinunter, um die Hawaii-Tänzerinnen zu sehen. Ich spielte zwei Runden Vingt-un, mit einem wachsamen Auge auf Paul im Sessel neben mir. Die Drinks trafen mit den Empfehlungen des Hauses ein, und während ich die Runden spielte, leerte er oft beide Gläser. Nach dem Auftritt der Girls gingen wir dann über die Straße zu Harrah, wo Earl Grant bis um vier Uhr spielte. Von dort wechselten wir zum Sahara, um die Treniers zu sehen. Solange ich spielte, gab uns das Management «tokes» (Marken) für die Drinks. Paul trank Tequila margaritas und ich Kognak. Paul nahm gerne meinen Kognak zum Nachspülen. So ging es bis um elf Uhr in der Früh. Dann begaben wir uns ins Hotel, nahmen eine Dusche und schliefen ein paar Stunden, bis eine andere Nummer, wie Louis Jordan, in einem anderen Hotel begann.
Dieses Spiel trieben wir während zehn Tagen, bis Earl Grant abreiste und uns seine restlichen «tokes» überließ. Dann kam Sarah Vaughan. Nach ihrem Auftritt sagte sie stets, daß sie nicht bleiben werde, doch blieb sie bis elf Uhr morgens mit uns zusammen.
Die Höhe von Lake Tahoe vertrug sich angeblich schlecht mit Alkohol.
«Paß nur auf Paul Gonsalves auf», warnten mich mehrere Leute.
«Er ist ganz in Ordnung», antwortete ich.
Aber eines Abends, während ich Blackjack spielte, hörte ich den bekannten Plumpser neben mir. Paul hatte schließlich doch zuviel gehabt und lag flach auf dem Rücken. Wir holten etwas Sauerstoff und halfen ihm auf die Beine. Nachdem ich zu meinem Blackjack zurückgekehrt war, kam einer von denen, die mich zuvor vor der Höhe gewarnt hatten.
«Wie geht es Ihrem Freund?» fragte er.

«Warum fragen Sie nicht ihn selbst?» antwortete ich.
Zurück an der Bar, trank Paul bereits wieder Margaritas!
Es gibt noch viele amüsante Geschichten, die man über Paul erzählen könnte. Ich erinnere mich an ein Konzert in der Hauptstadt von Taiwan. Der amerikanische Botschafter war zusammen mit hohen Regierungsbeamten zugegen. Paul war vollgetankt eingetroffen, und mitten in seinem Solo fiel er hin. Er versuchte wieder hochzukommen, fiel jedoch wieder zurück wie ein k.o. geschlagener Boxer. Jim Lowe, der Banddiener, trug ihn mit Hilfe eines Aufsehers hinaus.
Hinter der Bühne machte der Old Man nachher Paul die Hölle heiß.
«Schaff seinen Arsch auf einen Bummeldampfer nach China, Mercer!» schrie er.
«Wir sind schon in China», sagte ich, um ihn zu beruhigen.
«Well, dann schick seinen Arsch um das verdammte Kap!» brüllte er.
Ein anderes Mal waren wir in Hamburg. Eine Möglichkeit, Paul im Auge zu behalten, bestand darin, ihn zu offiziellen Empfängen und Parties mit Pop mitzunehmen; er konnte ein sehr guter Botschafter sein, wenn er nicht zu tief ins Glas geschaut hatte. Jedermann mochte ihn und fühlte sich von ihm angezogen. Aber neben allen Belastungen des Reisens und Auftretens waren diese Funktionen sehr anstrengend.
«Ich habe keine Lust mehr, freundlich und höflich zu sein», sagte er einmal. «Ich will irgendwohin, wo was los ist. Gib mir eine Stange Dollars!»
«Okay», sagte ich. Wenn er «big bucks» verlangte, gab ich ihm gewöhnlich zehn Dollar, aber diesmal gab ich ihm zu seinem Erstaunen hundert.
Er begab sich mit einem Taxi nach St. Pauli. Als er ein Bordell aufsuchte, fiel dort sein erster Blick auf - eine verlassene Gitarre. Er ergriff sie und fing an zu spielen - und er konnte sehr gut Gitarre spielen. Er geriet in so große Begeisterung, die Leute zu unterhalten, daß er ihnen auch Drinks zu zahlen begann. Nachdem er sein ganzes Geld für Fusel ausgegeben hatte und ihm nichts mehr blieb, eines der Mädchen zu bezahlen, warfen sie ihn hinaus.
«Zum Hotel», war das einzige, was er dem Taxifahrer noch sagen konnte, an den Namen konnte er sich nicht mehr erinnern.

Zufällig war es das gleiche Taxi, mit dem er vorher gefahren war, so daß der Fahrer Bescheid wußte. Am andern Tag hatte Paul alle Einzelheiten vergessen.
«Heute nacht habe ich mich ums Geschäft gekümmert, was?» sagte er, als ich ihn traf.
Ein andermal in Madrid, hatte ich eine Suite im Hotel reserviert, um eine Pressekonferenz abhalten zu können. In der Nacht kam Paul spät mit einem Flittchen ins Hotel, doch wollte ihm der Portier nicht erlauben, sie mit ins Zimmer zu nehmen. Paul rief mich an und bat mich, zu intervenieren.
«Wenn man hier ein Suite bewohnt», sagte ich zum Portier, «bezahlt man damit doch wohl das Recht, Gäste zu empfangen.»
«Ja, Mr. Ellington, aber Sie verstehen nicht», antwortete der Portier. «Würden Sie bitte in die Hotelhalle herunter kommen?»
Unten begriff ich, was er meinte, ohne daß er noch ein Wort zu sagen brauchte.
«Paul, es ist besser, wenn du deinen Gast verabschiedest», sagte ich.
Das Mädchen sah aus wie ein Gorilla direkt aus dem Dschungel.
Wir zogen uns auf den Bürgersteig zurück, und Paul kramte vierzig Dollar aus seiner Tasche.
«Soviel Geld habe ich», sagte er, «was können wir damit machen?»
«Ich werde es dir zeigen», sagte das Mädchen. «Ruf ein Taxi.»
Als das Taxi heranfuhr, sprang sie hinein, riß ihm das Geld aus der Hand, und als er versuchte zuzusteigen, schlug sie ihm die Türe vor der Nase zu.
Wieder ein andermal trafen wir um etwa zehn Uhr dreißig morgens aus Skandinavien in Paris ein. Das Material war per Luftfracht aufgegeben worden. Als ich kurz vor Mittag endlich ins Frachtbüro kam, mußte ich entdecken, daß die Franzosen essen gegangen waren. Ich brauchte mehr als zwei Stunden, um das Zeug durch den Zoll zu bringen, und als ich im Theater eintraf, erhielt ich einen Anruf vom Flughafen, es sei noch immer ein Musiker ohne Paß dort.
Nun hatte mich Paul an jenem Morgen, bevor wir Kopenhagen verließen, daran erinnert, wie teuer Whisky in Paris war.
«Ich besorge mir besser eine Flasche», sagte er.
«Laß nur, ich verschaffe dir eine für jeden Tag, den du in Paris verbringst», versprach ich, und im Duty-free-Shop kaufte ich

vier Liter Johnny Walker Black Label, zwei für ihn und zwei für mich. Als wir in Orly eintrafen, hatte ich Kamera, Rechenmaschine und Trompete zu tragen, weshalb ich ihm die vier Flaschen gab, doch behielt ich sie gut im Auge! Ich hatte seinen Paß und brachte ihn durch den Zoll. Es wäre mir nicht im Traum eingefallen, daß er nicht mit uns allen im Bus wäre, doch war es ihm irgendwie gelungen, in den zollfreien Bereich zurückzukehren! Nun mußte ich ein Taxi erwischen und nach Orly hinausfahren, um ihn herauszuholen. Anfangs pflegte ich ihn bei solchem Stumpfsinn anzubrüllen, doch sah ich ein, daß dies nur wie Wasser an der Ente ablief, und wartete bis zum nächsten Tag, wenn er nüchtern war. In diesem Fall schafften wir es gerade noch, rechtzeitig für das Konzert ins Theater zu kommen. Bei all der Aufregung vergaß ich den Whisky.

Am nächsten Nachmittag traf ich Paul, als er mit Don Byas die Hoteltreppe herunterkam, und er sagte, er brauche noch eine Stange Dollars, um zur Rive Gauche hinüber zu gehen. Ich gab Don vierhundert Francs und sagte ihm, er trage die Verantwortung. Paul war noch nie in seinem Leben so entrüstet.

«Was!» sagte er. «Das ist ja der Blinde, der den Blinden führt!»

«Don, du hast gehört, was ich gesagt habe. Er muß morgen früh um acht Uhr hier zurück sein, um den Bus zu erwischen.»

Am andern Morgen trudelten vier «blinde» Saxophonisten ein, Paul Gonsalves, Don Byas, Archie Shepp und, wenn ich mich recht erinnere, Pony Poindexter.

«Siehst du, ich sagte dir, daß ich ihn rechtzeitig bringen würde», sagte Don triumphierend. «Da ist der Rest vom Geld!» Und damit gab er mir 23 Francs.

Inzwischen hatte ich mich an den Johnny Walker erinnert.

«Was ist mit dem Scotch, Paul?»

«Die Nachrichten sind nicht so schlecht», antwortete er. «Du hast das Herausgeld auf vierhundert Francs erhalten.»

Paul und Sam Woodyard hatten gewöhnlich das Zimmer geteilt, doch mußten sie getrennt werden. Der Unterschied zwischen den beiden bestand darin, daß Paul bei allem Hang zum Whisky sich doch in seiner verrückten Art stets wieder selbst zurechtfinden konnte. Sam gelang dies nicht immer. Noch heute ist nicht klar, ob der Trunkenbold des Alkoholikers überdrüssig wurde oder der Alkoholiker des Trunkenbolds!

Ich hatte einmal in Tucson Schwierigkeiten, Sam auf die Beine zu

bringen. Er stand derart unter Alkohol, daß er seine Schecks nicht unterzeichnen konnte.
«Wenn du Geld haben willst», sagte ich, «mußt du den Drink nehmen, den ich dir verschreibe.» Er bestand aus zwei Eiern, Orangensaft und einem doppelten Schuß Alkohol nach seiner eigenen Wahl.
Am fünften Abend unseres dortigen Engagements spielte er die erste Serie und glaubte, er hätte damit die Arbeit der ganzen Nacht hinter sich gebracht, ging ins Hotel und schloß sich in seinem Zimmer ein. Wir konnten ihn nicht aufwecken, und ich mußte die Leute vom Hotel holen, die Tür zu öffnen. Die Geschäftspolitik war dort, Alkohol nur zusammen mit einer Mahlzeit zu servieren. Wir fanden neben Sam vier Servierbretter mit dem unberührten Frühstück für jeden Tag, den wir dort verbracht hatten, und dazu die entsprechende Anzahl leerer Trinkgläser.
Etwas später, nachdem er die Band verlassen hatte, folgte uns Sam nach Las Vegas und blieb mehrere Tage bei uns. Als wir nach San Francisco gingen, kam er ebenfalls mit. Von dort gingen wir nach New York zurück, und ich gab ihm Geld, damit er nach Los Angeles zurückkehren konnte, wo er zuhause war.
Als wir in New York eintrafen, meinte Pop: «Du hast also beschlossen, Sam mitzunehmen.»
Ich drehte mich um und sah, wie Sam die Maschine verließ.
«Nein, ich gab ihm das Geld für die Fahrkarte nach Los Angeles.»
Kanada war unser nächstes Ziel, und ich sagte zu Sam: «Wenn du nochmal mit uns kommst, gebe ich dir lieber etwas zu tun.» So beschaffte ich ihm ein Conga.
Als wir uns zum ersten Konzert bereitmachten, gab es kein Lebenszeichen von Sam. Vier Tage später erhielten wir einen Anruf der Heilsarmee aus Toronto. Sie hatten ihn! Bei der Rückkehr nach New York verschwand er erneut. Doch tauchte er wieder auf. Mit Ray Nance, Duke Jordan und Aaron Bell spielte er in einem Lokal an der West Fiftieth Street. Es war eine wirklich großartige Gruppe.
Pop spielte eines Abends bloß mit der Rhythmusgruppe, zusammen mit einem Streichorchester. Am nächsten Tag mußte er in aller Frühe vor Universitätsstudenten eine Vorlesung halten, worauf er wieder zu Bett ging. Enge Freunde, Mr. und Mrs. Rol-

lins, hatten vorgesehen, ihn mit ihrer Privatmaschine zu seinem nächsten Job zu fliegen, und sie sandten einen Wagen, der ihn zum Flughafen bringen sollte. Weit vor der Zeit wartete er unten in der Hotelhalle, weil er im Korridor zu seinem Zimmer eine Uhr gesehen hatte, die fast eine Stunde vorging. (Er selbst trug ja nie eine Uhr.) Joe Benjamin, sein Bassist, und Sam Woodyards Material waren in einem anderen Wagen vorausgefahren. Nun kochte Pop, weil Sam nicht wie er bereit war und wartete.

«Ruf ihn an und sage ihm, daß wir die Maschine verpassen werden», sagte er zu Stanley Dance, der mit ihm reiste.

«Ich bin gleich unten», antwortete Sam.

«Bitte geh hinauf und sieh nach, was er tut», bat Pop Stanley etwa zehn Minuten später.

Sam unterhielt sich mit einer Dame. Er deutete auf eine noch viertelvolle Flasche Gin. «Ich werde unten sein, sobald wir sie geleert haben!»

«Duke ist wütend und wird immer wütender!»

«Kennt er die Uhr nicht?»

Schließlich ging Ellington, anscheinend wütend, selbst hinauf und brachte Sam herunter. Sie stiegen in den Wagen und fuhren ein paar Minuten schweigend.

«Gib mir eine Zigarette», sagte Sam zu Pop, der ihm ein ganzes Paket Pall Mall nach hinten warf.

«Ich sagte eine Zigarette, Motherfucker, nicht ein Paket!»

Mehr wurde nicht gesagt, aber als sie den Flughafen erreichten, war es offensichtlich, daß Sams Bemerkung Pop wieder in Stimmung gebracht hatte. Natürlich hatte er inzwischen seinen Irrtum mit der Uhr längst bemerkt.

In alten Zeiten pflegte er Sonny Greer schrecklich zu beschimpfen, doch schlug Sonny zurück, indem er ihn beschimpfte. Nachdem sie sich während zwei oder drei Minuten dieser explosiven Übung hingegeben hatten, waren beide sehr erleichtert und machten sich an ihre Arbeit. Dies funktionierte auch mit Sam Woodyard. Doch beging Pop den Fehler, es auch dort zu versuchen, wo er wußte, daß es nicht klappen würde, nämlich bei Rufus Jones. Rufus war ein sensibler, reizbarer Mann, und es gab Situationen, daß ich mich zwischen sie stellte, weil ich fürchtete, er könnte tätlich werden, so böse wurde Rufus, wenn ihn Ellington kritisierte.

Pop liebte es zu diskutieren und dabei die Oberhand zu behalten, selbst wenn er einen Standpunkt einnehmen mußte, der gar nicht der seine war. Das war ein Teil seines Vergnügens, mit Menschen umzugehen. Wenn man ihn dabei erwischte, daß er sich gegen eine Theorie oder ein Prinzip wandte, die er noch vor zwei oder drei Monaten verteidigt hatte, sagte er nur, er habe das Recht, seine Meinung zu ändern. Keineswegs war so etwas ein Zeichen nachlassender Spannkraft. Er war sehr einfallsreich in der Art und Weise, seine Kräfte zu bewahren. Er überwachte seine Ernährung und richtete seine physische Verfassung auf den Job aus, den er zu erledigen hatte. Deshalb sagten manche, er sei ein Hypochonder. Er nahm gewissenhaft Vitamine und Pillen, die ihn kräftigten und in Schwung hielten. Der Arzt, der die Autopsie vornahm, bestätigte, daß - abgesehen vom Krebs - seine gesamte innere Verfassung, alle seine Organe in bestem Zustand waren.
Pop lernte, seinen Verstand ebenso zu kontrollieren wie seinen Körper. Er wußte, daß mit zunehmendem Alter leicht hoher Blutdruck auftreten konnte. Wenn er merkte, daß er sich aufregte, hielt er deshalb mitten in einem Gespräch oder einer Diskussion plötzlich inne, verzog sich und las oder setzte sich vor den Fernsehapparat, um sich zu entspannen. Er tat dies, weil er begriffen hatte, daß Aufregung für ihn ungesund war, nicht aus Rücksicht auf die andere Person.
Ich weiß, daß er aus Zuneigung zu mir vielfach mitten in der Nacht anrief, nicht weil er eine Diskussion suchte. Die Diskussion, mit der er begann, lieferte nur den Vorwand für den Anruf. Er saß in einem Hotelzimmer, zwei oder drei Türen von dem meinen entfernt, und er war einsam; aber er brachte es nicht fertig zu sagen: «Komm herüber. Ich möchte reden.» Also rief er an, eröffnete eine Diskussion und lenkte sie zu einem Punkt, der einer Klarstellung bedurfte. «Well, bring deine Buchhaltung herüber», sagte er. «Laß mich einen Blick hineinwerfen.»
So gingen wir also die Konten durch, doch wußte ich, daß er dem nicht wirklich Aufmerksamkeit schenkte. Irgendwann sagte er: «Willst du eine Tasse Kaffee? Oder etwas Ginger Ale?» Wenn er sein Ziel - einen Gesprächspartner bei sich zu haben - erreicht hatte, ließ er die Diskussion in eine allgemeine Unterhaltung übergehen. Er hatte das alles gewiß sorgsam überlegt, und es schien ihm die beste Lösung, das Gesicht zu wahren, ohne Schwäche zu zeigen, ohne zu zeigen, daß er jemanden um sich

haben wollte. Obwohl es oft schien, er sei ein Einzelgänger, war er doch kein Einsiedler. Er brauchte Gesellschaft.

Eine besondere Methode im Umgang mit den Leuten wird zu einem Teil des Lebens eines Stars. Kaum daß Pop sich irgendwo blicken ließ, war jemand da, der sagte: «Oh, sind Sie nicht Duke Ellington?»

«Ja», antwortete er, und dann wollten sie sein Autogramm.

Wenn er in einem Restaurant aß, stürzte bestimmt irgendwer auf ihn zu, ließ ihm nicht die Zeit, den Bissen hinunterzuschlucken und fragte: «Darf ich Ihnen die Hand schütteln?» Es brachte ihn jedesmal aus der Fassung. Er hielt es für unhygienisch. Doch sah er sich oft in diesem Dilemma: entweder die Hand zu schütteln und das Risiko einer Ansteckung einzugehen oder jemanden zu beleidigen und damit seinem Image zu schaden! Er fand die Lösung darin, daß er sich das Essen aufs Zimmer bringen ließ. Es war nicht Menschenscheu, sondern durchaus die logische Folge der Gedanken, die er auf die Erhaltung seiner Gesundheit verwandte.

Die Gäste in den Hotels, in denen er sich aufhielt, waren gewöhnlich seinesgleichen, doch wurde er im Unterschied zu anderen berühmten Künstlern sogleich erkannt und angestaunt. Ein Mann, der im Showbusiness ein Erfolg war und sich im Gegensatz zu ihm, unbehelligt bewegen konnte, war zum Beispiel der Textdichter von «Stardust». Niemand wußte, wie er aussah, wenige konnten sich an seinen Namen erinnern, wie jeder Durchschnittsmensch konnte er die Untergrundbahn benutzen, mußte nicht zuviel Trinkgeld geben und konnte alles Nötige in vernünftiger Form erledigen - ideal!

Angesehene Leute zahlen eine hohe Buße für den Ruhm. Count Basie mußte eines Tages zu einer Sitzung und erzählte mir, daß er, einer momentanen Laune folgend, die Untergrundbahn benutzte, mit der jeder Normalbürger rechtzeitig an Ort und Stelle gelangt wäre. Doch wurde er unterwegs dermaßen um Autogramme bedrängt, daß er drei Stationen zu weit fuhr. Dann mußte er ein Taxi erwischen und sich durch schweren Verkehr hindurcharbeiten. Er verpaßte praktisch die Sitzung.

Berühmt zu sein, bedeutet oft Verzicht. Ich glaube, daß es eines der größten Opfer in dieser Welt darstellt, Präsident der Vereinigten Staaten zu werden. Ohne großes medizinisches Wissen möchte ich aufs Geratewohl schätzen, daß der Mann, der Präsident wird, im Durchschnitt fünf Jahre seines Lebens hergibt, mindestens aber seine Gesundheit. Erfolg kostet mehr als Geld, und Duke Ellington erkannte dies und fand Wege, dem zu begegnen.

Ich glaube, im Beginn seiner Laufbahn war seine Konstitution nicht besser als durchschnittlich, und er hatte große Mühe, wenn er gegen Männer wie Fats Waller oder Art Tatum antrat, gewaltige Trinker und gewaltige Virtuosen. Zu einer Zeit war er kolossal schwer und wog etwa 120 Kilo. Er war schlaff und wenn er am Klavier saß, hing das Fleisch zu beiden Seiten über den Stuhl. Dies kam vom übertriebenen Trinken und Essen, von den harten Zeiten und dem aufreibenden Leben. In seinen späten Dreißigern hatte er alles getan, alle Erfahrungen gesammelt. Es gab eine Zeit, als es den Leuten im Showbusiness richtig schien, Marihuana zu rauchen, statt Whisky zu trinken. Es verursachte keinen Kater, wenn die aufmunternde Wirkung verpufft war, und während des Rausches hatte man Denken und Betragen angeblich besser unter Kontrolle. Doch schließlich fand man heraus, daß es nicht so gut klappte, und alles kehrte zum Whisky zurück. Whisky wirkte länger und war gesellschaftsfähiger. Man konnte ihn in öffentlichen Lokalen trinken, dabei gesehen werden und seinen Spaß damit haben - anders als mit «Stoff». «Stoff» war Unterwelt und riskant. Hatte man sich dank seinen Fähigkeiten Prestige erworben, konnte man sich damit gesellschaftliche Mißbilligung einhandeln. Später, als es die neue Generation wieder damit versuchte, kann ich mich eines Ausspruchs von Johnny Hodges erinnern: «Diese Kinder sind wirklich dumm!» Das war die Stimme der Erfahrung.

Duke Ellington sah die Handschrift an der Wand sehr früh und las sie sorgfältig. Anderen stießen Dinge zu, die nicht in seine Vorstellung vom erfolgreichen Musiker paßten. Er sah, wie talentierte Künstler an den Folgen unmäßiger Trunksucht in relativ jungem Alter starben. Er sah einige in ihren Vierzigern und Fünfzigern durch Drogensüchtigkeit über Bord gehen. Er beobachtete, wie die Gewohnheitstrinker zwischen fünfzig und sechzig auszuscheiden begannen. Er erkannte, daß selbst so der Musik verpflichtete Männer wie Fats Waller und Art Tatum ihr Leben verkürzten, weil sie ihre Körper mißhandelten. Er beabsichtigte, län-

ger zu leben als sie. Er konzentrierte sich darauf, hielt sich methodisch in guter Form, ruhte sich länger aus, als er es in jungen Jahren getan hatte, und trank kaum. Es war nichts besonderes, ihn in seinem Zimmer anzutreffen, wie er flach auf dem Rücken lag, die Füße hoch an der Wand, um die Blutzirkulation gut in Gang zu halten, oder irgend etwas Yogaähnliches übte.
Er hatte sich auch darauf vorbereitet, in den Jahren, die vor ihm lagen, ein Repräsentant der Vereinigten Staaten zu sein. Erstens wies er sich dafür aus durch die Beständigkeit des Erfolges auf seinem Tätigkeitsfeld. Zweitens bewies er die Möglichkeit für einen schwarzen Mann, in den Vereinigten Staaten nicht erst jetzt, sondern schon seit längerer Zeit anerkannt zu werden. Drittens war er so berühmt geworden, daß die Russen bereits von ihm gehört hatten, als er nach Rußland gesandt wurde. Man hatte ihn keineswegs aus dem Nichts hervorgezaubert und für die Russen plötzlich einem neuen Namen zu Prominenz verholfen. Und es gab nur wenige Leute, die für eine derartige Mission gebraucht werden konnten. Sicher war Louis Armstrong in Rußland sehr angesehen, und was den Beliebtheitsgrad betrifft, lieferten sich er und Ellington ein hartes Rennen.
Die Entsendung Ellingtons fand jedenfalls ein günstiges Echo, weil er als Schwarzer die Vereinigten Staaten von Land zu Land gut vertrat. Ihn als Vertreter des schwarzen Bevölkerungsteils hinzustellen, verletzte die Schwarzen nicht. Sie mußten nicht fürchten, daß hier ein unintelligenter oder angeberischer Kerl für sie auftrat, der ihnen nicht gerecht würde. Um ein Klischee zu gebrauchen: er machte seiner Rasse Ehre. Und er hatte sich diese Position mit Beharrlichkeit erworben. Mehr und mehr häuften sich jetzt die Ehrungen – die Ehrendoktorate der Universitäten, die Schlüssel zu Städten, die Beförderung zum «Colonel» in Kentucky, Einladungen aus afrikanischen Königshäusern, von Königen, Königinnen und anderen Staatsoberhäuptern in Europa – und er arbeitete daran, bis er sich als idealer Vertreter seines Landes Geltung geschaffen hatte.

Neben solchen Aktivitäten die abergläubischen Vorstellungen, die er angesammelt und gehütet hatte! Von einigen war schon die Rede. Die ältesten stammten aus viele Jahre zurückliegenden Erfahrungen in Showbusiness. Zum Beispiel duldete er nicht, daß jemand eine Zeitung oder Erdnüsse in eine Garderobe hinter der

Bühne brachte. Er hielt es auch für ein böses Omen, wenn jemand hinter der Bühne pfiff. Man hätte glauben können, daß 13 für ihn eine Unglückszahl sei, doch war das Gegenteil der Fall. Dreizehn war seine Glückszahl. Sobald die 13 bei etwas im Spiel war, was ihn betraf, schien sich das zu bestätigen. Wenn er auf Pferde wettete, mußte es immer mit 13 zu tun haben oder mit einem Mehrfachen von 13 oder mit Zahlen, die zusammen 13 ergaben oder sich irgendwie auf 13 zurückführen ließen. Wenn er in Las Vegas Keno spielte, hatte sein Einsatz stets irgendwie mit 13 zu tun. Der Hauptgrund dafür war, daß es fast immer an einem Freitag, dem Dreizehnten, geschah, wenn es ihm gelang, Publikumsrekorde zu brechen. Große Gelegenheiten eröffneten sich ihm so oft an einem Freitag, dem Dreizehnten. Ebenso glaubte er, daß gewisse Leute und gewisse Dinge Unglück brachten. Er schrieb diese Eigenschaft zum Beispiel Farben zu. Grün brachte Unglück, alles Grüne um ihn war nicht gut. Als wir im schwedischen Uppsala ein Konzert gaben, erschien Bobbie Gordon in einem hellgrünen Kleid. Ellington machte einige humorvolle Bemerkungen, bei denen die meisten Leute wohl kaum merkten, daß sie mehr als nur halbwegs ernst gemeint waren. Aber als eine Hauptsicherung durchbrannte und alle Lichter im Haus erloschen, darf man gewiß sein, daß er die Schuld Bobbies Kleid gab.

Gelb liebte er ebensowenig. Rot schien für ihn neutral, aber er mochte weder Schwarz noch Grau. Er hatte etwas gegen Braun, weil er an dem Tag, da seine Mutter starb, einen braunen Anzug trug. Alles, was mit einer schlechten Erfahrung in Zusammenhang stand, blieb ihm im Gedächtnis und löste Abneigung aus. Wäre er ein König aus alter Zeit, ein Herrscher in Griechenland oder Rom oder aus dem Mittelalter gewesen, hätte er dem Überbringer einer schlechten Nachricht den Kopf abschlagen lassen. Er machte das alles wett, indem er der Farbe Blau alles zuschrieb, was gut war. Das war seine Lieblingsfarbe, und er kleidete sich fast völlig in Blau, wann immer er konnte, bis zu den Schuhen. (Allerdings gab es eine Zeit, in der er weiße Mäntel bevorzugte.)

Er kannte viele andere Formen von Aberglauben. Man durfte ihm nichts geben, das schnitt, weil dies die Bande der Freundschaft durchschnitt. Er weigerte sich entschieden, für jemanden Socken oder Schuhe zu kaufen; das bedeutete, man würde ihn verlassen. Hätte ihm seine Schwester ein Paar Hausschuhe ge-

schenkt, er hätte sie nicht angenommen, und er gab mir ganz gewiß kein Geld, ein Paar Schuhe zu kaufen. An den meisten dieser abergläubischen Vorstellungen hielt er fest, nur manchmal sagte er: «Nun, da ist wirklich nichts daran», und verwarf sie. Er war nicht wirklich abergläubisch beim Verschütten von Salz, aber um ganz sicher zu gehen, warf er ein wenig über die linke Schulter.
Dieser Aberglaube deckt sich nicht mit seinem religiösen Glauben, doch ich denke, daß wir alle bis zu einem gewissen Grad so handeln.

Grundsätzlich hielt er sich an die Idee der Rücksichtnahme auf andere, der Nächstenliebe und der Pflicht, des Bruders Hüter zu sein. Nicht daß er seinem Bruder nicht manchmal ziemlich grobe Dinge sagte! Ich erinnere mich, wie er Rufus Jones anfuhr, wenn er das falsche Tempo erwischte. Es war während einer Probe in Providence, als Cootie Williams irgendetwas sagte oder nicht genau das tat, was er hören wollte - Ellington nahm eine Flasche Coke vom Klavier und schleuderte sie gegen ihn. Er begoß auch Fotografen, die ihn mit ihren Blitzlichtern störten, und warf sogar mitten in einem Konzert vom Klavier aus ein Glas Coca-Cola! Als er älter wurde, auferlegte er sich in seinen Handlungen viel weniger Zurückhaltung, wenn man ihn provozierte, besonders in den letzten zehn Jahren. Da gab es keinen Sirup und keine Politur mehr. Er versuchte nicht mehr, irgendjemanden von der Presse versöhnlich zu stimmen.
Er war über den Punkt hinaus, wo man ihn jederzeit interviewen und ihn bitten konnte, die Geschichte seines Lebens zu liefern. Die wichtigsten Einzelheiten waren im Falle eines Mannes von seinem Format und seiner Bedeutung weitgehend Allgemeingut, und es lag am Interviewer, sie vor einer Begegnung zu recherchieren. Es machte ihn wirklich wütend, mit Amateuren und Wichtigtuern konfrontiert zu werden, mit Leuten, die nicht im geringsten auf ein Gespräch mit ihm vorbereitet waren. Es kam vor, daß er ihnen die Türe vor der Nase zuschlug oder sie hinauswarf oder einfach aufhörte zu reden.
Ich erinnere mich eines Vorfalls in Neuseeland. Zuerst besuchte ihn ein Kritiker, der die vier Wände seiner Wohnung mit Schallplatten von Künstlern wie Louis Armstrong, Count Basie und Duke Ellington bedeckt hatte. Er besaß alles, was sie je aufgenommen hatten, und der bat um ein Interview von fünf oder

zehn Minuten, eine verhältnismäßig kurze Zeit. Bei der Menge an Information, die er über Duke Ellington bereits besaß, brauchte er nicht viel mehr. Doch gab es ein paar Dinge, die ihn verwirrten, und darüber wollte er ein wenig aufgeklärt werden, bevor er einen vierspaltigen Artikel schrieb. Er bekam nicht nur das Interview, sondern Ellington bestand darauf, daß er während der zwei Tage in Neuseeland mit uns zusammenblieb.
Ein anderer kam nach einer Cocktail-Party zu einem Interview, an der die Maoris einen traditionellen Tanz gezeigt und uns die zeremoniellen Speere überreicht hatten.
«Über welche Themen soll ich mich mit ihm unterhalten?» fragte er mich.
«Was wissen Sie über Duke Ellington?» antwortete ich.
Er gab zu, daß er von einer anderen Abteilung geschickt worden war und nicht sehr viel wußte. Deshalb sagte ich ihm, er müsse präzise Fragen stellen und nicht ganz von vorne mit der Geschichte seines Lebens anfangen.
«Etwas, worüber er nicht sprechen möchte», sagte ich, um ihm einen Wink zu geben, «ist die Rassenfrage. Nicht daß er nichts dazu zu sagen hätte. Er hat Zeit seines Lebens seinen Beitrag geleistet, aber er meint, daß das Problem hier in Neuseeland keine Bedeutung hat. Er glaubte daß hier kein Kampf auszutragen ist und daß die Frage deshalb hier nicht Gegenstand gesunden Interesses sein kann. Ich könnte auch sagen, er glaubt, es werde Gegensätze erst hervorrufen, statt bessere Bedingungen zu schaffen. Er ist jetzt als Künstler da und wünscht nicht, mit diesem Thema konfrontiert zu werden.»
Danach ging der Bursche für sein Interview hinein.
«Erklären Sie mir», sagte er, als er herauskam, «warum ist er auf mich so wütend geworden?»
«Nun, was haben Sie ihn gefragt?» sagte ich.
«Ich fragte ihn, warum er nicht über das Rassenproblem sprechen wolle.»
«Sie haben sehr viel Glück», erklärte ich ihm, «daß Sie nicht mit einem Maori-Speer direkt in den Arsch gespießt wurden!»
Damit verabschiedete ich ihn, und das ist ein Beispiel für die Art dummer Belästigungen, denen Ellington immer wieder ausgesetzt war. Immerhin erinnert mich diese Geschichte daran, daß es für ihn stets ein Riesenspaß war, wenn er von den Maoris Speere, von den Russen einen Hockeyschläger, von den Iren den Shille-

lagh bekam. Die verschiedenen Auszeichnungen, die ihm verliehen wurden, waren gewiß wunderbar. Doch glaube ich, daß er mehr Vergnügen daran hatte, wenn er diese Freundschaftszeichen vorzeigen konnte, die ihn an die Leute erinnerten, mit denen er zusammen gewesen war. Es amüsierte ihn, seinen Auftritt im Rainbow Grill in New York mit jenem irischen Knüppel in der Hand zu machen; er lieferte ihm außerdem frischen Gesprächsstoff und schützte ihn in gewissem Grad vor den alten, mühseligen Fragen.

Das schlimmste war - und dies fiel oft mir zu -, Ellington eine schlechte Nachricht mitteilen zu müssen. Der Überbringer schlechter Neuigkeiten bekam das stets in irgendeiner Weise zu spüren, und das war der Grund, weshalb manch einer in seiner Umgebung nicht so aufrichtig war, wie er es hätte sein sollen. Dies förderte Schmeichelei, was schlecht war und was er wahrhaftig nicht nötig hatte.

Unter Hochintellektuellen langweilte er sich. Der einzige Mensch von akademischer Bildung und der ihr gemäßen Geisteshaltung, für den Ellington Respekt bekundete, war Dr. Arthur Logan, sein Leibarzt. Er hatte Bekannte selbstverständlich auch in anderen Bereichen dieser Kreise, doch nahm er sich nie die Mühe, eine Annäherung zu ermuntern oder seinerseits zu suchen, wie er es im Fall Dr. Logans tat. Vielleicht gab es dafür einen doppelten Grund. Zunächst kümmerte sich dieser Mann um seine Gesundheit; doch ging es um mehr als nur um Respekt für den Arzt, denn im Laufe der Jahre hatte er viele Ärzte gehabt, darunter berühmte. In Dr. Logan vertraute er aber dazu auch dem Menschen. Dieses Vertrauen hatte er anderen Ärzten gegenüber nicht gehabt und ihnen deshalb die wirkliche Einsicht abgesprochen.

Ich glaube fest daran, daß Ellington von 1950 an ausgesprochene Wahnvorstellungen zu entwickeln begann. Er schrieb die verschiedensten Dinge bestimmten Gruppen von Personen zu. Er war überzeugt, daß prominente Männer der Weltpolitik oft durch Frauen irgendwo im Hintergrund zu falschen Entschlüssen oder Unterdrückungsmaßnahmen verleitet wurden. Er berief sich dabei auf Schlagzeilen und unternahm Nachforschungen, um seine Theorie zu erhärten. Wenn auf internationaler Ebene etwas Bedrohliches geschah, sah er darin oft das persönliche Werk von Leuten in Machtpositionen, Kommunisten, Geldleuten oder beiden. Während er glaubte, daß die Kommunisten unentwegt daran arbeiteten, die Macht der Vereinigten Staaten zu untergraben, behauptete er zugleich, daß die Kapitalisten allein für ihren persönlichen Gewinn arbeiteten, was seiner Ansicht nach auf die Gewerkschaften ebenso zutraf. Der Einfluß ihrer Machenschaften auf die Welt, in der er sich bewegte, regte ihn sehr auf.

Einmal bereitete er einer späten Party in seinem Appartement im Shamrock in Houston eine Höllenüberraschung, als er seine Überzeugung ans Licht brachte, es existiere eine Homosexuellen-Mafia. Stanley Dance war anwesend und fand die Idee amüsant, bis ihm klar wurde, wie ernst es Pop war. Pop sprach davon, wie Homosexuelle ihre eigenen Leute einstellten, wann immer sie konnten, und wie sie, wenn sie einmal Direktionsposten erreicht hatten, manövrierten, um die ordentlichen Burschen von den einflußreichen Positionen fernzuhalten. Er wußte absolut Bescheid über den Kampf um Toleranz für diese Männer bis hin zu den Transvestiten, die sich als Frauen kleideten, um eine feminine Identität anzunehmen. Während seiner ganzen Karriere hatte er durchaus Beziehungen - wenn auch nie romantischer Natur - zu femininen Männern, Homosexuellen oder welcher Begriff auch immer gelten soll. Er schätzte ihre Fähigkeiten als Künstler - Tänzer, Sänger, Musiker - und anerkannte ihre Rolle bei der Schaffung jener raffinierten Atmosphäre, in der Kunst gedeihen konnte. Doch verurteilte er ihre Aktivitäten als Gruppe, und dies manchmal in solcher Erregung, daß es ihm und seinen Interessen Schaden zufügte.

Im allgemeinen nahm er gegenüber Neigungen solcher Art eine unkritische Haltung ein, so daß er, was die Homosexuellen betrifft, manchmal als Teil ihrer Gesellschaft erscheinen mochte, was er jedoch in Wirklichkeit nie war. Aber obwohl er immer beanspruchte, nicht an Kategorien zu glauben, dachte und kritisierte er doch in Kategorien, wenn er persönliche Schwierigkeiten der sogenannten Homo-Mafia zuschrieb.

Als er «The Second Line» für «The New Orleans Suite» schrieb, ließ er sich mit einer anderen Sorte Kategorie ein. Das war deutlich eine Art New Orleans- oder Dixieland-Musik, die er komponierte, um eine Lebensart und Musik zu beschreiben, die ihr eigenes Maß, ihre eigene Gestalt und Form hatten. Er war wirklich ein besserer Anarchist, indem er so oft genau die Dinge tat, die er zu bekämpfen suchte. Er lebte sein Leben so wie er wollte, oft

ungeachtet der anerkannten Regeln, doch war er dann aufgebracht oder sehr überrascht festzustellen, daß er die Welt gegen sich hatte.
Er protestierte gegen den Begriff «Jazz», weil in den Anfängen damit die Vorstellung von Sex verbunden war: In den Bordellen bedeutete Jazz eine Musik zur Begleitung von Orgien. Es ging Ellington nicht um die Mißbilligung dieser Lebensart, sondern er wehrte sich gegen ihren derben Jargon im Zusammenhang mit der Musik. Seine Abneigung gegenüber formaler Ausbildung war ein anderes Beispiel für diese Art Anomalie. Als die Universitäten, die Stätten dieser formalen Ausbildung, ihm ihre Ehrenurkunden überreichten, gab er etwas darauf, trug sie zur Schau und schätzte sie hoch. Er warf sie nicht einfach in den Abfalleimer. Aber formale Ausbildung beinhaltete nach seiner Überlegung das Beobachten von Regeln und das Fehlen von Kreativität. Regeln liebte er in keiner Hinsicht. Eine Regel bloßzulegen, war für ihn eine Quelle der Inspiration - er sah sofort die Möglichkeit, sie in ihrer Umkehrung anzuwenden. Eine ganze Komposition war dem Versuch gewidmet, den Septimenakkord steigen zu lassen, statt ihn der Auflösung nach unten zuzuführen. Es war eine Nummer, die nie viel Anerkennung fand. Aber ich erinnere mich, daß er mir erzählte, wie ihm dies geglückt war, ohne daß jemand gefunden hätte, es klinge schlecht. Er ließ auch eine Komposition in einer Tonart enden, die zum Rest des Stücks in keiner Beziehung stand, nur um zu zeigen, daß er das mit Erfolg tun konnte.
Ellington wollte nie mit etwas zu tun haben, was bereits Schablone war. Wenn er sich aber auch auf komplizierte Strukturen einließ, die an das Atonale grenzten, war und blieb Musik für ihn ein Kommunikationsmittel, das eine Stimmung widerspiegeln mußte. Wie «frei» die Tat des Komponierens in der Musik (oder das Malen eines Bildes) auch war, wenn ein Stück einmal komponiert war, so glaubte er, sollte es seine Maße behaupten und Tag für Tag in gleichbleibender Form gehört werden, so daß es bei jeder Aufführung dasselbe Gefühl auslöste. Ob das Publikum von heute es in derselben Weise aufnahm wie das gestrige, entzog sich seiner Kontrolle ebenso wie der variable Teil in Jazz-Soli.
Er begriff rasch die Macht und Bedeutung des Fernsehens und machte einmal eine beträchtliche Investition in dieser Sparte. Doch machte er sich nie besonders Gedanken darüber, daß er nicht sein eigenes Programm hatte, was manche als richtig emp-

funden hätten. Er wollte durch nichts gebunden oder verpflichtet werden. Das galt auch für den Vorschlag wohlmeinender Leute, nach dem er eine Art Stipendium erhalten sollte, das ihm ermöglichen würde, in einem College zu sitzen, um zu komponieren und zu lehren. Jeder, der ihn kannte, sah, daß die Idee lächerlich war und von ihm nie akzeptiert würde.

In späteren Jahren war Fernsehen eine seiner hauptsächlichsten Entspannungsformen. Er war zum Beispiel Perry Mason-süchtig. Das Fernsehen verschaffte ihm aber zudem Kenntnis, was vor sich ging, was Erfolg hatte und was nicht, ohne daß er sein Zimmer verlassen mußte; so sparte er soviel Zeit, wie es kostete. Wenn er reiste, achtete er immer auf die Meinungen der Leute ringsum. An Tankstellen knüpfte er oft ein Gespräch mit den Jugendlichen an, die ihn neugierig umstanden, um herauszufinden, was sie sich am Radio oder auf Schallplatten anhörten.

«Was gefällt Euch?» fragte er.

«James Brown», mochten sie antworten, wenn sie schwarz waren, oder «Ray Charles».

In Restaurants unterwegs notierte er sich das Programm der Jukebox und was gespielt wurde. So war er immer besser informiert, als manche glauben mochten. Wissen dieser Art leitete ihn bei der Auswahl seiner Plattenaufnahmen und veranlaßte ihn auch, gewisse Passagen zu ändern.

Manchmal machte er Änderungen, weil ihm der Effekt nicht gelungen war, den er gesucht hatte. Ein Werk konnte Erfolg haben, aber wenn es die Leute erheiterte, während er eine ernste Stimmung hatte heraufbeschwören wollen, änderte er es. Er machte sich einen Erfolg nicht zunutze, der seinen Absichten entgegenlief.

Ellington kam nicht darum herum, von den Wandlungen in Musik und Mode während der letzten Dekade seines Lebens Notiz zu nehmen. Er faßte die Situation sehr gut zusammen, als er einmal Anfang der siebziger Jahre mit seinem Neffen Michael James aus Chicago zurückflog. Mike ist in seinem Geschmack ziemlich kompromißlos und kennt die ganze Geschichte von Ellingtons Musik und seinen Musikern so gut wie irgendjemand.

«Es gibt keinen Ort mehr, wo man Jazz spielen könnte», erklärte ihm Pop. «Dies ist die theatralische Ära.»

Ein anderes Mal, als er und Mike einer der neueren, sehr gelobten Bands zuhörten, bemerkte er: «Sie lesen und spielen ihre Noten gut, aber sie klammern sich an ihre Vibratos wie Jungfrauen.» Seine wahren Anliegen sind und bleiben im Großteil seines Werks deutlich, doch ignorierte er jene der jüngeren Generation nicht völlig. Er ließ sein Haar lang ins Genick wachsen und ersann ein prunkvolles, auf dem Rock basierendes Stück mit dem Titel «One More Time for the People», ein Stück, das seine älteren Anhänger haßten. Die Kritiker verabscheuten es, Stanley Dance machte ein über das andere Mal Einwände dagegen, doch wuchs Ellingtons Entschlossenheit nur noch, daraus einen Hit zu machen. Er spielte es als Finale, und während die Jungen vor Vergnügen auf ihren Instrumenten hergaben, was das Zeug hielt, verließ Cootie Williams verärgert die Bühne. Doch später brachte er selbst Cootie dazu, an dem affenartigen Rummel teilzunehmen.

Obwohl er Jimmy Hamilton in der Band nie die Flöte hatte spielen lassen, entschloß er sich jetzt, Norris Turney auf dem Instrument zu präsentieren. Norris hatte lange genug neben Johnny gesessen, um sich dessen Stil am Altsaxophon einzuverleiben, und er war ein sehr guter Imitator. Unglücklicherweise befanden wir uns in einer Periode, in der Pop mit der Rhythmusgruppe sehr unzufrieden war. Eines Abends schrie er sie während eines Solos von Norris an; Norris wiederum protestierte dagegen in einer Weise, die für Pops Gefühl seiner Autorität trotzte. So wartete er darauf, daß sich die Situation wiederholte, und dann stichelte er zwischen den einzelnen Nummern so heftig gegen Norris, daß der wütend wurde, seine Instrumente zusammenpackte und die Bühne während des Konzerts verließ. Damit verlor Ellington einen fähigen Musiker, der so gut gerüstet war, den Platz von Johnny Hodges einzunehmen, wie kaum jemand zu jener Zeit.

In dieser Periode sprachen einige Männer der Band, wenn sie in den Bars zusammensaßen, auch säuerlich vom «Edward-Klub» und vom «Salon-Volk» - jenen Kletten, deren Interesse sich mehr auf Ellington als angesehene Persönlichkeit bezog als auf seine Musik. Einige dieser Leute kannten die Musiker kaum, protzten jedoch mit ihrem intimen Verhältnis zu Ellington, indem sie ihn «Edward» nannten. Für seine Musiker und sonstigen Mitarbeiter war er immer «Duke», was er in Wirklichkeit vorzog. Sie alle respektierten das Recht von Ruth, Dr. Logan, Billy Strayhorn und Pastor Gensel, ihn «Edward» zu nennen. Die Vertraulichkeit, die andere sich anmaßten, fanden sie verächtlich, vielleicht auch weil sie den Einfluß dieser Leute übelnahmen. Ich weiß noch, wie unerträglich ich das Getue vor der Premiere des «Third Sacred Concert» fand. Es war Louis Bellson, der die beste Alternative zu «Duke» fand, die Paul Gonsalves dann gerne benutzte: «Maestro».

1963 hatte ich mich mit einem Bleistift ans Werk gemacht, herauszufinden, was los war, weshalb wir uns in finanziellen Schwierigkeiten befanden. Es war wirklich einfach. Wir arbeiteten für weniger, als wir brauchten, wenn wir unterwegs waren. Die Verluste wurden verschleiert, weil Pop andere Einnahmequellen hatte - von den Platten und Aufführungsrechten -, die er in den Topf werfen konnte, um der Band über schwierige Perioden hinwegzuhelfen. Er mochte eine Radiosendung zu einem niedrigen Tarif spielen, doch brachte sie Autorentantiemen für seine verschiedenen Verlagskonten.
Es kam schnell an den Tag, daß unsere Lohnliste 200 Dollar über den Minimaleinnahmen gewisser Termine lag. Ich erinnere mich an einen Fall, als wir in Chicago waren. Wir hatten fünf Tage frei, einen Tag Arbeit und danach drei Tage frei. Es gab eine einfache Lösung für die ganze Angelegenheit. Den einen Termin absagen, Chicago verlassen, nach New York zurückgehen und warten, bis wir eine anständige Zahl aufeinanderfolgender Termine beisammen hatten.
Den Musikern wurden damals sechs Aufnahmesitzungen geschuldet, die im Laufe mehrerer Monate stattgefunden hatten. Es war kein Versuch gemacht worden, die Sache zu bereinigen. Sobald jetzt Geld hereinkam, begann ich, die Forderungen ratenweise abzuzahlen. Dann gab es Mißhelligkeiten, weil die Band in verschiedenen Städten unbezahlte Hotelrechnungen hinterlassen hatte. Dies wurde im ganzen Hotelgewerbe zu einem Schandfleck auf dem Ellington-Namen. Als ich nun die Verantwortung hatte, ließ ich es nie mehr zu, daß einer der Musiker eine Hotelrechnung bezahlte. Ich zahlte die Rechnungen und zog die Beträge von ihren Gehältern ab. Die Maßnahme polierte das Image der Band auch in Japan wieder auf, wo sie in einen schlechten Ruf geraten war.
Die Kollisionsgefahr bei Terminbuchungen wurde ebenfalls gebannt. Ruth hatte die Verträge in New York überprüft, doch manchmal buchte das New Yorker Agenturbüro einen Termin,

wenn ich dem Chicagoer Büro gerade mitgeteilt hatte, wir seien frei. Mit anderen Worten stimmten Ruth und ich Terminen für denselben Tag zu, was natürlich Probleme heraufbeschwor. Das gleiche Problem hatte schon zu Pops Bruch mit Norman Granz geführt, der ihn während einiger Jahre erfolgreich vertreten hatte. Norman hatte einige Engagements in Osteuropa gesichert, doch als er Ruth anrief, erfuhr er, daß die Band für dieselbe Periode bereits in den Vereinigten Staaten gebucht war. Er verlor die Beherrschung und war, laut Pop, sehr grob zu Ruth. Als er sagte, er brauche Duke Ellington nicht und werde sich eben Count Basie holen, legte Ruth den Hörer auf. Später fragte sie Pop, ob er wünsche, daß sie sich entschuldige. «Unter keinen Umständen», sagte er.

Doch sah er ein, daß es so nicht weiterging. Er wandte sich wieder an Cress Courtney, den Mann, mit dem er so erfolgreich gearbeitet hatte, daß er es zum ersten Mal auf über eine Million Dollar im Jahr brachte. In etwa fünf Jahren gelang es Cress, den Bruttogewinn zu verdoppeln und damit seine Position zu rechtfertigen. Es ging nicht mehr darum, daß Ellington einen Hit bringen mußte, sondern daß ihn das Publikum als Nummer eins betrachtete. Selten mußte er jetzt mehr als einmal im Jahr in demselben Lokal auftreten.

Einige Musiker der Band erhielten eine Garantiesumme während des ganzen Jahres; andere wurden nach der Anzahl Termine bezahlt. Es herrschte ein andauernder Kuhhandel, und viele Debatten über die Lohnliste und Gehälter fanden zwischen Pop und mir statt. Ich war der Meinung, daß wir hier und da mehr zahlen konnten, doch wandte er stets ein, daß es schwierig wäre, die Gehälter zurückzunehmen, wenn unser Preis sank. Wie jeder andere große Künstler haßte er es, Rechnungen zu bezahlen. Er wollte nie etwas bezahlen, wenn er es vermeiden konnte!

Die Zuverlässigkeit der Männer und ihre Bereitschaft, die Treue zu halten, sind ein Thema für sich. Einfach Jahr für Jahr auf einem Stuhl zu sitzen, war noch kein Treuebekenntnis. Was die Männer von Duke Ellington selbst und von seinem Beitrag hielten, war ebenfalls von Belang. Was sie über ihn sagten, wenn sie die Bühne verlassen hatten, mußte auch in Betracht gezogen werden. Einige ihrer Bemerkungen bezogen sich nicht auf Ellington den Musiker, sondern auf die Art, in der er sein Privatleben führte. Ich glaubte nicht, daß jemand das Recht hatte, persönliche

Kritik zu üben, ob er nun neun, neunzehn oder vierzig Jahre lang dabei war. Deshalb schien es mir für manche Leute an der Zeit, daß sie gingen. Ellington benötigte Leute, die an ihn glaubten, weil es Perioden gab, wo er sich fragte, ob er es zu etwas bringen würde, seine Botschaft übergeben könne, ob überhaupt jemand an ihn glaubte.

In seinen späteren Lebensjahren verbrachte er auf Gastspielreisen viele verzweifelte Stunden in Motels. Das war einer der Gründe, weshalb er zu allen Nachtstunden Ferngespräche führte. Um drei Uhr morgens rief er jemanden in Kalifornien an, oder wenn er in Kalifornien weilte und bis sechs oder sieben Uhr morgens aufgeblieben war, rief er jemanden an, der gerade in New York erwachte. War er in Chicago, konnte er das eine vernünftige Zeit finden, einen Freund in Paris anzurufen. Wenn ich seine Hotelrechnungen bezahlte, wußte ich stets, wie ihm zumute gewesen war.

Die verzweifelten Perioden behinderten seine Kreativität eigentlich nicht. Er schrieb immer, was er fühlte. Ich glaube nicht, daß er je im Widerspruch zu seiner Stimmung geschrieben hat. Das einzige, wo er nicht auf der Hut blieb, war seine Musik. Die glücklichen Melodien wurden in glücklichen Tagen geschrieben, und die traurigen entstanden in Zeiten der Traurigkeit. Wenn man seine verschiedenen Stimmungen erkennen will, herausfinden, was er zu einem bestimmten Zeitpunkt fühlte, muß man den Gefühlsinhalt der Musik analysieren, die er zu diesem bestimmten Zeitpunkt geschrieben hat. Ähnlich Künstlern wie Gauguin hielt er die Atmosphäre, in der Gefühl sich entfalten konnte, für sehr wichtig. Seine Liebe zu Frieden und Ruhe kam in den Klangfarben zum Ausdruck. Seine lustigen Stücke wurden tatsächlich im Sonnenschein geschrieben. Einige sind ein bißchen gekünstelt, aber auch sie stellen dar, was um ihn herum geschah. Ein Song, der für ein bestimmtes Publikum geschrieben und zuerst vor ihm gespielt und gesungen wurde, war «New York, New York». Er war Ausdruck seiner Riesenfreude, im Rainbow Grill aufzutreten. Er war ein Bekenntnis, daß er froh war, sich wieder an diesem Ort zu befinden, und gleichzeitig gab er das Thema für die Verherrlichung New Yorks. Aber das meiste, was er in seinen letzten Jahren schrieb, war verinnerlichter. «New York, New York» war ein Pop-Beitrag, aber die Sacred Concerts drückten geistigen Glauben aus, und seine Gefühle gegenüber dem Rassen-

kampf wurden in «The Three Black Kings» laut. Er hatte auch das Reich der Fantasie nicht verlassen, denn bevor er starb, hatte er «Queenie Pie» praktisch vollendet.
Sein Verlangen, eine eigene Broadway-Show zu haben, war wirklich der einzige Bereich, in dem er frustriert war. «Jump for Joy» hätte dazu werden können, doch wurde schon die Voraufführung in Kalifornien von innen her versenkt. An der Theaterkasse bildeten sich Schlangen, als die Show infolge einer Panik innerhalb der Truppe schloß. Die verschiedenen Leute, die ihren Beitrag zur Show geleistet hatten, besaßen alle entsprechende Anteile daran und hätten später ausbezahlt werden sollen. Plötzlich forderte die Musikergewerkschaft zusätzliche Anteilscheine, damit die Bezahlung ihrer Leute gewährleistet wäre. Die Geldgeber ließen die Theaterkasse durch ihre Anwälte pfänden, wodurch der Geldzufluß aus den Tageseinnahmen, der die Show hätte in Gang halten können, abgeschnitten wurde und alle zu Schaden kamen.
An die 350000 Dollar flossen in «Beggar's Holiday» - eine kolossale Summe für jene Zeit -, doch die Show war ein Mißerfolg. Es gab stets finanzielle Probleme, sobald es um den Broadway ging, wie im Fall von «Pousse Café», für das Ellington so viel Musik schrieb. Die einzige Ausnahme brachte die Albumproduktion von «A Drum Is a Woman», das so enorme Möglichkeiten geboten hätte, wenn es vom Broadway übernommen worden wäre. Als er in Chicago «My People» herausbrachte, brauchte die Show ein Orchester. Es war jedoch nicht genügend Geld vorhanden, um das Ellington-Orchester zu tragen. Er mußte eine Band aus Musikschülern aufbauen, während er mit seiner Band der üblichen Arbeit nachging. Aber was er fast mit einer Hand bei «My People» vollbrachte, war ein gutes Beispiel dafür, was er am Broadway noch besser hätte tun können und tun sollen.
Um 1963 herum setzte sich in Ellington der Gedanke fest, er sei ruiniert. Er versuchte, verschiedene Projekte zu fördern, die Geld erforderten, wenn sie wirklich entwickelt werden sollten. Außerdem drückte ihn die Verantwortung gegenüber Familienangehörigen, Verwandten und Freunden, die ihm die Treue gehalten hatten und die er nicht hungern sehen wollte. Die Band allein warf keinen großen Gewinn ab, weil den Musikern eine schöne Stange Geld bezahlt wurde. Abgesehen davon bestand ein Gefühl, eine Vermutung, daß es Leute gab, die ganz entschieden an der Auflösung des Duke Ellington Orchestra interessiert waren.

Doch war Pop ein guter Geschäftsmann, ein besserer als ich. Er verstand es gut, mit den Agenturen und Veranstaltern zu verhandeln. Er verstand es gut, den fortwährenden Wunsch der Musiker nach der Verbesserung ihrer Einkünfte im Rahmen zu halten, indem er sie mit Gefälligkeiten da und dort abspeiste. Es gab immer einen Weg, Peter zu berauben, um Paul zu bezahlen und die Dinge in Schwung zu halten!

Er hatte immer eine klare Vorstellung, wie es mit seinem Geld stand, doch der springende Punkt war, daß er damit eigentlich nicht belästigt werden wollte. Er ließ die finanziellen Angelegenheiten in den Händen von Leuten, die sich darum hätten kümmern sollen, und es konnte Monate dauern, bis er einmal schaute, was sie taten. Dann allerdings ging er an die Decke, wenn er herausfand, daß sie schlecht wirtschafteten. Er tobte und wütete, bis Ordnung herrschte und sich die Dinge besserten – dann ließ er wieder alles fahren.

Bill Mitler war der Buchhalter vor 1963 und er verlangte Zahlen von jenen, die für Ausgaben verantwortlich waren. Wenn sie fehlten, machte er Ellington darauf aufmerksam und sorgte dafür, daß er sie erhielt. Als ich die Sache übernahm, konnte ich durch meine gleichzeitige Teilnahme an den Tourneen weder kontrollieren, was unterwegs noch was im Büro geschah. Und die Ausgaben wuchsen. Ellington selbst war keine Hilfe. Er erhielt einen Scheck und steckte ihn einfach in seine Tasche – es gab keine Möglichkeit, ihm auf der Spur zu bleiben. Natürlich führte dies zu Einkommenssteuer-Problemen. Ebenso brachte er es fertig, Ausgaben, die das Unternehmen betrafen, von seinem persönlichen Konto zu zahlen. Es gab ein Finanzgewirr, ein enormes Durcheinander, und die linke Hand wußte nie, was die rechte tat. Das war Politik. Er liebte es, Kräfte gegeneinander auszuspielen, um sich Information zu beschaffen! Er setzte sein Vertrauen in Gott und in niemanden sonst, und wenn man ihm sagte, er verstehe es nicht, Verantwortung zu delegieren, geriet er völlig in Rage.

Ich sagte ihm oft, er sei ein erfolgreicher Versager. Das war mein grundsätzlicher Vorwurf. Wenn ich schon die Verantwortung hatte, Leute einzustellen, sollte ich auch die Vollmacht haben, sie zu entlassen.

Ich hielt ihm auch vor Augen, daß ich der einzige Neinsager war, der ihm geblieben war. Es gab zu viele um ihn herum, die alles wunderbar fanden. Früher war es Strayhorn, der ihm ständig Vorhaltungen wegen des medley machte. Jedesmal, wenn man die Band in einer Fernsehshow hörte, kehrte es wieder. Das medley war eine gute Möglichkeit, Autorentantiemen einzutreiben, und es hatte - wie bei allen großen Bandleadern - einen weiteren Zweck: alle Wünsche nach heißgeliebten Melodien in einem Aufwasch zu erfüllen und dafür in der verbleibenden Zeit neue Dinge zu bringen. Natürlich wollten die Leute «Mood Indigo» hören, doch brauchten wir nicht auch noch in jeder Nacht «Creole Love Call» oder «I'm Beginning to See the Light» zu spielen.

Als schneller und sicherer Rechner war ich gut gewappnet, die buchhalterische Seite meines Reisemanager-Jobs zu bewältigen. Doch empfand ich es als lästig, in einer Sache so beschlagen zu sein, die ich im Grunde nicht mochte. Immer wenn sich Probleme ergaben oder Pop sich über die finanzielle Durchführbarkeit eines Projektes nicht im klaren war, wandte sich Pop an mich. Ich bin ganz sicher, daß er meine Arbeit schätzte, weil andere mir von diesbezüglichen Bemerkungen berichteten. Er machte sie jedoch nie in meiner Anwesenheit. Gelegentlich hatte er zu Joe Glaser gesagt, wie erleichtert er sei, daß ich mich um den Job kümmerte. Als Joe mir aber davon zu erzählen begann, gebot ihm Ellington Schweigen. Wenn mich der Bandboy in einer Bar oder einem Vergnügungslokal sah und ihm die Information weitergab, überprüfte Pop mit besonderer Sorgfalt, ob ich meiner Arbeit säuberlich nachging. Er war immer darauf aus, das schwache Glied in der Kette zu finden. Er brachte den Mann, der für seine Kleidung sorgte, in Verlegenheit, indem er ihn nach dem einzigen Anzug fragte, von dem er sich überzeugt hatte, daß er nicht eingepackt worden war. Wenn ich für den Mann einsprang, versteckte ich stets zwei Anzüge, damit Pop einen davon anfordern konnte. Es war eine Methode, eine Schlacht zu gewinnen!

Es stimmt, daß er nicht gerne lobte, aber nach fünfzig Jahren Umgang mit Musikern glaubte er an die Theorie, daß man den Preis steigerte, wenn man sie lobte. Das war so ein Teil seiner selbst geworden, daß es in alle Bereiche übergriff. Er glaubte, daß zu viel Bewunderung und Lob den Preis auch hochtrieben, wenn es um Frauen ging. Er war darin sehr geschickt und sehr schlau, und für die meisten Leute war es schwer herauszufinden, ob er zufrieden war.

Man hatte psychologische Finten anzuwenden, um etwas durchzusetzen. Ich hatte langsam meine Methode, wie ich von ihm eine Entscheidung erlangen konnte. Ich sagte: «Morgen werden wir um acht Uhr wegfahren und uns mit dem Bus von hier nach dort begeben.» Dann hieß es: «Warum, zum Teufel, so früh, wenn wir länger schlafen und das Flugzeug statt den Bus nehmen könnten?» Damit hatte ich eine Entscheidung, ohne ihn zu fragen, ob wir den Bus oder das Flugzeug nehmen sollten. Auf eine direkte Frage hätte ich nie eine klare Antwort erhalten. Ich mußte ihm die Gelegenheit geben, anderer Meinung zu sein, um ihn so zu Entscheidungen anzustacheln.

Paul Gonsalves wußte das auch. Wenn er wirklich Jazz zu spielen wünschte oder jemand im Publikum war, den er beeindrucken wollte, war es sein Trick, den schwer Betrunkenen zu spielen. Er wußte, daß Ellington ihn dann antreiben und zwei oder drei Soli hintereinander spielen lassen würde. Es konnte allerdings geschehen, daß Ellington dann die Tempi beschleunigte und ihn bis zur Erschöpfung seiner musikalischen Einfälle und technischen Fähigkeiten hetzte, bloß um ihn lächerlich zu machen. Solches Versagen bei einem Solo war für Paul dann peinlich. Aber wenn ihm der Streich gelungen war, wandte er sich mir zu, wenn Pop nicht hinschaute, und zwinkerte mir zu! Sein kleiner Trick hatte geklappt.

Wollte ich, daß Pop einen neuen Musiker in Betracht zog oder mindestens anhörte, stellte ich fest, daß es sinnlos sei, über den Mann überhaupt zu sprechen. Vielmehr stellte ich ihn eigenmächtig ein, steckte ihn in die Band-Kleidung und setzte ihn auf das Podium. Irgendwann am Abend blickte Ellington auf und entdeckte, daß er vier Posaunen hatte! Es konnte die Hälfte eines Konzerts vorbeigehen, bis ihm dämmerte, daß er den vierten Posaunisten gar nicht kannte. Als wir einmal in Europa waren, bemerkte er auf diese Weise, daß Aake Persson als vierter Posaunist dabei war. Er schenkte ihm seinen höflichen Blick und rief ihn zu einem Solo auf. Oder er konnte jemanden da sitzen sehen, von dem er wußte, den er aber nie gehört hatte, und mitten in einer Vorstellung ging er zu ihm hinüber und fragte: «Was wollen Sie spielen?» Auf diese Weise ließ er durchblicken, daß das Engagement sein Einfall gewesen war.

Natürlich hatte er in seinen späteren Jahren nicht mehr Zeit, herumzugehen und Musiker anzuhören. Er mußte sein Ohr in einem anderen Sinn am Boden halten. Er war intensiv damit beschäftigt, die Preise und die Politik der Musikindustrie zu überwachen. Wenn er das aus seinem Kopf verdrängen konnte, beschäftigten ihn die angenommenen Aufträge. Er hatte plötzlich die Bedeutung des Schulfernsehens erkannt. Die Sacred Concerts waren ein ganz neues Gebiet, und dann gab es besondere Aufgaben wie «Celebration», eine eigens für das Jacksonville Symphony Orchestra bestellte Komposition.

Sein Ruhm war ihm wirklich auf den Fersen. Nirgends mehr konnte er sich frei bewegen, ohne daß Fans ihn um Autogramme gebeten hätten. Darum schätzte er es, in Las Vegas aufzutreten - da waren immer so viele andere berühmte Leute, und außerhalb der Spielkasinos für die Touristen konnte man unter sich sein. Marlene Dietrich traf man, die alleine dinierte - hier brauchte sie keine Begleitperson - und fast froh war, sich mit jemandem unterhalten zu können. Dasselbe mit Ed Sullivan. Da saß er - und man konnte mit ihm sprechen, während er in New York dauernd von Leuten umlagert war. So fühlte sich Pop in Las Vegas nicht gezwungen, sich in einem Hotelzimmer zu verstecken. Er kam mehr herum und war umgänglicher. Er spielte Keno, war mit seinen Männern zusammen und trank einen mit ihnen. Er tat das nicht oft, eigentlich nur wenn wir in Flughäfen länger auf die Anschlußmaschine warteten.

Sein Ruhm zeigte sich auch darin, daß er aufgefordert wurde, seine Autobiographie zu schreiben. Reverend Harold Weicker, der Bruder von Senator Lowell Weicker, fädelte das Geschäft mit dem Verlag Doubleday ein, und Pop stimmte unter der Bedingung zu, daß Stanley Dance dabei mit ihm zusammenarbeitete. Ungewöhnlich, glaube ich, war der Umstand, daß Pop die gesamte Anzahlung zum voraus erhielt - was zur Folge hatte, daß alles wie gewohnt zum Fenster hinaus ging. Als sich der alleraller-letzte Ablieferungstermin näherte, erkannte er, daß er mit der Arbeit beginnen sollte. Stanley hatte erwartet, daß Pop auf Tonband sprechen würde, gemäß der Methode, die sie für Artikel immer angewandt hatten. Er war sehr überrascht, daß Pop beabsichtigte, das Rohmanuskript selbst zu schreiben. Das Manuskript, das dabei schließlich zustande kam, war zweifellos einzigartig. Es war auf Hotelpapier, Servietten und Menükarten aus aller Welt geschrieben. Stanley wurde mit der Handschrift so vertraut, daß er sie oft entziffern konnte, wenn Pop dies nicht mehr gelang. So entstand «Music Is My Mistress». Pop hatte den Einfall, zu Beginn der einzelnen Kapitel wie bei einem Theaterstück eine Liste der handelnden Personen - «Dramatis Personae» - aufzuführen. Als Stanley stattdessen «Dramatis Felidae» vorschlug, brummte er nur «Hm». Später fragte ihn Stanley, ob es ihm gefalle und er davon Gebrauch machen wolle. «Aber ja», sagte er, «ich finde es großartig.» Es wurde so etwas wie ein intimer Witz zwischen den beiden gegenüber aller Welt - niemand wollte doch je seine Unkenntnis in Latein eingestehen und fragen, was es bedeutete. Es bedeutet statt «Die Personen des Stückes»: «Die Katzen (cats) des Stückes».

Es gab eine Auseinandersetzung, als Pop entdeckte, daß der Verlag vorwärtsgemacht und den Schutzumschlag gedruckt hatte, ohne seine Zustimmung einzuholen. Er hatte eine Unglücksfarbe - braun. Pop beharrte auf einem blauen Umschlag, obschon bereits fünfundzwanzigtausend braune gedruckt worden waren. Nach seinem Tod benutzten sie die Verleger für eine billige Ausgabe.

Pop hatte sich der Idee einer Biographie oder Autobiographie immer widersetzt, weil er fand, sie seien nichts weiter als eine Art Testament. («Music Is My Mistress» wurde nur wenige Monate vor seinem Tod veröffentlicht!) Es half gar nichts, daß er den ganzen Vorschuß ausgegeben hatte, bevor er daran zu arbeiten begann. Er verschleppte es immer weiter und murrte über die Arbeit. Er ließ Stanley nach Orten wie Toronto oder Huston kommen, wenn er lange Engagements hatte, aber oft blieben sie die ganze Nacht auf und sahen sich hundemistige Filme an und arbeiteten überhaupt nicht. Dasselbe war es zu Hause. Stanley kam zur Arbeit, aber nach Stunden von Perry Mason und Revolverknüllern am Fernsehen war Ellington zu müde für etwas anderes als Kritik und Versprechungen. Es war ein Wunder, daß das Buch je vollendet wurde.

Gerade bevor wir zur letzten Tournee nach Europa aufbrachen, erhielten Pop und Stanley die ersten beiden Exemplare des fertigen Buches. Pop freute sich gewaltig über seinen beträchtlichen Umfang und die ganze Aufmachung.

«Wir haben das Gute Buch geschrieben», sagte er zu Stanley, «und nun werden wir das Böse Buch schreiben!»

Er hatte natürlich keine Absicht, ein weiteres Buch zu schreiben, aber tatsächlich enthält seine Autobiographie kaum ein böses

Wort über irgendjemanden. Wer von ihm erwartet hatte, daß er alles über das Musikgeschäft ausplaudern werde, kannte ihn schlecht. Wohl vergaß er Menschen nicht, die ihn betrogen oder mißbraucht hatten. Aber wenn er auch nie wirklich verzieh, ließ er doch Erinnerungen nicht sein Leben verbittern.
In dem Buch erklärte Pop die Bedeutung der verschiedenen Sätze von «The River», einem Werk, das vom American Ballet Theater in Auftrag gegeben wurde und zu dem Alvin Ailey die Choreographie schuf. Es enthält einige schöne Themen, und die Musik verdient besondere Aufmerksamkeit, unabhängig vom Tanz, obwohl beides zusammen stets eine sehr gute Aufnahme gefunden hat. Die Idee für «The River» war während mehreren Jahren diskutiert worden, seit dem Tag, da Stanley Dance ein ausgedehntes Werk angeregt hatte, das den natürlichen Verlauf eines Flusses schildern sollte. Er dachte an den Mississippi - nicht an den Nil, wie manche wegen des Hinweises auf das Delta glaubten -, und er brachte eine Beschreibung von der Quelle bis zum Meer zu Papier. Billy Strayhorn war davon sehr angetan, und man sprach oft von der Ausführung. Aber erst als das American Ballet Theater den Vorschlag akzeptierte, ging Pop an die Arbeit. Es ist besonders interessant festzustellen, daß sich Ellingtons Gedanken 1970 viel stärker um geistige Werte drehten, weshalb er die ganze Sache in eine Art religiöse Allegorie verwandelte, die sich mit dem Zyklus von Geburt und Wiedergeburt befaßte.

Die Auslandtourneen wurden in den sechziger Jahren immer wichtiger. Die Band hatte Europa allein mehrere Male mit gutem Erfolg bereist, doch folgten darauf zwei Gastspielreisen, auf denen sie, wenn ich mich recht erinnere, das Programm zusammen mit Ella Fitzgerald bestritt. Wir waren besorgt, daß sich das europäische Publikum auf die Dauer daran gewöhnen könnte, Duke Ellington mit einer zusätzlichen Zugnummer zu sehen, und daß sich das auf lange Sicht ungünstig auswirken würde. Deshalb beschlossen wir, daß es das beste sei, nicht jedes Jahr eine Europatournee zu unternehmen. Ich glaube, es dauerte fast achtzehn Monate, bevor die Band wieder dorthin ging. Tourneen waren wichtig, aber der Willkomm durfte nicht durch zu häufiges Auftreten an denselben Orten strapaziert werden. Deshalb ging die Band 1968 zum ersten Mal nach Südamerika und Mexiko.
Wenn wir je eine anstrengende, kräfteraubende Reise unternah-

men, war es diese nach Mexiko. 1968 war das Jahr der Studentenunruhen in aller Welt. Studenten in Mexico City hatten ein Chaos entfesselt, und es gab die schwierigsten Transportprobleme. Am einen Tage reisten wir in einem zweitklassigen Bus, am nächsten mit einem großen neuen Jet und am Tag darauf flogen wir in einer antiquierten zweimotorigen Maschine mit Propellerantrieb. In der Band hatte Pop schwere Zeiten wegen der fortwährenden Reibungen in der Rhythmusgruppe, und er mußte auf einen Stil zurückgreifen, den er seit seinen Anfängen nicht mehr angewandt hatte. Er mußte mit gewaltigem Einsatz vom Klavier her Baß und Schlagzeug zusammenhalten und so der Band die rhythmische Unterstützung sichern.

Nach Mexiko waren Westindien und die Jungferninseln die beiden Orte, wo wir auf Überseereisen die größten Unannehmlichkeiten hatten. Die Einstellung gegenüber der Zeit war dort so nachlässig. Wenn man uns um acht Uhr erwartete, konnte es sieben Uhr dreißig werden, bis der Lastwagen auftauchte, der die Instrumente und Bühnenausrüstung abzuholen hatte. Wir fürchteten stets, vertragsbrüchig zu werden, weil wir nicht rechtzeitig eintrafen. Aber man versicherte uns, das entspräche nur den Sitten des Landes. In Westindien und Mexiko arbeiteten wir mit schwarzen Impresarios, und unsere Schwierigkeiten waren auf ihren Mangel an Erfahrung zurückzuführen. Bei einer weiteren Zusammenarbeit hätten sie gewiß ihre Arbeit besser gemacht, aber unsere Erfahrungen ermutigten nicht zu Wiederholungen.

In Südamerika hatten wir den besten Impresario, doch bestanden überall starke politische Unsicherheiten. Bei unserem zweiten Aufenthalt in Santiago herrschten Unruhen, weil Castro sich zu lange dort aufgehalten hatte. Es war ungewöhnlich, Inschriften zu sehen, die «Castro go home» statt «Yankee go home» forderten. Wir gerieten auch in eine für uns neue Form internationaler Konkurrenz. Wir waren daheim und in Europa daran gewöhnt, daß sich die Agenturen bekämpften, um den von ihnen betreuten Gruppen die besten Auftrittsmöglichkeiten zu sichern, aber in Südamerika begegneten wir der Konkurrenz auf Regierungsebene. Davon später. Auf der ersten Tournee gab es noch die altgewohnte Konkurrenz: eine Gruppe deutscher All-Stars, die von Albert Mangelsdorff geführt wurde und uns stets direkt auf den Fersen zu bleiben schien, wenn sie nicht überhaupt gleichzeitig auf der anderen Straßenseite auftrat. Sie beeinträchtigte den Erfolg der Tournee nicht, die vom Impresario Alejandro Szterenfeld mit dem größten Respekt für Pop und die Band als Künstler geleitet wurde. Der Empfang für uns in Buenos Aires war absolut überwältigend, die Begeisterung des dortigen Publikums wurde nur noch von dem übertroffen, was wir später in Rußland erlebten. Der Höhepunkt der Anerkennung in Buenos Aires wurde bei einem Sonderkonzert erreicht, das wir in einem Theater an einem Sonntagmorgen um zehn Uhr gaben! Das war die einzige Gelegenheit, in diesem Saal aufzutreten, doch war er gedrängt voll, so stark war das Interesse. (Wir waren an diesem Morgen extra aus Chile zurückgeflogen, um dieses Konzert zu geben.) Die Leute säumten die Straßen, warfen Blumen und Kußhände und weinten. Pop mußte darin bestimmt eine großartige Entschädigung für die Anstrengungen eines ganzen Lebens sehen, besonders weil es völlig spontan geschah. Etwas derartiges konnte keine Werbetätigkeit oder Reklame zustandebringen, und es war um so bemerkenswerter, wenn man in Betracht zog, wie wenige seiner Aufnahmen dort herausgekommen waren.

Diese Tournee legte das Fundament für eine zweite im Jahre 1971, auf der wir noch stärkeren politischen Unruhen begegneten, Brasilien ausgenommen. Brasilien schien uns stets Glück zu bringen, dort trafen wir stets große Menschenmengen, viel Begeisterung und Freundlichkeit. Unser Besuch in São Paulo fiel mit einem Festival zusammen, das jedes Jahr von der Musikergewerkschaft aufgezogen wurde. Bands kamen aus allen Teilen Brasiliens und aus anderen Ländern, um daran teilzunehmen. Es beteiligten sich mindestens 22 ausgewachsene Orchester. Und in diesem Jahr war das Festival Duke Ellington gewidmet! Jede der Bands spielte als Verbeugung vor ihm eine seiner Kompositionen.

Wir waren eingeladen worden, dem Festival beizuwohnen, sobald unser eigenes Konzert beendigt war, das um acht Uhr begann.

Nachdem wir im Theater unser letztes Stück gespielt hatten, war Paul Gonsalves auf drei jüngere Damen zugegangen, die in den Seitenkulissen zugehört hatten, und hatte sie auf Portugiesisch eingeladen, uns zum Festival zu begleiten. Sie fanden Gefallen an dieser Idee, und wir fuhren alle in einem klapprigen Bus hin.

Während einer Pause in den musikalischen Darbietungen fragte Paul eine der jungen Damen: «Wer ist der größte Sänger in Brasilien?»

«Nun, ich glaube, das bin ich», sagte sie, etwas zögernd. Er neckte sie bloß und glaubte ihr natürlich nicht. Aber als er sich später mit ihr zur Tanzfläche begab, wurden sie von ganzen Menschenscharen belagert. Er war leicht gedemütigt, als er begriff, daß sie ihr Autogramm wollten, nicht seines.

Wir blieben bis zum Morgen auf dem Festival, dann mußten wir gehen, um unseren Flug zu erwischen. Als wir wegfuhren, warteten noch immer drei Orchester auf ihren Auftritt! Es war eine großartige Angelegenheit, und wir fühlten, daß Südamerika wirklich auf Ellington ansprach. Der Sonnenschein und die Wärme der Leute ermunterten uns - wir waren nach einer langen und erschöpfenden Tournee durch Europa und Rußland über Barcelona in Rio eingetroffen.

Von São Paulo brach die Band zu einer Rundreise um den Kontinent auf, und wir spielten in allen Ländern außer zweien, wobei uns unsere diplomatischen Vertretungen halfen, wo Sẽnor Sztерenfelds Beziehungen nicht ausreichten.

In Uruguay wurden damals ständig Menschen entführt, und dies nicht unbedingt, weil sie berühmt waren. Es ging um das Lösegeld, das in einer Höhe gefordert wurde, die der Erpreßte verkraften konnte. Für eine durchschnittliche Person, Mann oder Frau, wurde ein Betrag zwischen 50 und 200 Dollar gefordert. Wir kalkulierten, daß der Preis viel höher sein würde, wenn sie Duke Ellington fingen, und wir mußten auch das Risiko von Körperverletzungen in Betracht ziehen, weshalb er zu jeder Zeit von zwei Detektiven begleitet wurde.

In Chile gab es Schwierigkeiten mit der Ernährung. Johnny Hodges war auf der ersten Tournee in Santiago krank gewesen; diesmal war es Cootie Williams. In Peru und Kolumbien war die Bevölkerung derart arm, daß die Regierung die Konzerte subventionierte. So konnte der Eintrittspreis auf den Gegenwert von fünfzehn Cents oder einem Vierteldollar herabgesetzt werden. In manchen Städten standen keine Theater von ausreichender Größe zur Verfügung. Doch war das Wetter um diese Jahreszeit so gut, daß wir im Freien spielen konnten. Da gab es keine Sitze. Die Leute kamen trotzdem, standen und hörten zu.

In Costa Rica trafen wir eine Menge Leute, die schwarz gekleidet waren, als ob gerade jemand gestorben sei, weil die Regierung die Anerkennung Rußlands beschlossen und die Erlaubnis zur Errichtung einer russischen Botschaft erteilt hatte.

Als wir nach Mexiko gelangten, diesmal unter der Ägide von Señor Szterenfeld (alles war von unserem Erlebnis 1968 völlig verschieden!), hatten die Russen für ihre Ballett-Truppen jeden Saal gemietet, den sie bekommen konnten. Wir hätten während vier Tagen hintereinander in Mexico City spielen sollen, doch entdeckte Señor Szterenfeld, daß der Saal, mit dem er gerechnet hatte, für zwei Tage den Russen zugeteilt worden war. Wir wurden deshalb nach Guadalajara und einer weiteren Stadt umgeleitet. Doch dann kamen wir den Russen bei einem anderen, wohl ausstaffierten Theater zuvor, das soeben in einem der zentralamerikanischen Länder vollendet worden war - ich glaube Nicaragua.
Hier haben wir Ellington also fast in der Rolle des Diplomaten, der den russischen Einfluß abzuwehren hatte, und das nachdem er in Rußland selbst einen so großen Erfolg verzeichnet hatte! Die komische Seite an all dem war, daß die Russen, die ihr Bestes versucht hatten, den Jazz herunterzumachen, in ihm jetzt eine großartige Waffe entdeckten, die außerhalb des eigenen Territoriums eingesetzt werden konnte. Sie schickten Gruppen überallhin ins Ausland. So landete schließlich Anatole Gerasimov bei der Ellington-Band, ein ausgezeichneter Tenorsaxophonist, der auf den Platten des «Continuum»-Albums zu hören ist. Er konnte sich von der Tschechoslowakei aus nach Italien absetzen und sich dann bis in die Vereinigten Staaten durcharbeiten.
Als wir 1970 zum ersten Mal nach Australien gingen, hätten wir zwei Tage in einem grandiosen Variététheater spielen sollen. Die Erwartungen waren hochgeschraubt, es würde einen triumphalen Erfolg geben - und dann fiel die Elektrizität aus, und der Saal konnte nicht mehr mit Strom versorgt werden. Es war die heißeste Jahreszeit, es konnten keine Fenster geöffnet werden und das Air-conditioning funktionierte nicht. So wurden wir für unsere zwei Termine kurzfristig an einen weit weniger angenehmen Ort geschafft, was den geschäftlichen Erfolg schmälerte. Zwischenfälle dieser Art nährten Ellingtons Vorstellung, daß Unbekannte gegen ihn arbeiteten.
Hin und wieder war er Bombendrohungen ausgesetzt. Das ereignete sich einmal in Alberta in Kanada, als ein Sacred Concert nicht in einer Kirche, sondern in einem Konzertsaal aufgeführt werden sollte. Es war ein großer Erfolg, der Saal völlig ausverkauft. Wir glaubten nicht, daß die Drohung von einem religiösen

Fanatiker kam, sondern möglicherweise von einer Konkurrenzagentur oder von einer lokalen Musikergruppe, die vielleicht hofften, daß sie das Geschäft mit durchreisenden Tourneeveranstaltungen besser in der Hand behalten würden, wenn sie Ellington hinausbefördern könnten.

Pop und ich hatten unsere Meinungsverschiedenheiten in Fragen dieser Art. Aber wir stimmten grundsätzlich überein, daß feindselige Elemente, Verfechter weißer Vorherrschaft existierten, die es nicht gern sahen, wenn ein Schwarzer über einen gewissen Punkt hinaus an Status gewann. Die andere Seite malte in der ganzen Welt das Bild des unterdrückten Schwarzen an die Wand, der militant und mit dem Leben in den dekadenten Vereinigten Staaten völlig unzufrieden sei. Damit konnten diese Leute im Fall Duke Ellington keine Lorbeeren ernten, der davon überzeugt war, daß sich die Schlacht von Rasse und Farbe keineswegs auf dieses Land beschränkte. Sein Format und seine Präsenz widerlegten viele der Geschichten, die sie zu verbreiten suchten. Als die Band 1966 in Dakar in Senegal am World Festival of Negro Arts teilnahm, machten sich französische Kommunisten an Ellington heran, die von ihm abschätzige Aussagen über die Behandlung erhofften, die wir als Minorität in den Vereinigten Staaten erfuhren. Sie wollten zeigen, daß Schwarze in anderen Erdteilen im Vergleich größere Leistungen und Fortschritte erzielt hatten. Ellington erkannte rasch, daß sie ihn nur zu Propagandazwecken benutzen wollten und ließ sie nicht näher heran.

Eine überraschende Erfahrung auf unserer Südamerika-Tournee war, wie Schwarz von der Bildfläche verschwand, sobald man die Grenze zwischen Brasilien und Argentinien überschritt. Doch hatten wir in Argentinien keine unangenehmen Erlebnisse in rassischer Hinsicht, abgesehen von einem Konflikt in der amerikanischen Botschaft in Buenos Aires. Bei dem Mann von der Botschaft, der uns zu betreuen hatte, spürte man deutlich Abneigung. Doch konnte er seinen Gefühlen nicht deutlicher Ausdruck geben, da er nicht wußte, wer die Entsendung Ellingtons bestimmt hatte und ob nicht sein eigener Kopf rollen konnte, wenn er sich nicht richtig verhielt. Der Vorfall erinnerte mich an die Feindseligkeit, der wir in Frankreich, in Brest, begegnet waren. Brest ist ein Flottenstützpunkt, und was uns dort zustieß, war ein Spiegelbild einiger Einflüsse, die in der amerikanischen Flotte Unruhe bewirkt hatten. Es war nicht direkt gegen uns persönlich gerichtet, denn Schwarze aus dem Orchester Francy Boland-Kenny Clarke waren dort zuvor ebenfalls unangenehmen Zwischenfällen ausgesetzt gewesen. Im Publikum schien während des Konzerts, das gut aufgenommen wurde, keine ablehnende Stimmung zu herrschen. Aber als wir die Bühne verließen und auf die Straße traten, war alles anders.

Derartige Situationen belasteten Pops Gemüt und er kämpfte dagegen, so gut er konnte. Da Madame Zajj auf mehreren dieser Tourneen mit ihm reiste, erregte ihre Gegenwart - als weiße Frau - vermutlich in beträchtlichem Maß Eifersucht und Animosität. Sie war mit ihm in Frankreich und Indien auf der offiziellen Tournee. Er arbeitete sehr gewissenhaft als Diplomat ohne Portefeuille, obwohl er immer sagte, daß die Arbeit, die da von ihm erwartet wurde, ermüdender war als diejenige des Unterhaltungskünstlers, des Musikers, des Orchesterchefs.

Während dieser ganzen Zeit war Ellingtons Leben durch seine sexuellen Abenteuer sehr kompliziert. Es war nicht mehr so einfach, daß man in einer Stadt eintraf, ein Abenteuer hatte und weiterreiste. Die Frauen klammerten sich immer stärker an ihn. Der Flugverkehr ließ die Welt zusammenschrumpfen, und er wußte nie, wann und wo einige dieser Damen auftauchen konnten. Ich glaube, manchmal sonnte er sich in dem Gedanken, drei oder vier Frauen zusammen in demselben Raum zu sehen, mit denen er Beziehungen hatte. Das erforderte viel Überlegung: wie begegnet man derartigen Situationen und wie gelangt man wieder hinaus? Er entwickelte Taktiken, die immer paßten. «We love you madly» - «Wir lieben euch wahnsinnig» -, die übliche Begrüßungsformel für sein Publikum, wurde zu einem auch sonst oft verwandten Ausdruck, der allen Anwesenden gelten konnte. Er nahm auch die Gewohnheit an, jedem vier Küsse zu geben. Wenn vier Frauen in einem Raum waren und er jeder vier Küsse gab, wie konnte man da wissen, welcher er gefühlsmäßig verbunden war? Jede war sicher, daß die echte Aufmerksamkeit ihr gehörte. Doch manchmal mußte er Zuflucht suchen, um sie loszuwerden, und darum war Thunderbird - Evie - so wertvoll. Er konnte immer nach Hause gehen, die Türe zumachen und sie das Telefon beantworten lassen. Sie war eine Art Versicherung und nach dem Tode meiner Mutter umso wichtiger. Wenn eine seiner Verstrickungen zu einem echten Problem zu werden schien, war sie es, die sie kraft ihrer Position aus dem Weg schaffte.

Die komischste Konfrontation zwischen den verschiedenen Bewunderinnen ergab sich 1972 bei einem einwöchigen, von Professor James Latimer an der University of Wisconsin in Madison organisierten Festival. Sie tauchten aus allen Teilen der Staaten auf, alle eifersüchtig aufeinander, und fast alle wohnten im selben Hotel wie Pop. Er mußte zu jeder möglichen Kriegslist Zuflucht nehmen.

Zum Beispiel veranlaßte er Stanley Dance, einige von ihnen zum Nachtessen auszuführen, während er mit einer anderen im Lift zu seinem Zimmer fuhr. Zwei oder drei Tage danach kam Stanley ins Hotel der Band hinüber. Als Pop ihn sah, spielte er den Verärgerten.

«Wo, zum Teufel, warst du?» fragte er. «Mich so im Stich zu lassen . . . Kannst du's nicht verkraften?»

Was Stanley aus Loyalität und Zuneigung für ihn tun konnte, hatte also Grenzen!

Auf dem Gebiet der Rassenbeziehungen und Weltpolitik besaß Pop scharf umrissene Vorstellungen. Wie Martin Luther King war er nicht sosehr an der Rassenfrage an sich wie vielmehr an der Rücksichtnahme auf Minoritätsgruppen, Unterdrückte und Wehrlose interessiert. Je mehr er sich dem Gipfelpunkt seines Lebens näherte, überwog für ihn die Idee der Gleichberechtigung alles andere.

Die Immoralität der Versklavung des Menschen durch den Menschen beschäftigten seine Gedanken schon früh. Durch das, was er in der Bibel las, fühlte er sich bekräftigt und bestätigt: Der Mensch sollte nicht von der Hand eines anderen Leid erfahren. Er sah das mit der Zeit auch immer subjektiver, persönlicher, verstand sich als einen Menschen in untergeordneter Stellung, als schwarzen Menschen. Der Gedanke, daß er versuchen sollte zu ändern, was das Schicksal damit bestimmt zu haben schien, wuchs in ihm und blieb bis zum Ende in ihm wach. Sehr oft und auf vielfältige Art ging er aus sich heraus und erklärte ehrlich und bestimmt, wie er fühlte, aber das geschah nur vor Leuten, denen er nahestand und war nicht für die Öffentlichkeit bestimmt.

Wenn er der Welt eine Botschaft überbringen wollte, wie in «Jump for Joy», wollte er die Mittel sorgsam wählen, damit die Wirkung sicher war. Nicht daß er glaubte, er könne irgendetwas schreiben, was eine ebenso aufwühlende Wirkung hätte wie etwa zu ihrer Zeit die Marseillaise auf die Franzosen. Aber er glaubte, daß er mit seiner Musik irgendwie Nachdenklichkeit bewirken und Menschen zum Handeln veranlassen konnte.

Wenn Pop je irrte, war dies nach meiner Meinung dann, wenn er durch den künstlerischen Charakter seiner Werke ihre Aussage verschleiern ließ und ihnen damit die Spitze nahm. «Beggar's Holiday» war ein typischer Fall.

Die Vorlage war in ihrer moralischen Aussage ihrer Zeit voraus, doch betrachtete Ellington sie als großartige Show, die wiederaufgeführt werden sollte.

Was «Jump for Joy» betrifft, sollte heute ganz klar gesagt werden, daß Ellington es absolut und eindeutig als eine Anklage gegen den Süden verstand, als er es schrieb, wenn auch vielleicht nicht in streng geographischem Sinn. «Der Süden» war ein geläufiger Begriff zur Bezeichnung anmaßender Bigotterie, etwas, das bestimmt nicht allein dort zu finden war. Er selbst hatte in den Anfängen seiner Karriere viele entmutigende Zwischenfälle an so nördlich gelegenen Orten wie Boston, Muncie, Chicago und sogar im Westen erlebt. Deshalb machte er in «Jump for Joy» die Ankündigung, daß der Schwarze nicht mehr länger passiv bleiben werde, wenn solche Dinge die Regel blieben. Wir bieten nicht mehr die andere Wange an, sagte er. Wenn wir geschlagen werden, würde der Schlag bei nächster Gelegenheit nach Kräften zurückgegeben werden.

Vor allem protestierte er dagegen, daß der Schwarze als nicht gleichberechtigt, nicht vollwertig, etwas Untermenschliches betrachtet wurde. Er zielte gegen einen Standpunkt, der von vielen Leuten vertreten wurde, die hofften, daß sich in der Bibel eine Rechtfertigung für diesen Bruderhaß fand. Sie stützten ihren Glauben an die weiße Vorherrschaft auf die Unterstellung, daß der Schwarze nicht als Mensch zu betrachten war, nicht im weißen Sinne des Begriffs.

Wenn dies einmal feststand, konnte man sich aus der Schlinge ziehen und gut und sauber nach der Bibel leben. Pop richtete ein Scheinwerferlicht darauf.

In «The Deep South Suite» beschäftigte er sich mit einer anderen Spitzfindigkeit, einer während Jahrzehnten im Süden sowohl landläufigen wie allgemein gebilligten Praxis: der klassischen Liaison zwischen dem weißen Mann und der schwarzen Frau. Das Werk «Nobody Was Lookin'» bezog sich direkt darauf, auf den Herrn, der über den Zaun stieg, bildlich und buchstäblich. Denn so wurde es in alten Tagen gemacht: sie stiegen hinüber und hatten die Frau. In späteren Jahren - und hier sprechen wir auch davon, was sich bis in diese Tage abspielt, nur nicht mehr so im Verborgenen - war es für den weißen Mann gebräuchlich, eine farbige Nebenfrau zu haben. Dies wurde von der Gesellschaft akzeptiert, so wie es in Frankreich nicht nur zulässig war, sondern ein Statussymbol, sowohl eine Geliebte als auch eine Gattin zu haben. Geld und Klasse hatten auch etwas damit zu tun. Die Haltung des weißen Herrn gegenüber der schwarzen Frau war eine Art Rückfall ins Feudalsystem.

Die gleiche Situation nur mit Auswechslung der Farben - schwarzer Mann und weiße Frau - galt nach jedermanns Empfinden als schreckliche Sache!

Ellington war diese Art unehrlichen Denkens gänzlich zuwider, und es gab genug Gründe für ihn, daß er sich vom Problem der Rassenmischung betroffen fühlte. In unserer eigenen Familie hatten wir lebende Zeugen, Mischungen, die sich von mehr als einem derartigen Ereignis herleiteten. Diese Ungleichheit vermochte er nicht zu schlucken. Pop glaubte fest daran, daß Schwarze und Weiße in Amerika zusammenfinden sollten, auch in der Verbindung von Mann und Frau.

Und er schrieb eine Anzahl von Werken, die sich direkt mit dem Thema befaßten.

Der Film «Paris Blues» ist ein gutes Beispiel. Der Beurteilung des amerikanischen Marktes durch die Produzenten entsprechend wurde das ursprüngliche Konzept des Films umgestellt. Doch wußte Ellington davon nichts, als er alle anderen Verpflichtungen beiseite schob, ganz ausnahmsweise die Band verließ und nach Frankreich fuhr, um an der Musik dafür zu arbeiten. Das Thema war es, das ihn antrieb: die romantische Geschichte zwischen weißem Jungen und schwarzem Mädchen. Als er in Paris eintraf und von der Änderung unterrichtet wurde, war er sehr enttäuscht und entschieden davon überzeugt, daß man an der Originalversion hätte festhalten sollen.

Später demonstrierte er seine Auffassung erneut in der Musik zu einem anderen Film, «Change of Mind», der von der Verpflanzung des Gehirns eines Weißen in den Körper eines Schwarzen handelte.

Aber so stark seine Überzeugungen waren, so unbeirrt hielt er an der Notwendigkeit sorgsamen Vorgehens fest: Dies war eine empfindliche Zone, die allen möglichen Verdrehungen und Mißdeutungen offenstand. Zum Beispiel wurde einmal ein Ausspruch von ihm, aus dem Zusammenhang gerissen, als Schlagzeile in der Presse gebracht. Er wurde mit den Worten zitiert: «Wir sind nicht bereit.» In dieser Form konnte das nur heißen, die Schwarzen seien nicht für die Freiheit und Gleichberechtigung vorbereitet. Nichts hätte falscher sein können. Er meinte, daß wir noch nicht bereit waren, für die Freiheit zu kämpfen; nicht in einer Lage waren, uns auf eine Art zu schlagen, die Resultate bringen würde; nicht die Möglichkeit hatten, uns die finanziellen Mittel zu beschaffen. Als die Revolte schließlich kam, floß Blut, und Millionen Dollars wurden allein für die Verteidigung in den Prozessen benötigt. Das entsprach seiner Voraussage. Dieses Feld der Auseinandersetzung war ein Bereich, in dem Ellington sich nie an die Front vordrängen wollte, nie als Held bewundert werden wollte. Er zog die Anschuldigungen vor, zu wenig zu tun, statt als großer Mann gelobt zu werden, der seinem Volk half, während er in seinem Inneren spürte, daß er nicht in der Lage war, genug zu tun.

Wie er darin seine Prinzipien hatte, so selbstverständlich auch in allem, was mit Religion zu tun hatte. Da sie seine Einstellung zur Kirchenmusik kannte, kam Mahalia Jackson einmal zu ihm mit der Idee, daß er es sei, der sie auf Schallplatten herausbringen sollte. Er aber wollte es nicht tun, weil er es für falsch hielt, aus irgendetwas Gewinn zu schlagen, was die Religion betraf. Diese große Sängerin bewahrte gerade deshalb immer ihre hohe Meinung von ihm. Sie selbst hatte alle Angebote zurückgewiesen, in Las Vegas aufzutreten. Sie wollte Sin City noch nicht einmal besuchen. Pop war ein wenig anders, aber er wollte sich von niemandem als eine Art Messias hinstellen lassen. Er war nie ein Heuchler.

Er tat Dinge, die in gewissem Sinne nicht lupenrein waren – und einige davon beabsichtigte er weiter zu pflegen. Aber deshalb weigerte er sich auch, als moralisches Beispiel dafür zu gelten, wie sich ein Mensch benehmen sollte.

Was ihn bei den Rassenproblemen besorgt machte, war die bevorstehende lange Durststrecke. Am dringlichsten bedurfte es eines schwarzen Anführers. Die Leute kamen so von allen Ecken der Welt in die Vereinigten Staaten, daß mehr Differenzen zwischen Schwarzen als afrikanische Staaten existierten. Es bedurfte also eines großen und starken Mannes, der die Interessen aller zusammenführen und einen geeinigten Block hätte bilden können. Pop war immer sehr kritisch gegenüber Kastensystemen und engstirnigen Interessen, die eine einheitliche Front schwächten. Er glaubte fest, daß sich die Schwarzen in den Vereinigten Staaten in erster Linie als Amerikaner verstehen und versuchen sollten, die Dinge innerhalb der Familie zu bereinigen, bevor sie sich an die Außenwelt wandten. Obwohl er überzeugt war, daß wir auf eine Anzahl Männer aus unserer Geschichte stolz sein konnten, Männer, die ihre Rasse ehrten, meinte er doch, daß keiner die Macht seiner Stellung dazu genutzt hatte, alle Parteien zusammenzufügen. Er besaß eine umfassende Bibliothek zur schwarzen Geschichte und Kultur. Er war sich daher einiger Tatsachen bewußt, die viele Leute nicht kannten oder vorzogen zu vergessen - zum Beispiel, daß die Schwarzen in Afrika selbst die Sklaverei eingeführt, vom Verkauf von Sklaven an die Holländer, Portugiesen und Engländer profitiert hatten. Er wußte ebenso eine Menge über Männer wie Frederick Douglass, George Washington Carver, James Weldon Johnson, Paul Laurence Dunbar und Langston Hughes, Männer, die sich den Respekt und die Bewunderung Schwarzer erworben hatten, und er ärgerte sich über Anstrengungen, sie herabzusetzen, wenn sie, wie jedermann, Fehler machten. Ellington war überzeugt, daß wir nie bedeutende Fortschritte machen würden, wenn wir uns nicht hinter jemandem wie Martin Luther King vereinigten, der ihn zum dritten Satz seiner «Three Black Kings» inspiriert hatte. Er war ebenso überzeugt, daß diese Bedeutung Kings von jenen Leuten erkannt worden war, die seinen Tod beschlossen hatten, damit die Uneinigkeit unter den Schwarzen wieder aufbrechen sollte.

Wegen seiner freiheitlichen und religiösen Überzeugungen war Ellington der Kommunismus total zuwider. Er stand allem mit Abneigung gegenüber, das religiösen Glauben herabsetzte, und er sah klar, daß der Kommunismus nie eine andere als die eigene Philosophie tolerieren würde. Sie bestimmte ja auch die ablehnende kommunistische Haltung gegenüber dem Jazz. Denn er ist eine musikalische Form mit ausgesprochener Betonung der Freiheit, die sich eben als wirkungsvolle politische Fanfare für die Freiheit erwiesen hatte und von tausenden und abertausenden Menschen in der ganzen Welt gehört worden war.

Wenn immer möglich, nahm Pop Stellung. In all seinen Verträgen war die Klausel enthalten, daß er nicht vor rassengetrenntem Publikum spielen würde.
Sein Ansehen in der Öffentlichkeit war so bedeutend, daß er von Präsidenten beider politischen Richtungen ins Weiße Haus geladen wurde, obwohl er es immer abgelehnt hatte, sich der einen oder anderen politischen Partei zu verschreiben.
Pop vertrat stets die Ansicht, daß das Amt des Präsidenten respektiert werden sollte, gleichgültig, wer es gerade innehatte. Er war sich der Macht bewußt, die in diesem Amt lag: die Macht, in schwierigen Bereichen zu handeln, die öffentliche Meinung in Angelegenheiten wie der Integration der Schulen und des Busverkehrs zu beeinflussen und jenen mit schlecht bezahlten Jobs zu helfen. Er verstand auch, wie ein Präsident vom Kongreß behindert werden konnte, und wie die Notwendigkeit, sich Stimmen zu erhalten, es ihm verunmöglichen mochte, Überzeugungen auszusprechen, die er sehr wohl teilte. Auch meinte er, daß die Präsidentschaft dafür zu respektieren war, was sie ferner darstellen sollte: Sie war für ihn auch ein Symbol, ähnlich wie es der Thron für die Briten ist. Er betrachtete es als Ehre, vor der Königin aufzutreten und seinen siebzigsten Geburtstag im Weißen Haus zu feiern.
Daß diese Party im Weißen Haus für ihn stattfand, war allerdings fast allein der Hartnäckigkeit seines Public Relations-Mannes, Joe Morgen, zuzuschreiben. Joe war bereits 1949 in seinen Dienst getreten und arbeitete erfolgreich und mit unbeirrbarer Loyalität bis zu Ellingtons Tod. Nachdem er die brillante Idee der Geburtstagsfeier ausgebrütet und mit seinen Kontakten in Washington das Fundament dazu gelegt hatte, war er bestürzt zu erfahren, daß Ellington selbst dem ganzen Projekt kühl gegenüberstand, weil es ihn zum Verbündeten einer politischen Partei machen konnte.
Joe aber blieb hartnäckig, bis schließlich auch Ruth erkennen ließ, daß sie das Zustandekommen der Party gerne sähe. Jetzt stimmte Pop zu.
Das war einer von vielen Coups, die Joe in Pops Interesse vollbrachte, aber manchmal war er völlig ausgepumpt. Ich höre noch, was Ellington ihm eines Tages sagte, an dem er mehr als nur ein wenig müde aussah: «Du gehst völlig falsch an dein Tagewerk. Was du brauchst, ist Schlaf bis nach zwei Uhr. Dann Tele-

fonanrufe machen, aber kein Zentimeter Bewegung. Lieg ganz flach auf dem Rücken und telefoniere und sage jedermann, was getan werden muß, und schmiede deine Pläne, ohne dich aus dem Bett zu rühren. Dann, um halbsechs oder sechs Uhr, stehst du auf, rasierst dich und badest. Damit hast du für diesen Tag alles getan, und wenn du die Treppe herunterkommst, wirst du der Größte sein!»

VII
Diminuendo in Blue

1963, während der Tournee durch den Nahen und Mittleren Osten für das State Department, war Duke Ellington in Indien schwer krank, und als er nach New York zurückkehrte, klagte er noch immer über ungewöhnliche Empfindungen. Dr. Arthur Logan untersuchte ihn sehr eingehend und fand gewisse narbige Male an seinem Schädel, die ihn beunruhigten. Pop mußte sich deswegen während mindestens achtzehn Monaten einer Behandlung unterziehen, und nur Dr. Logan hätte sagen können, ob dies mit der späteren, tödlichen Erkrankung in irgendeiner Beziehung stand.

Aber rückblickend scheint mir der Anfang des Endes sich in Houston gezeigt zu haben, als wir zum letzten Mal im Shamrock Hilton spielten. Cootie Williams war an einem Lungenleiden erkrankt, und das San Jacinto Medical Center schlug eine Reihenuntersuchung des ganzen Orchesters vor, damit man sicher war, daß es nicht insgesamt infiziert worden war. Außerdem hatten sie dabei auch die Propagandawirkung für ihre fahrbare Durchleuchtungs- und Tuberkulose-Untersuchungsstation im Auge, die sie in den einzelnen Stadtvierteln einsetzten. Also veranstalteten sie eine Art Duke Ellington-Tag. Wir wurden alle durchleuchtet und hatten uns den verschiedenen Atemtests zu unterziehen. Die Untersuchungsergebnisse waren bei fast allen vollständig befriedigend. Auf zwei Diagrammen befand sich die Anweisung, bei der Rückkehr nach New York eine eingehendere Untersuchung bei dem Privatarzt vornehmen zu lassen. Das waren die Diagramme von Duke Ellington und Harry Carney, und beide starben in einem Abstand von Monaten.

Offensichtlich gab es schon zu diesem Zeitpunkt etwas Verdächtiges. Wenn die Ärzte in Houston sicher gewesen wären, daß es sich um Krebs handelte, hätten sie dies, so glaube ich, sogleich gesagt.

Es war Frühling, als wir in Houston weilten, und sechs Monate später entdeckten die Spezialisten bei Pop Krebssymptome.

Während der Überseetournee Duke Ellingtons 1973, die seine

letzte sein sollte, zeigte sich die Position und Bedeutung Dr. Arthur Logans im Leben Ellingtons in vollem Licht. Vor der Abreise hatte Dr. Logan verschiedene gründliche Untersuchungen angestellt, um ihn für die Dauer der Tournee so weit als möglich auf die Beine zu stellen. Er und andere Ärzte hatten ihm mitgeteilt, daß etwas nicht ganz normal wäre, was sie nach seiner Rückkehr noch einmal überprüfen müßten.

Die Tournee begann in England. Wir flogen von Chicago aus, wo wir Teile des «Third Sacred Concert» jede Nacht nach der Arbeit im Mr. Kelly's geprobt hatten. Es war ausreichend durchkomponiert, doch gab es Partien, die wir schließlich nicht spielten; nicht weil die Zeit oder die Neigung fehlten oder weil etwas nicht perfekt gewesen wäre, das er geschrieben hatte, sondern einfach, weil er nicht die Energie besaß, in eine Probe zu kommen, um die verschiedenen Instrumentalgruppen zu entwickeln und sie zusammenzubringen. «The United Brotherhood» ist ein Beispiel. Es erfordert viel mehr Geschicklichkeit in der Ausführung, als der erste Teil verlangt, den wir spielten und der vor allem der Hintergrund für ein Tenorsolo ist. Der zweite Teil ist in einer zeitgenössischeren Form geschrieben, atonal, an die freie Form grenzend.

Damals begann ich zu begreifen, wie schwer krank er war. Er war schrecklich müde, und nach ein paar Stunden Probe mußte er sich niedersetzen oder ins Hotel zurück. In diesem Alter den Atlantik zu überfliegen und ohne genügend Schlaf Proben abzuhalten, verlangte Kraft, doch wußte er, daß er seine beste Leistung stets unter Druck erbrachte. Er hatte ein Tempo, an das er gewöhnt war, eine Norm, die ihm am intensivsten zu arbeiten gestattete, und er richtete es so ein, daß er dieses Tempo gerade vor der Aufführung erreichte. Aber diesmal, glaube ich, sah er, daß es ihm zum ersten Mal in seinem Leben nicht gelingen werde.

Ich sollte hier erwähnen, daß wir gerade vor dem Aufbruch nach London eine der wildesten, stürmischsten und schlimmsten Auseinandersetzungen hatten, die wir in der Zeit, in der ich für ihn arbeitete, je austrugen. Ich schickte mich an, kehrtzumachen und durch das Tor hinaus, statt nach Europa zu gehen – ich war dann sehr froh, mich anders entschieden zu haben. Es war einer der Fälle, in denen man sich fragt, was man tun soll, wenn man spürt, daß man jemandem hilft, und dann beschuldigt wird, gegen ihn zu arbeiten! Ich mußte immer mit ihm um Sekunden und

Termine kämpfen - er aber kümmerte sich um irgendwelche Verwandte, während meine Sorge ihn betraf und wie er sich am besten schonen konnte. Ich bat ihn, er solle doch nicht mit Herumrennen und Sich-Abmühen für allerhand Leute Zeit und Schlaf verlieren. Natürlich hatte ich recht, denn sie alle überlebten ihn. Sie hätten ihn nur sehen sollen! Es kam soweit, daß er mich anfuhr, das ginge mich nichts an, und ich wollte wissen, wen es etwas anginge, wenn nicht mich? Die schlimmsten Streitigkeiten, die wir hatten, drehten sich stets um solche kleinen Dinge, nie um etwas von größerer Bedeutung. Dazu kannten wir einander zu gut und wußten, was der andere dachte.
Etwas Ungewöhnliches, was mich wohl auch beunruhigte, war der Umstand, daß Ruth mitflog. Sie hatte uns bisher noch nie ins Ausland begleitet. Ich ärgerte mich wirklich darüber, da ich mir ausrechnete, daß sie unter sich klar waren, wie schlecht es um ihn stand. Es war nur ein Verdacht, und ich sprach nie davon, doch fühlte ich, daß dies bei der Auseinandersetzung mitspielte.
Der Hauptgrund, weshalb er fortfuhr, den Ernst seines Zustandes zu verleugnen und mir zu verschweigen, war gewiß seine Überlegung, daß das Geheimnis desto besser gewahrt bliebe, je weniger Leute davon wußten. Aber daraus ergaben sich andere Schwierigkeiten. Zum Beispiel wurde er oft scharf kritisiert, er gebe sich neuerdings kamerascheu. Doch wußte er, daß der Krebs in seinen Gesichtszügen zu erkennen war, daß eine Fotografie nicht nur einen alternden, sondern einen kranken Mann zeigen würde.
Wenn man sich mit Duke Ellington stritt, dann stritt man sich nicht unbedingt um das gerade zur Diskussion stehende Thema! Dies wurde später aufgegriffen, vielleicht sogar erst am nächsten Tag. Gleichgültig was ihn ärgerte oder die Auseinandersetzung provozierte, er begann an einem Punkt, wo der andere gefühlsmäßig betroffen war, selbst wenn es gar nichts weiter zu sagen hatte. Dann, mitten in der Debatte, kam er zum springenden Punkt und setzte einem seine eigentliche Meinung zum Gesprächsthema vor. Er stritt um des Streites willen und machte mich wirklich wütend. Ich hatte während eines ganzen Lebens gründlich beobachtet, wie er mit den Leuten umging und auf diese Art mit ihnen klarkam. Deshalb ließ ich ihn nie erkennen, daß ich über irgendeine Sache wirklich verärgert war, und ich gestattete ihm nie, zu seinem Punkt B zu kommen, oder ging nicht darauf ein.

Ich bezog mich stets auf Punkt A, wenn er zum wirklichen Thema kam. - Manchmal, wenn er telefonierte, wollte er einen nur glauben machen, daß er nicht bloß anrief, wenn er etwas brauchte. Beim Anruf, mit dem er sich zwanzig Minuten später meldete, kam dann heraus, was er wirklich wollte.
Mein Unbehagen wegen der Ahnung, daß er und Ruth wußten, wie schlecht es um ihn stand, und es mir verheimlichten, war nicht nur mit schuld an den fürchterlichen Auseinandersetzungen, sondern wuchs auch noch durch sie. Es machte mir nichts aus, gegen ihn zu kämpfen, aber wenn er nicht auf der Höhe war, wollte ich mir das nicht zunutze machen. In den elf Jahren, in denen ich die Band für ihn betreut hatte, mußte ich die Männer antreiben, und dabei machte ich mir einige ziemlich böse Feinde, aber ich war dazu da, diesen Job zu machen. Ich mußte auch Duke Ellington antreiben.
Wir hatten uns nach Kräften bemüht, die Probezeiten zu regeln, die wir für dieses Sacred Concert brauchten. Ich wußte, wie wichtig es für ihn war. Er hatte in einigen der größten Kirchen der ganzen Welt Konzerte gegeben - in San Francisco, New York, Los Angeles, Paris, Coventry, Cambridge und Barcelona - und obwohl er es nicht zugeben wollte, war er jetzt zum Schauplatz gelangt, wo sein Werk den Höhepunkt erreichen sollte. Er war nie so beeindruckt wie durch dieses Ereignis - er würde seine Musik in der Westminster Abbey aufführen. Es war allein schon ein Unterfangen, Saint Margaret's für die erste Probe benützen zu dürfen und sie für die Touristen zu schließen, die normalerweise durchparadierten. Es standen nur etwa fünf Stunden zur Verfügung, um mit der Band, den Gesangssolisten und dem Chor zu arbeiten, und ich würde Pop auch mitteilen müssen, daß Paul Gonsalves nicht in Ordnung war. Alle Beteiligten waren bereits versammelt, und ich mußte Pop aus seinem Zimmer holen, damit wir anfangen konnten. Er hatte einige «Freunde» bei sich, die mir noch nicht einmal erlauben wollten, ihn am Telefon zu sprechen. Angeblich geschah dies in seinem Interesse, damit er sich ausruhen konnte.
«Wer glauben Sie, bin ich?» fragte ich schließlich. «Einer seiner Autogrammjäger?»
So konnte ich endlich mit ihm sprechen. Er kam herüber. Im Verlauf der Probe schien dann jedermann zu patzen. Paul bekam seinen epileptischen Anfall und wir holten rasch eine Ambulanz

vom Westminster Hospital. Er wurde so gut gepflegt, daß er nach ein paar Tagen wieder auf dem Damm war. Und doch versäumte er das Konzert! Wahrscheinlich weil er auf einem LSD-Trip war.

Pop war zu sehr mit sich selbst und mit dem Konzert beschäftigt, um Pauls Zustand besonders zur Kenntnis zu nehmen. Ich hatte als eine Art Versicherung sechs Saxophonisten mitgenommen, womit Pop zunächst gar nicht einverstanden gewesen war. Als der Zeitpunkt der Aufführung gekommen war, befand sich nun aber Percy Marion an Pauls Stelle, und Harold Ashby, der lange genug an Pauls Seite gesessen hatte und seine Spielweise kannte, war da, um seinen Solopart zu übernehmen, auch wenn sein Ton nicht den gleichen Glanz hatte. Obwohl sich also die Vorsichtsmaßnahme als ein Glück erwies, sagte Pop vor dem Konzert: «Ich war für eine Aufführung noch nie so unvorbereitet.»

Alice Babs war aus Schweden gekommen, um die bedeutenden Vokal-Partien zu singen, und ihr Können und ihre beruhigende Zuversichtlichkeit waren von großem Wert.

Pop ließ mich jetzt benachrichtigen, daß er von mir seine gewohnte Vorstellungs-Spritze zu erhalten wünschte. Aber da ich so stark beschäftigt war - und noch immer verärgert -, weigerte ich mich zu gehen. Glücklicherweise fand Stanley Dance einen Krankenpfleger dafür, und Ellington schaffte es gerade im richtigen Zeitpunkt bis zur großen Eingangspforte, um Prinzessin Margaret, Premierminister Heath und eine Menge von Honoratioren zu begrüßen, die mit den Vereinten Nationen zu tun hatten, unter deren Auspizien das Konzert präsentiert wurde.

Wenn man alle Umstände in Betracht zieht, lief es überraschend gut ab, trotz einiger peinlicher Pausen und Übergänge. Pop war danach erschöpft, und als er in seiner Garderobe lag, diskutierte er mit den erwähnten «Freunden», ob er zum Empfang in Nummer 10, Downing Street, gehen sollte. Sie stimmten überein, daß er zu müde sei, als Stanley Dance dazukam.

«Meinst du, daß ich gehen sollte?» fragte ihn Pop.

«Selbstverständlich. Du bist der Ehrengast», antwortete Stanley. «Aber du brauchst nicht lange zu bleiben.»

«Seht ihr», sagte Pop, «ich muß gehen - und alle Krankenhäuser sind voll, wenn ich umfalle!»

Er ging für kurze Zeit hin und entschuldigte sich, wie müde er sei. Jedermann war enttäuscht, daß er nicht länger blieb.

Von London aus bereisten wir den Kontinent, und Paul Gonsalves stieß in Deutschland wieder zur Band. Dann ging es nach Afrika, nach Aethiopien und Sambia.* Kaiser Haile Selassie ehrte Pop mit einem Empfang in seinem Palast und stellte ihn seinem Löwen vor, was großen Eindruck machte. In Lusaka lieferte die SAS, die skandinavische Fluggesellschaft, Pop ein Paket Blätterteiggebäck frisch aus Kopenhagen. Er liebte das besonders und fand riesigen Spaß daran, es unter Diplomaten und Regierungsbeamten herumzureichen. Abgesehen davon, daß ihm die Fluglinie bei mehreren Gelegenheiten besondere Rücksichtnahme bewiesen hatte, war dieses Gebäck einer der Gründe, warum er, wenn immer möglich, mit der SAS fliegen wollte. Auf dem Weg zurück nach London, für eine Royal Command Performance im Palladium, machte die Maschine in Athen eine Zwischenlandung, und während wir auf der Piste standen, erlitt Paul plötzlich einen weiteren Anfall. Hätte er sich während des Fluges ereignet, wäre er daran gestorben, aber so schafften wir ihn sofort ins Krankenhaus, als die Attacke einsetzte. Er blieb dort, bis wir nach Hause fuhren, und verpaßte so auch diese Performance. Es war, als ob England schon bei seinem ersten Anfall ein Warnsignal gegeben hätte, daß wir hier von Schwierigkeiten geplagt werden würden. In England war es denn auch, daß wir vom Tod von Dr. Arthur Logan erfuhren.

Ich hatte ihm eine Rundreise-Flugkarte gesandt, damit er sich uns anschließe, um Pops Zustand zu überwachen. Er hatte jedoch seine Abreise fortwährend aufgeschoben. Wir erhielten Telegramme, daß er nicht kommen könne, daß er den Flug ver-

* Die Reiseroute für diese Tournee, die einen guten Begriff davon gibt, was Ellington abverlangt wurde, verlief wie folgt: London (23.-24. Okt.); Malmö, Schweden (25. Okt.); Kopenhagen (26. Okt.); Umea, Schweden (27. Okt.); Stockholm (28. Okt.); Hamburg (29. Okt.); Frankfurt (30. Okt.); Karlsruhe (31. Okt.); Köln (1. Nov.); Berlin (2. Nov.); Wien (3. Nov.); Hannover (4. Nov.); München (5. Nov.); Graz (6. Nov.); Laibach, Jugoslawien (7. Nov.); Bologna (8. Nov.); Cascaes, Portugal (9. Nov.); Barcelona (10. Nov.); Besançon (11.-13. Nov.); Paris (14. Nov.); Brest (15. Nov.); Brüssel (16.-18. Nov.); Addis Abeba (19.-22.Nov.); Lusaka, Sambia (23.-25. Nov.); London (26. Nov.); Edinburgh (27. Nov.); Glasgow (28. Nov.); Dublin (29. Nov.); Preston (30. Nov.); Eastbourne (1. Dez.); London (2. Dez.).

Ellington und James Stewart während der Dreharbeiten zu «Anatomy of a Murder», 1959

Zimmerservice für eine Person

Duke und Mercer Ellington

Duke Ellington, gezeichnet von Paul Gonsalves (mit freundlicher Genehmigung von Stanley Dance)

Paul Gonsalves

Abflug nach Skandinavien

Ellington und Evie Ellis, 1965

In Paris, 1969

Ellington mit Fernanda de Castro Monte in Madrid

In Boston mit Elma Lewis, Direktorin des National Center for Afro-American Arts, 1968

Duke und Mercer Ellington an einer Pressekonferenz in Japan

schieben müßte, daß ihn eine Verpflichtung zurückhielt. Es war uns nie klar, was ihn daran hinderte herüberzukommen. So kam die Nachricht von seinem Tod aus heiterem Himmel.

Jedermann wußte, daß Dr. Logans Tod Ellington schrecklich hart treffen würde, und niemand wollte es ihm sagen. Schließlich, nach zwei oder drei Tagen, mußte ich es ihm sagen. Es ist wichtig zu verstehen, wie schwer dieser Schlag für ihn war.

Vor allem hatte er einen besten Freund verloren; und er hatte den einzigen Arzt verloren, dem er wirklich vertraute. Es gab nicht viele Menschen, mit denen er so eng und in dieser Art verbunden war, besonders nicht unter Männern. Billy Strayhorn war wie die meisten seiner anderen engen Freunde bereits gestorben, so auch Mexico und Freddy Guy, der zu Pops fassungsloser Bestürzung Selbstmord begangen hatte. Willie «The Lion» Smith war gestorben, mit dem ihn allerdings hauptsächlich das starke musikalische Einverständnis verbunden hatte.

Deshalb weinte Pop auch um sich, um seine Verlassenheit, als er die ganze Nacht um Arthur Logan klagte. Er hatte das Gefühl, daß niemand auf der Welt übriggeblieben war, auf den er sich stützen konnte. Was würde ihm zustoßen? Es war, als ob er sich alleine in der Wildnis befände. Nachdem ich es ihm gesagt hatte, wiederholte er immer wieder die Worte: «Warum mußte er sterben?» Während der nächsten zwei oder drei Tage machte er ohne Scham Momente seelischer Hysterie durch. Er konnte einfach mit dem Gedanken nicht fertig werden, daß Dr. Logan dahingegangen war. Es war das erste Mal, daß ich ihn wirklich zusammenbrechen sah, und es machte das, was sich später ereignete, so viel schwerer.

Das Bewußtsein der schrecklichen Krankheit, die ihn schließlich hinwegraffen sollte, hatte in Pop zu dämmern begonnen, und der einzige Arzt, dem er vertraut hatte, war Dr. Logan gewesen. Doch nach der ersten Verzweiflung begann er, sich in seiner eigenen Weise zur Wehr zu setzen.

Die vorgesehene gründliche Untersuchung wurde vorgenommen, als er, bald nach der Rückkehr, während zwei oder drei Tagen krank war und das Engagement im Rainbow Grill unterbrechen mußte, um ins Krankenhaus zu gehen. Wir beklagten alle den Umstand, daß er im Rainbow Grill überhaupt eröffnet hatte. Doch ging es in diesem Zeitpunkt noch nicht ganz um Leben und Tod; man entfernte ihm zunächst die Schilddrüse. Es beeinträch-

tigte seine Stimme kaum, und die ausgezeichnete chirurgische Arbeit ließ die Linie um seine Kehle bald verschwinden.
Danach bewältigte er mit der Band eine Serie von Terminen in Florida. Doch begann sein Zustand sich erneut zu verschlechtern. Am Abend vor unserem letzten Auftritt dieser Tournee wurde in der Northern Illinois University die periodische Untersuchung vorgenommen, die die Ärzte angeordnet hatten. Wir blieben zwei Stunden, während die Ärzte mit ihren Kollegen im Harkness Pavillon in New York hin und her telefonierten.
«Weiß er, wie krank er ist?» fragte mich ein Assistenzarzt.
«Ja, er weiß es.»
Das Endergebnis der ganzen Diskussion – nachdem die Leute vom Harkness Pavillon erfahren hatten, was die Untersuchungen und die neuen Röntgenbilder zeigten – war ihre Aufforderung: «Nun, Duke, wenn Sie glauben, Sie möchten nicht mehr weitermachen, oder sich ein wenig müde fühlen, nehmen Sie ein Flugzeug und kommen Sie zu uns!»
Dann fragte mich der Assistenzarzt, mit dem ich gesprochen hatte: «Weiß er, daß er nie mehr herauskommen wird, wenn er dort hineingeht?»
«Ja, er weiß es», sagte ich.
Der junge Arzt konnte sich eine Haltung, wie sie Pop zeigte, nicht vorstellen. Pop hatte bereits entschieden, daß er nicht in einem Spitalzimmer dahinsiechen wollte, solange er auftreten konnte. So hatte er gelebt, und er glaubte, daß er ebensogut damit fortfahren konnte, solange er die Kraft hatte und Zeit auszuruhen und jede mögliche Erleichterung genoß.
Er dirigierte die Band bei einem weiteren Engagement, zwei Konzerte in Sturgis. Es war grausam mitanzusehen, wie er sich antrieb, sich zwei Shows zumutete. Doch war die zweite Show tatsächlich besser als die erste, er schien mehr Energie aufzubringen. Danach allerdings mußten wir ohne ihn nach Kalamazoo, wo wir einen weiteren Termin hatten. Er blieb im Hotel in Sturgis, um sich noch auszuruhen. In Kalamazoo erfuhr ich noch vor dem Konzert, daß er doch nach New York zurückgeflogen war. Um zu großes Aufsehen zu vermeiden – da wir nicht absolut sicher sein konnten, daß er sich nicht doch wieder erholte und weitermachen wollte –, sagten wir Termine nach und nach ab.
Die Klinik nahm ihn nicht sofort auf. Sie sagten ihm, vom Ärzte-

team seien einige gerade im Urlaub - aber ich glaube, sie wollten ihm in Wirklichkeit ein paar Tage Ruhe zu Hause gönnen.
Noch wollte Pop sich nicht geschlagen geben, obwohl ihm die Spitzenspezialisten genau gesagt hatten, was sein Leiden war und was zu erwarten blieb. Er rief Bing Crosby an, der mit dem gleichen Problem zu tun hatte, um zu erfahren, ob ihre Symptome irgendwelche Ähnlichkeiten zeigten. Selbst wenn dies nicht der Fall war, hatte sich doch ein Experte mit Bing beschäftigt, und er wollte wissen, wer das war, um ein weiteres Urteil einzuholen. Er rief auch Frank Sinatra an, wer nach seiner Kenntnis die besten Spezialisten seien, denn in Frank hatte er großes Vertrauen, wenn es sich um Empfehlungen dieser Art handelte. Die Antwort war, daß die besten Mediziner genau dort waren, wo er sich befand, im Harkness Pavillon des Columbia Presbyterian Medical Center.
Mitten in all dieser Mühsal fand man heraus, daß auch Evie an Krebs litt. Sie war wiederholt untersucht worden, auch von Pops Ärzten, doch schafften die Untersuchungen keine Klarheit über ihren Zustand. Es war dann fast ein Zufall, daß auf einem Röntgenbild etwas Verdächtiges entdeckt wurde.
Sie hatte Pop täglich besucht und bei ihm gesessen, und sie wollte ihm nicht sagen, daß sie selbst auch Krebs hatte. Aber natürlich bestand die Gefahr, daß ihre Erkrankung weiter fortschritt, wenn sie nicht sofort operiert wurde. Das Problem war, daß man es Pop weder verheimlichen konnte, noch eine plausible Erklärung dafür finden, warum Evies regelmäßige Besuche plötzlich aufhörten.
Ich fragte die Ärzte um Rat: «Kann er das bewältigen?» Sie waren ganz entschieden der Meinung, daß er dazu imstande war. Und er war viel zu klug, irgendwelche Ausflüchte hinzunehmen.
So war es wieder einmal an mir, ihm eine Schreckensnachricht zu überbringen. Er erkannte sogleich, daß keine Zeit zu verlieren war. «Sie muß unverzüglich in die Klinik gehen!» Doch glaubte er, daß es mit ihr nicht so weit gekommen wäre, wenn es nur früher erkannt worden wäre. Das ließ ihn noch mehr rätseln, welche Fehler bei ihm begangen worden waren. Wir erfuhren später, daß Evie während ihrer Operation beinahe gestorben wäre.
Dann aber wurde er gefaßter und gab jeden Schwindel auf. Da sie wußte, daß sie Evie nicht begegnen würde, besuchte ihn Madame Zajj jetzt täglich. Er sagte ihr, wie er sich um Evies Wohl-

befinden sorgte. So stand es. Während er früher den Damen die traditionellen vier Küsse gegeben hatte, um zu verbergen, welcher seine Gefühle gehörten, sprach er nun offen darüber, um wen er sich sorgte und wie er fühlte. Das zeigte mehr als manches andere, wie er nun der Tatsache ins Auge zu blicken begann, daß dies die letzte Runde war.

Es ist schwer zu sagen, wie tief Pops Empfindungen für Evie waren. Ich hatte ein paar Jahre zuvor eine Auseinandersetzung um eine recht unbedeutende Angelegenheit mit ihr gehabt. Ich hatte mich nie in ihre Beziehungen gemischt, doch in diesem Fall ging es um die Band. Ich glaubte, daß sie im Fehler war, und ließ sie es wissen. Pop war sehr böse, daß ich grob mit ihr umgesprungen sei.

Sie hatten eine seltsame Beziehung. Manchmal schien es, als ob sie einander haßten oder einander brauchten, um sich gegenseitig fertigzumachen. Der einzige Maßstab, die Tiefe seines Gefühls auszuloten, ist der Anteil seines Lebens, den er mit ihr verbrachte, und die Tatsache, daß er nie in Betracht zog, sie aus irgend einem Grund zu verlassen. Ich weiß, daß sie ihm nicht gleichgültig war, und glaube, daß er diese Frau liebte. Sie machte immer Pläne für die Zeit, in der er in New York war, und ihr Leben war darauf aufgebaut, diese Dinge dann mit ihm zu unternehmen, bis er wieder ging - und wieder zurückkehrte. In gewissem Sinne war dies eine Atmosphäre, die er geschaffen hatte. Der Umstand, daß er nie eine Anstrengung unternahm, sich davon zu befreien, läßt vermuten, daß sie sehr stark füreinander empfanden.

Eine Freude, die sie teilten, war Davy, der kleine schwarze Pudel, den Joe Glaser Evie geschenkt hatte. Oft gab es im großen Wohnraum kaum einen Platz sich zu setzen wegen Davys Betten, Decken, Futternäpfen und Gummispielzeugen. Evie war einfach vernarrt in den Hund. Pop freute sich auch sehr an Davy und spielte mit ihm, aber da er während so langer Zeiträume weg war, mußte er sich in der Zuneigung des Hundes mit dem zweiten Rang begnügen.

Da Evie im Laufe der Jahre die Rolle des Bösewichts übernehmen mußte, um ihm allzu aufdringliche Leute - Männer und natürlich Frauen - vom Hals zu halten, sympathisierte ich mit ihr. Ich beschuldigte sie nicht - wie andere es taten -, der Drache im Hause zu sein. Mehr und mehr wurden unsere Beziehungen enger. Aber man mußte bei Evie doch immer auf der Hut bleiben.

Einmal spielte sie die Rolle eines Detektivs, flog von New York nach Tokio, um Ellington unerwartet zu besuchen, und entdeckte ihn mit Madame Zajj. Er zwang sie zur Rückkehr, indem er ihr auseinandersetzte, daß er ihr auf keinen Fall erlauben werde, ihn in Verlegenheit zu bringen. Er befahl ihr, unverzüglich in die Vereinigten Staaten zurückzukehren. Als Vergeltung beschloß sie zu verschwinden, damit Pop nicht wußte, wo sie sich befand. Weil sie so traurig und bekümmert war, nahm ich sie zu mir nach Hause und behielt sie dort, damit für sie gesorgt war, sie die Gesellschaft der Kinder hatte und sich sammeln konnte. Nachdem sie wieder im Gleichgewicht war, ging sie. Als Ellington mit zwei großen Perlenketten aus Japan zurückkehrte, war binnen weniger Tage wieder alles zwischen ihnen in Butter. Er fragte mich, ob ich wisse, wo Evie gewesen sei. Ich wollte keine Lügen erzählen, weshalb ich ihm sagte, daß sie sich bei mir aufgehalten hatte. Er ging zu ihr und sagte, er wisse, wo sie geblieben war. Ich hätte es ihm erzählt. Evie wurde sofort böse auf mich, weil ich das Geheimnis preisgegeben hatte. Es kam zu einem gereizten Gespräch und einer Mißstimmung, die monatelang anhielt. Ich hielt das für ungerecht und unfair von ihrer Seite. Ich war wieder draußen - ein schlechter Kerl in den Augen beider!
Das Bild Evies, das manche seit ihrem Tod als eine Art Heilige oder Märtyrerin zu zeichnen versuchten - von Ellington vernachlässigt, in einsamer Abgeschiedenheit lebend -, entspricht nicht den Tatsachen. Sie hatte einen Cadillac, ein komfortables Bankkonto und sie lebte in einem luxuriösen Appartement. Sie hätte ihn jederzeit verlassen können. Übrigens hatte sie einen Revolver, dem er bei mindestens zwei Gelegenheiten in den Lauf zu blicken hatte. Die erste war, als sie die Bedeutung von Madame Zajj in seinem Leben erkannte. Die zweite ergab sich, als sie herausfand, daß er keine Absicht hatte, sie nach dem Tode meiner Mutter zu heiraten. Da wußte sie, daß er sie vorsätzlich dazu gebracht hatte, die törichte Wahl zugunsten von Geld und Luxus zu treffen, und sie war erbost.

Als er in der Klinik lag, begann Pop endlich an die Nachwelt zu denken. Er sprach mit Gunther Schuller, der sich immer für seine Musik interessiert hatte. Seine Gedanken kreisten um Werke, die er vollendet und aufgeführt sehen wollte. Gewiß beabsichtigte er weitere Gespräche, doch mußte Gunther unglücklicherweise auf

Tournee. «The Three Black Kings» war ein Thema, das er und ich oft diskutierten, und er erläuterte mir, wie es gespielt werden mußte und wie bestimmte Teile zu orchestrieren seien. Es war ursprünglich für das Ballett geschrieben worden und kam nach seinem Tod mit der Choreographie von Alvin Ailey im Lincoln Center zur Aufführung. Die drei Könige waren der schwarze von den heiligen drei Königen, Salomon und Martin Luther King. Mrs. Coretta King war so gütig, bei der Premiere, 1976, einige ehrende Worte zu sprechen, und es wurde ein großer Erfolg. Es wurde ein ganzer Zyklus aufgeführt, der sich ausschließlich aus Balletten zur Musik von Duke Ellington zusammensetzte, die von der Alvin Ailey-Truppe getanzt wurden. Um den Spielplan zu vervollständigen, gab das American Ballet Theater ein Gastspiel mit «The River», das es ursprünglich 1970 bei Pop in Auftrag gegeben hatte und zu dem Alvin ebenfalls die Choreographie geschrieben hatte.

Um Pops Geburtstag zu feiern - seinen letzten, wie sich herausstellte -, plante Pastor John Gensel, ein Sacred Concert in der lutheranischen Kirche aufzuführen. Da er den Pastor in so hoher Achtung hielt, gab Pop zu verstehen, es sei sein Wunsch, daß ich einen Teil des Konzerts leite und mindestens eine Nummer aus dem «Third Sacred Concert» dirigiere. Zu recht oder unrecht dachte ich aber, daß, wenn ihm etwas gewidmet werden sollte, dies eher Zeit im Beisammensein mit ihm sein müßte als Zeit, zu seinen Ehren ein Konzert zu geben. Deshalb zog ich es vor, die Stunden, die ihm noch blieben, in der Klinik statt in Proben und Aufführungen zu verbringen.

Einer der heitereren Augenblicke in der Klinik kam, als Paul Gonsalves einen Besuch machte. Er und Michael James hatten ihre besten Anzüge angezogen und erschienen wie ein Paar Bankiers. Pop war absolut verblüfft.

«Wer sind diese Leute?» fragte er.

Trotz aller Ärgernisse, die er bereitete, mochte Pop Paul sehr. Er schätzte seine Persönlichkeit, bewunderte seine musikalische Intelligenz und amüsierte sich über seine Eskapaden. Daß Paul zum Beispiel am Zwischenfall im Riviera beteiligt war, der die Band aus Las Vegas aussperrte, war nicht vergessen, aber als eines der Risiken des Spiels akzeptiert.

Paul ging auf unseren Auslandtourneen immer verloren, aber oft

gelang es ihm, den Ort, wo wir spielen mußten, zu erreichen, bevor der Old Man eintraf. Dies ereignete sich, wie ich mich erinnere, in Portugal und Brasilien, wo er die Sprache sprechen konnte und sich wirklich zurechtfand. Es geschah auch in Jamaica, wo er jemanden fand, der ihm eine Flugkarte besorgte, während wir mit dem Bus reisten. Als wir eintrafen, war er da und wartete auf uns, etwas schüchtern grinsend.
Paul hat es noch einmal geschafft, dachte ich, als er in London starb, während Pop im Todeskampf lag. Ich erzählte Pop nichts davon. Pauls Leichnam wurde nach New York geflogen - und wenige Tage später lagen Paul und Pop in der gleichen Leichenhalle, und Tyree Glenn dazu.
Auf Ellington wartete wirklich eine großartige Band da oben:
Artie Whetsol, Bubber Miley, Rex Stewart, Shorty Baker mit ihren Trompeten;
Tricky Sam, Tyree Glenn mit ihren Posaunen;
Toby Hardwick, Johnny Hodges, Willie Smith, Hilton Jefferson, Ben Webster, Paul Gonsalves mit den Klarinetten und Saxophonen;
Freddy Guy mit der Gitarre;
Jimmy Blanton, Wellman Braud, Junior Raglin, Hayes Alvis, Joe Benjamin, Oscar Pettiford mit ihren Bässen;
Charlie Smith am Schlagzeug.
Fast möchte man glauben, er habe kurz darauf nach Harry Carney und Quentin Jackson gesandt, um die beiden einzigen freien Stühle zu besetzen.

Während dieser ganzen Zeit war Pops Geist noch immer sehr stark mit der Aufnahme des «Third Sacred Concert» beschäftigt, die live in der Westminster Abbey gemacht worden war. Er beriet mit mir, wie es verbessert werden könnte. Der besondere Klang in der Abtei blieb wichtig, doch war die Aufführung auch am Radio übertragen worden, so daß Vergleiche angestellt werden konnten zwischen dieser Version mit all ihren Unzulänglichkeiten und irgendeiner «verbesserten» Fassung. Wir sprachen davon, ein Band mit dem Orchesterpart in den Vereinigten Staaten aufzunehmen und es hinüberzusenden, damit der Londoner Chor hinzugefügt werden konnte. Die Trompeten- und Blattinstrument-Sätze konnten durch zusätzliche Bläser verstärkt werden. Wir erwogen jede technische Möglichkeit - der Gedanke einer fehler-

haften Produktion belastete ihn sehr. Er vertrat immer die Meinung, daß das Mysterium des Theaters um jeden Preis gewahrt bleiben mußte. Zum Beispiel lehnte er Filme heftig ab, die Studiobedingungen vorspiegelten und zeigten, wie die Kameras arbeiteten, wie die Aufzüge die Kameras in die Luft hoben und wie die Szene aufgebaut wurde. Er lehnte auch Fernsehshows ab, welche die Geheimnisse der Aufnahmetechnik preisgaben. Er verwarf also auch hier jede künstliche Methode, doch gaben ihm unsere Gespräche das beruhigende Gefühl, daß das Konzert mit Sorgfalt präsentiert werden würde, daß nicht eine minderwertige Produktion die Zuhörer erreichte. Als Stanley Dance und ich das «Third Sacred Concert» dann für die Radio Corporation of America edierten, entfernten wir die Abschnitte, die er als ungenügend abgelehnt hatte, doch abgesehen davon verwandten wir die Aufnahme, wie sie in der Westminster Abbey entstanden war.
Pop und ich hatten diese Kassetten immer und immer wieder abgespielt. «Könntest du», sagte er etwa, «wenn du diesen Teil bis hierher gebraucht hast, diesen anderen Teil dort einfügen?» Derartige Bemerkungen machte er mehrere Male, nachdem er der Musik sorgfältig zugehört hatte, und zuerst glaubte ich, daß er das «Du» gebrauchte, wo «man» passender gewesen wäre. Er hatte immer diese Redeweise gehabt, «you» zu sagen und den Zuhörer entscheiden zu lassen, ob es persönlich oder allgemein gemeint war. Aber je länger ich über diese Gespräche später nachdachte, desto mehr glaubte ich, daß es in diesem Fall ganz direkt war und er diese Aufgabe damit mir übertrug.
Er war auch so weit gekommen, daß er nicht mehr fernsehen wollte. Seine Sehkraft hatte entsetzlich nachgelassen. Zum Teil war wohl Eitelkeit im Spiel, und er wollte nicht, daß die Leute das volle Ausmaß seiner Schwäche erkannten. Doch an seinem letzten Tag, als Stanley, Helen und Maria Dance neben seinem Bett standen, sagte er: «Ich kann nicht sehr gut sehen. Wer ist wer?»
«Ich bin der mit dem Schnurrbart», sagte Stanley, und Pop lächelte in seine Richtung.
Da er nicht mehr gut sehen konnte, hatte sich die Größe seiner Handschrift fast verdreifacht. Er machte systematisch Notizen von seinen Gedanken, von allem, was mit irgendeinem Projekt zu tun hatte, das ihn beschäftigte. Er hatte kleine Schreibblöcke, die er beschrieb, und er hatte auch einen Kassettenrecorder, den

er besprechen oder bespielen konnte. Er legte ihn neben das Elektroklavier und spielte die Noten, statt sie aufzuschreiben. Er war wirklich bis zum Ende schöpferisch, verbesserte noch immer Einzelheiten seiner humoristischen Oper «Queenie Pie». Seine Notizen - der Reihe nach geordnet - würden es noch heute ermöglichen, seine Gedanken von Tag zu Tag zu lesen. Am Kopf eines Stücks Manuskriptpapier hatte er geschrieben: «Kein Problem. Ich bin leicht zu befriedigen. Ich möchte einfach jeden in meiner hohlen Hand halten.»

Man hatte uns gesagt, wann sein Tod ungefähr eintreten werde. Das Wunder . . . das Heilverfahren, das unerwartet entdeckt, heute, heute nacht, morgen gefunden werden könnte . . . Es war zu spät. Er hatte so lange gelitten - und so viel vollbracht. Wie ich so bei ihm saß, kam die Erkenntnis, nicht ganz als Trost, daß das Wunder im voraus vollbracht worden war, in seinem Leben.
Er verschied ruhig in jener Nacht. Als die Krankenschwester sagte, daß kein Puls mehr zu fühlen sei, kehrten meine Gedanken sich augenblicklich dem «Third Sacred Concert» zu, zu jenem Titel, der seine Botschaft war: «The Majesty of God.»

VIII
Things Ain't

Der Trauergottesdienst sollte in der Cathedral of Saint John the Divine stattfinden, was nicht nur wegen ihrer Größe angemessen erschien, sondern weil sie der Schauplatz des überaus erfolgreichen «Second Sacred Concert» gewesen war. Es gab eine ungeheure Zahl von Einzelheiten zu regeln, besonders im Hinblick auf all jene aus der Musikwelt, die den Wunsch oder die Bereitschaft ausdrückten, bei den Feierlichkeiten zu singen oder zu spielen. Unter den ersten waren Earl Hines und Joe Williams, die beide von der Westküste herbeieilten. Ella Fitzgerald, Brock Peters, Henry McBoatwright, Mary Lou Williams und Ray Nance bezeigten ebenfalls in ergreifender Weise ihre Achtung. Aber als wir im engsten Kreis den Ablauf der Begräbniszeremonie berieten, tauchte die Frage auf, wer die Nachrede halten sollte.
«Stanley Dance», sagte ich.
«O nein», erwiderte er, sichtlich erschrocken.
«Du wirst sie halten», beharrte ich. Ich wollte mehr als die üblichen Plattitüden und Trostworte für die Hinterbliebenen, und er würde das wissen, ohne daß ich ihm irgend etwas zu sagen brauchte.
«Ich bin ein Schriftsteller, nicht ein Redner», sagte er, besorgt darüber, der Aufgabe nicht gewachsen zu sein.
Er sah noch immer etwas bedrückt und angstvoll aus, als er schließlich hinter dem Pult stand und sich dem Meer von Gesichtern gegenüber sah. Ein oder zwei Mal versagte ihm fast die Stimme, aber die Nachrede, die er schrieb und hielt, wühlte die Trauergäste zutiefst auf, und als er endete, hatten viele Tränen in den Augen. Die Nachrede folgt hier, weil sie über Ellington so viele Dinge kurz und gut sagt:
«Es ist schwierig, mit Worten einem geliebten Freund gerecht zu werden, besonders, wenn der Freund ein Genie der seltensten Art war. Deshalb zuerst die grundlegenden Fakten zu seinem irdischen Dasein: Edward Kennedy Ellington, «Duke» Ellington, geboren in Washington am 29. April 1899, gestorben in New York am 24. Mai 1974.

Nun mögen ihn manche als Bürger der einen oder anderen dieser Städte für sich in Anspruch nehmen, aber das war er nicht. Im wahrsten Sinne des Wortes war er ein Weltbürger. Das ist vielleicht ein Klischee, aber auf wie wenige paßt es so wie auf ihn. Er wurde auf der ganzen Welt und von Menschen jeder Art geliebt, von Franzosen ebenso wie von Deutschen, von Engländern wie von Iren, von Arabern wie von Juden, von Indern wie von Pakistanis, von Atheisten wie von frommen Katholiken, von Kommunisten wie von Faschisten.

Nein, deshalb kann auch diese Stadt, in der er, wie er sagte, seine Miete zahlte und seinen Briefkasten hatte –, selbst New York kann ihn nicht exklusiv für sich beanspruchen.

Von allen Städten, die er eroberte – mehr als Napoleon und mit besseren Methoden –, erinnere ich mich besonders an Buenos Aires, als er es zum ersten Mal besuchte. Er hatte das Schlußkonzert gegeben und saß schon im Wagen, der ihn zum Flughafen bringen sollte. Leute klammerten sich durch die geöffneten Fenster an ihn, Leute, die weinten, ihm Geschenke zuwarfen. Es war einer der wenigen Momente, in denen ich ihn zu Tränen gerührt sah.

Als Musiker haßte er Kategorien. Er wollte nicht eingeschränkt werden, und obwohl er dem Wort ‹Jazz› nicht traute, war seine Definition dafür ‹Freiheit des Ausdrucks›. Wenn er eine Oper schreiben wollte, oder Musik für ein Ballett oder für das Symphonieorchester oder für ein Broadway Musical oder für einen Film, wollte er sich nicht auf das Idiom eingeengt fühlen, in dem er der unangefochtene, anerkannte Meister war.

Wie bei musikalischen Kategorien, so auch bei Kategorien von Leuten. Kategorien der Klasse, Rasse, Farbe, des Glaubens und Geldes waren ihm verhaßt. Er machte seine sorgsamen, wirkungsvollen Beiträge zum Bürgerrechtskampf in musikalischen Botschaften – in ‹Jump for Joy› 1941, in ‹The Deep South Suite› 1946 und in ‹My People› 1963. Lange bevor offiziell ‹Schwarz schön› war – 1928, um präzise zu sein –, hatte er ‹Black Beauty› geschrieben und es der großen Künstlerin Florence Mill gewidmet. Und mit ‹Black, Brown and Beige› skizzierte er 1943 stolz den schwarzen Beitrag zur amerikanischen Geschichte.

Sein Horizont erweiterte sich beständig und bis ganz zum Ende blieb er eine schöpferische Kraft, wobei seine Fantasie von seiner

Erfahrung stimuliert wurde. Es gab gewiß viel mehr, was er hätte schreiben wollen und zweifellos geschrieben hätte. Doch auch so ist nicht allein die Qualität, sondern auch die Quantität ein wunderbarer Aspekt seines Werks. Die Musik war wirklich seine Geliebte. Er arbeitete hart, schonte sich nicht und starb tatsächlich in den Sielen. Noch im letzten Herbst unternahm er eine der ermüdendsten Tourneen seiner Karriere. Er dirigierte die Premiere seines ‹Third Sacred Concert› für die Vereinten Nationen in der Westminster Abbey, gab eintägige Gastspiele in allen europäischen Hauptstädten, ging für das State Department nach Abessinien und Sambia und kehrte auf königlichen Wunsch für eine Aufführung vor Königin Elizabeth nach London zurück. Wenn die Leute fragten, ob er sich je zurückziehen werde, pflegte er spöttisch zu sagen: ‹Zurückziehen - wohin denn?›

Seine Karriere kann nicht in wenigen Minuten beschrieben werden. Wo sollte man beginnen? Beim Komponisten, Bandleader, Pianisten, Arrangeur, Autor, Bühnenschriftsteller, Maler? Er war ein Hansdampf in allen Gassen und Meister von allem, dem er sich zuwandte. Oder sollte man beim komplizierten menschlichen Wesen anfangen - zugleich kultiviert, einfach, humorvoll, tolerant, positiv, ironisch, kindlich, löwenhaft, fürsorglich, christlich . . .? Er war ein geborener Aristokrat, der nie die Tuchfühlung zu den Menschen verlor. Er war der größte Neuerer auf seinem Gebiet und doch paradoxerweise ein Konservativer, einer, der neue Dinge auf den besten der alten erbaute und bloße Neumodischkeit verachtete.

Ich kann gewiß nicht vorgeben, daß ich diesen wunderbaren Mann ganz kannte, obwohl ich viel Zeit in seiner Gesellschaft verbrachte und sein Vertrauen genoß. Die beiden Menschen, die ihn am besten kannten, sind sein Sohn Mercer und seine Schwester Ruth, und ihr Verlust ist noch größer als der von uns anderen. Im übrigen kannten seine verschiedenen Mitarbeiter unterschiedliche Aspekte seiner Person, aber nie, wie sie bereitwillig zugeben, den ganzen Mann.

Songtitel sagen eine ganze Menge. ‹Mood Indigo›, ‹Sophisticated Lady›, ‹Caravan›, ‹Solitude›, ‹Don't Get Around Much Anymore›, ‹I'm Beginning to See the Light› und ‹Satin Doll› sind Teil der Struktur des Lebens des zwanzigsten Jahrhunderts. Aber diese populären Song-Hits sind nur ein kleiner Teil des unschätzbaren Vermächtnisses Duke Ellingtons. Seine Musik wird von anderen interpretiert werden, aber nie mit der Bedeutung und dem Klangcharakter, die ihr seine eigene Band und seine eigenen Solisten verliehen, für die sie geschrieben worden war. In dieser Hinsicht sind seine Schallplatten das größte seiner Geschenke für uns. Da kann man in eine einzigartige Welt eintreten, die von seinen Träumen, Gefühlen, Fantasien und faszinierenden Harmonien erfüllt ist. Er holte Qualitäten aus seinen Musikern heraus, von denen diese selbst nicht immer wußten, daß sie sie besaßen. Er verstand es, gute Musiker großartig und großartige Musiker herrlich klingen zu lassen. Als bester Arrangeur auf seinem musikalischen Gebiet gab er ihnen den wunderbarsten Hintergrund, und als einer der einfallsreichsten Pianisten lieferte er ihnen eine inspirierende Begleitung. Er war in der Tat - um es so zu formulieren - mehr eine Inspiration als ein Einfluß, er erhob nie den Anspruch auf Disziplin, er regierte sein Reich mit Weisheit.

Die Bedeutung dieses Reiches blieb nicht unerkannt, und er war keineswegs ein Prophet, der in seiner Heimat nicht geehrt wurde. Er feierte seinen siebzigsten Geburtstag im Weißen Haus, wo ihm Präsident Nixon die höchste zivile Auszeichnung verlieh, passenderweise: die Medal of Freedom. Die Präsidenten Johnson, Eisenhower und Truman hatten seine Leistungen in verschiedener Weise anerkannt. Nicht weniger als 17 Universitäten verliehen ihm Ehrendoktorate. Andere hohe Ehren wurden ihm von Kaiser Haile Selassie, Frankreich und Schweden zuteil. Sein Porträt erschien auf den Briefmarken von Togo und Tschad.

Doch Duke Ellington wußte, daß, was einige Genie nannten, in Wirklichkeit die Anwendung von Gaben war, die von Gott stammten. Gottes Sohn sagte: ‹Fürchte dich nicht. Gehe hin und lehre alle Länder. Verkünde die frohe Botschaft allen Menschen.› Und Duke wußte, die frohe Botschaft war Liebe zu Gott und seinen Mitmenschen. Er verkündete die Botschaft in seinen Sacred Concerts, dankbar für die Gelegenheit, das zu preisen, vor dem er in Ehrfurcht stand, jene Macht, die er als seinen menschlichen Grenzen überlegen begriffen hatte. Er glaubte fest, was die von ihm verehrte Mutter ebenfalls glaubte, daß er bei seiner Geburt gesegnet worden war. Er griff mit seiner Musik nach den Menschen und zog sie an sich.

Es muß hier viele geben, die seinen - bewußten oder unbewußten - Anspruch auf eine Vaterrolle bezeugen können. Jene, denen er

Freundschaft bewies, sind Legion. Sein Familiensinn umschloß nicht nur die Mitglieder seiner Band während all der Jahre, sondern Menschen aller Schichten, deren Wege den seinen kreuzten. Wo und wann er konnte, mühte er sich persönlich um eine Lösung ihrer Probleme, mühte sich um sie in ihren Zweifeln und Ängsten, Krankheit und Kummer. Loyalität war die Qualität, die er an anderen hoch schätzte, und er erwiderte sie großzügig.
Heute ist Memorial Day, da jener gedacht wird, die für die Freie Welt gestorben sind. Duke Ellington verlor nie den Glauben in dieses Land, und er diente ihm gut. Mit seiner Musik wird er ihm noch auf lange hinaus dienen.»

Als der Trauerzug die Kathedrale verließ, füllte Musik aus dem «Second Sacred Concert» den hohen Kirchenraum, und wie aus himmlischer Höhe erklangen die Stimmen von Alice Babs und Johnny Hodges.
Entlang den Pop so vertrauten Straßen von Harlem standen die Menschen wie verlassen auf den Bürgersteigen und winkten Lebewohl. Es schien, als ob seine Zugehörigkeit direkt fühlbar war. Hatte er sich nicht immer auf «mein Volk» bezogen?
Später an diesem Nachmittag wurde er an der Seite seiner Mutter und seines Vaters in Woodlawn, zur Ruhe gelegt.

Diskographie

Eine Auswahl der wichtigsten Schallplattenaufnahmen von Duke Ellington

CBS

The Complete Duke Ellington Vol. 1	1925–1928	(2 LP)	67264
The Complete Duke Ellington Vol. 2	1928–1930	(2 LP)	68275
The Complete Duke Ellington Vol. 3	1930–1932	(2 LP)	88000
The Complete Duke Ellington Vol. 4	1930–1933	(2 LP)	88035
The Complete Duke Ellington Vol. 5	1932–1936	(2 LP)	88082
The Complete Duke Ellington Vol. 6	1933–1936	(2 LP)	88137
The Complete Duke Ellington Vol. 7	1936–1937	(2 LP)	88140
The Complete Duke Ellington Vol. 8	1937	(2 LP)	88185
The Complete Duke Ellington Vol. 9	1937	(2 LP)	88210
The Complete Duke Ellington Vol. 10	1937–1938	(2 LP)	88220
The Complete Duke Ellington Vol. 11	1938	(2 LP)	88242
The Complete Duke Ellington Vol. 12	1938	(2 LP)	88451
Unknown Sessions			82819
Memorial zum 75. Geburtstag		(2 LP)	88054
The Duke, Edward Kennedy Ellington	1899–1975	(2 LP)	88077

RCA

The Works of Duke, Vol. I	1927 und 1928	731043
The Works of Duke, Vol. II	1928 und 1929	741028
The Works of Duke, Vol. III	1929	741029
The Works of Duke, Vol. IV	1928 und 1930	741039
The Works of Duke, Vol. V	1930	741048
The Works of Duke, Vol. VI	1930 und 1931	741068
The Works of Duke, Vol. VII	1932	741085
The Works of Duke, Vol. VIII	1932, 1933 und 1934	741114
The Works of Duke, Vol. IX	1934 und 1940	FPM 1-7002
The Works of Duke, Vol. X	1940	FPM 1-7047
The Works of Duke, Vol. XI	1940	FXM 1-7072
The Works of Duke, Vol. XII	1940	FXM 1-7094
The Works of Duke, Vol. XIII	1940 mit Bandy Biegart und Rex Stewart	FXM 1-7133
The Works of Duke, Vol. XIV	1940 und 1941	FXM 1-7134
The Works of Duke, Vol. XV	1941	FXM 1-7135
The Works of Duke, Vol. XVI	1941	FXM 1-7201
The Works of Duke, Vol. XVII	1941	FXM 1-7274
The Works of Duke, Vol. XVIII	1942	FXM 1-7301
The Works of Duke, Vol. XIX	1944 und 1945	FXM 1-7302

The Works of Duke, Vol. XX	1945		FXM 1-7303
The Works of Duke, Vol. XXI	1945		PM 42047
The Works of Duke, Vol. XXII	1945 und 1946		PM 42397
The Works of Duke, Vol. XXIII	1946		PM 42415
The Works of Duke, Vol. XXIV	1952 Seattle Concert		PM 42852
The Works of Duke, Vol. I–V		(5 LP) DUKE 1	
The Works of Duke, Vol. VI–X		(5 LP) DUKE 2	
The Works of Duke, Vol. XI–XV		(5 LP) DUKE 3	
The Works of Duke, Vol. XVI–XX		(5 LP) DUKE 4	
The Works of Duke, Vol. XXI–XXIV		(4 LP) DUKE 5	
The Popular Ellington			FXL 1-7104

Verve/Pablo

Antibes Concerts No. 1		2304 400
Antibes Concerts No. 2		2304 065
Dukes Big 4 (with Joe Pass / Ray Brown / Louis Bellson		2310 703
Ellington Suites		2310 762
Intimate Ellington		2310 782
Up in Duke's Workshops		2310 815
This One's for Blanton (with Ray Brown)		2310 721
Side by Side (with Johnny Hodges)		2332 045
Back to back (with Johnny Hodges)		2332 046
Ella at Duke's Place (with Ella Fitzgerald)		2332 047
The Greatest Jazz Concert in the World (with Ella Fitzgerald / Oscar Peterson)	(4 LP)	2625 704

Decca

The Uncollected Duke Ellington Vol. I	1946	6.23575
The Uncollected Duke Ellington Vol. II	1946	6.23576
The Uncollected Duke Ellington Vol. III	1946	6.23577
The Uncollected Duke Ellington Vol. IV	1947	6.23578
The Uncollected Duke Ellington Vol. V	1947	6.23579

Musidisc

Memorial Duke Ellington – Four Great Concerts	1952/1963/1964	(4 LP)	CCV 2511
Original Session	1943 und 1945		JA 5103
Carnegie Hall	1943 (Live)		JA 5117
Live Session	1943 und 1945		JA 5124
Indiana Live Sessions	1945		JA 5135
Carnegie Hall Concert Vol. I	1948		JA 5140
Carnegie Hall Concert Vol. II	1948		JA 5141
Duke Ellington Jazz Group	1954		JA 5145
Diminuenda in Blue & Crescendo in Blue	1946		JA 5165
Live Rec. at the Cotton Club Vol. I	1938		JA 5168
Live Rec. at the Cotton Club Vol. II	1938		JA 5169
Duke Ellington in Europa	1965		JA 5189
Live at the International World Exhibition Brussels	1958		JA 5194

From the Blue Note Chicago	1952		JA 5197
The Rare Broadcast Recordings	1951		JA 5209
The Rare Broadcast Recordings	1952		JA 5213
The Rate Broadcast Recordings	1953		JA 5220

Roulette/Vogue

The Great Reunion (with Louis Armstrong)	(2 LP)	400505
Ellington 1946		500874
Ellington Moods		500061

Folgende wichtige Aufnahmen sind momentan nur schwer erhältlich:

Afro-Bossa	Reprise 96069
Black, Brown and Beige (with Mahalia Jackson)	Columbia JCS - 8015
Concert of Sacred Music	RCA LSP - 3582
A Drum is a Woman	Columbia JCC - 951
Duke Ellington Meets Coleman Hawkins	Impulse S - 26
Duke Ellington Meets John Coltrane	Impulse S - 30
Duke Ellington Presents Ivie Anderson	Columbia KG - 32064 (2 LP)
Ellington at Newport	Columbia CS - 8648
Ellingtonia, Vol. I	Impulse 9256-2 (2 LP)
Ellingtonia, Vol. II	Impulse 9285-2 (2 LP)
First Time (with Count Basie)	Columbia CS 8515
The Great Paris Concert	Atlantic SD2-304 (2 LP)
My People (Original Cast Recording)	Flying Dutchman 10112
The New Orleans Suite	Atlantic S - 1580
The Nutcracker and Peer Gynt Suites	Odyssey (CBS) 321-60252
Second Sacred Concert	Fantasy 8407/8 (2 LP)
Seventieth Birthday Concert	Solid State SS - 19000 (2 LP)
The Third Sacred Concert	RCA APL - 1-0785